北京大学教育经济与政策研究丛书

走向公共教育

教育民营化的超越

文东茅 著

图书在版编目(CIP)数据

走向公共教育：教育民营化的超越/文东茅著. —北京：北京大学出版社,2008.3
(北京大学教育经济与政策研究丛书)
ISBN 978-7-301-13512-9

Ⅰ.走… Ⅱ.文… Ⅲ.教育事业－发展－研究－中国　Ⅳ.G521

中国版本图书馆 CIP 数据核字(2008)第 035417 号

书　　　名：	走向公共教育　教育民营化的超越
著作责任者：	文东茅　著
丛 书 主 持：	李淑方
责 任 编 辑：	李淑方
标 准 书 号：	ISBN 978-7-301-13512-9/G·2315
出 版 发 行：	北京大学出版社
地　　　址：	北京市海淀区成府路 205 号　100871
网　　　址：	http://www.pup.cn　电子信箱：zyl@pup.pku.edu.cn
电　　　话：	邮购部 62752015　发行部 62750672　编辑部 62767346
	出版部 62754962
印 　刷　 者：	北京汇林印务有限公司
经 　销　 者：	新华书店
	650 毫米×980 毫米　16 开本　15.75 印张　275 千字
	2008 年 3 月第 1 版　2008 年 3 月第 1 次印刷
定　　　价：	32.00 元

未经许可，不得以任何方式复制或抄袭本书之部分或全部内容。
版权所有，侵权必究
举报电话：(010)62752024　电子信箱：fd@pup.pku.edu.cn

序

教育的提供方式主要有两种，一种是政府提供的公立教育，一种是民间提供的私立教育。当公立教育体系出现质量下滑、机会分配不公等诸多问题时，一些学者坚持在公立学校系统内部寻求改进对策，包括增加经费、加强管理、强调核心课程、提高教师质量、缩小班级规模等，另一些学者则主张通过引入民间资金和管理、扩大学生对学校的选择权、促进学校之间竞争等方式促使教育民营化。这两派之间的争论长期持续。就我所知，早在20世纪60年代中期，我的导师亨利·莱文教授就与他在斯坦福大学的同事、"教育券"的倡导者米尔顿·弗里德曼教授进行了一系列激烈的辩论，此后，莱文教授一直坚持通过实证研究揭示教育民营化对教育系统和社会发展的影响，提出了著名的评价教育民营化的四维分析框架：教育公平、办学效率、学生选择、社会凝聚，他还创立了哥伦比亚大学教师学院"国家教育民营化研究中心"，且至今一直担任着该中心主任；弗里德曼教授尽管此后将主要精力用于经济学的研究，但他在教育领域始终坚持自己的新自由主义观点，到1995年，他还在《纽约时报》上发表了"公立学校：使之民营化"（Public schools: Make them private）一文，为自己的教育民营化思想辩护。由于教育民营化实践的多样性和影响的复杂性，人们至今仍然很难对其做出一个简单的是非判断。但通过这些实践和相关研究，人们还是形成了一些共识：教育民营化既不是医治公立教育病症的灵丹妙药，也不是加剧教育和社会问题的洪水猛兽,应该针对不同国家、不同形式教育民营化实践的具体问题进行具体分析,提出有针对性的对策。

20世纪80年代以来,我国教育系统也经历了一个民营化的过程,不仅各级各类民办教育得到了恢复和发展,公办学校也出现了收费、择校、转制等带有民营化色彩的办学实践,还出现了公办中学"名校办民校"、公办高校举办独立学院等中国特色的混合制学校。这些民营化实践不论对我国教育事业的发展还是对学生的教育选择都已产生重大的影响,如何认识和把握办学体制变革的整体方向是当前急需研究探讨的理论和现实问题。文东茅博士的这本专著就是对我国教育民营化问题进行系统研究的有益尝试。该书在概括介绍国际上公立教育民营化现象的原因、表现及其争议的基础上,通过大规模问卷调查和大量案例分析,对我国教育民营化的五种主要实践进行了专题研究,不仅全面介绍了这些教育民营化实践的历史、现状、成因和影响,也对政府相关政策的变迁及其效果进行了评析,还提出了许多具有自己独到见解的政策建议,如通过赋予控制权和转让权实现对民办学校举办者的激励、通过教育的均衡化和多样化扩大教育选择、通过股份制实现独立学院的独立和非营利化改造、通过教育券扩大对弱势群体的资助,等等。我相信该书不论对于系统了解中国办学体制现状、深入分析教育民营化的利弊还是对于相关政策的制定都是具有参考价值的。

该书最重要的贡献在于提出并系统阐述了"公共教育"的理念,即应该通过公、私立教育的合作伙伴关系,建立一个以公共利益为核心价值追求的公共教育体系。作者认为,教育既具有公益性,也具有私益性,教育的公益性集中体现在提高全体国民的基本素质、促进社会公平等方面;政府资助和管理教育的合法性基础就是追求公共利益;公办教育和民办教育都应该成为公共教育的组成部分,都应该成为扩大社会公益的制度选择。对这些观点,我是非常赞成的。"异构"可以"同功",尽管公办教育与民办教育的资金来源和管理方式不同,但都可以是"公益"的。我曾经在私立的美国斯坦福大学学习多年,现在在公办的北京大学已经工作了二十年,我的体会是,这两所大学都是以社会进步、文明传承与发展为己任,都对自己的国家和人类社会的发展做出了卓越的贡献,因而也都得到了政府、社会的高度评价和大力支持。可见,完全可以超越"公办"与"民营"的体制之争,充分利用各类教育共同追求教育结果的公益性。

胡锦涛同志在党的十七大报告中明确提出:"教育是民族振兴的基石,教育公平是社会公平的重要基础。"这是党和国家对于教育理论认识的一次重大突破,也为新时期我国教育改革和发展指明了方向,即各级各类教育都应该更积极地致力于弘扬民族文化、提高国民素质、促进社会公平。这一论述的核心思想就是强调教育的公益性。所以,"追求公共利益"、"走向公共教育"是对时代要求的响应,也是我们每一位教育工作者应该肩负的使命。

北京大学

闵维方

2008 年 3 月

前　言

"教育民营化"（Education Privatization）是20世纪80年代以来世界上许多国家普遍出现的一种教育改革趋势，其核心是改变以"财政资助、政府管理"为特征的公立学校教育制度，代之以更多地依靠非政府经费和管理来提供教育，表现为"放权"、"择校"、"收费"、"自治"等多种形式。教育民营化实际上是政府公共行政和管理职能改革的一部分，得到了新自由主义理论学说的强力支持，并得到了一部分教育改革实践者的热烈拥笃。但对于教育民营化，从一开始就存在诸多争议和质疑，在对各种教育民营化实践进行大量的实证研究后，人们仍然没有得出一致的结论：有的研究发现民营化确实提高了办学效率和师生满意度；也有研究认为教育民营化并没有如其支持者所宣称的那样是"治愈公立学校系统病症的灵丹妙药"，相反，有可能加剧教育不公甚至导致社会分裂。因此，人们开始重新审视公、私立教育的关系，即教育到底应该如何提供？政府、社会、家庭在其中各自应该扮演什么角色？能否建立一种有效的机制，发挥公、私立教育各自的长处，实现二者相互协作，即建立公、私立教育的"合作伙伴关系"？这些都是目前各国教育理论和实践中正在探讨的核心问题，对其回答将影响国家未来教育体制的特征和走向。

我国在实行"改革开放"政策之后，同样出现了一种"教育民营化"的趋势，在各级各类民办教育发展的同时，也出现了各种"公办学校民营化"现象，包括公办学校转制、收费、后勤社会化、学校管理企业化以及"名校办民校"、公办高校举办"独立学院",等等。在此过程中,我国学术界对于民办教育的发展,尤其是其法制建设给予了高度的关注,但对于公办学校的各种改革则往往局限于从经营管理的角度讨论其"市场化",从制度变革的视角对"公办学校民营化"的系统研究却相对缺乏。我国教育民营化的产生和发展有何特殊性?已有的教育民营化实践对教育数量、质量、类型的发展以及教育公平、社会和谐、个性发展等有何种影响?在教育民营化过程中政府政策发挥了什么样的作用?研究这些问题不仅有利于更客观、准确地评价我国教育民营化的影响并采取有效的政策应对,也将有利于深化对公、私立教育制度以及政府、社会和学校关系的理论认识,从而建立一种正确的理念和制度,充分发挥各类教育在"穷国办大教育"和"科教兴国"方面的作用。

笔者对教育民营化的关注最早可以追溯到1993年对长沙一所"民办公助"学校的调查,在1999年之后,连续参与承担了一系列相关课题的研究,包括:1999年参与北京市教委课题"北京市'民办公助'办学体制改革研究";2000年参与北京市教委委托课题"北京市中小学教育资源配置均衡化研究";2001年参与世界银行委托课题"中国民办教育现状调查研究";2002年参与教育部政策法规司组织的《民办教育促进法实施条例》调研和论证工作;2003年负责财政部教科文司委托课题"独立学院发展与相关财政政策研究";2004年参与中国老教授协会委托课题"'十一五'期间中国民办教育发展空间";2005年承担北京市教育科学规划办委托课题"转制学校经营案例研究",等等。在这些研究过程中,笔者一开始也基本上是"就事论事",缺乏从制度角度将公、私立教育统筹考虑的宏观视野,也没有更多地研究思考这些教育改革对整个教育体系和社会公平、社会和谐等的综合影响,但在这些研究过程中我确实感受到了问题的复杂性和关联性。2004年8月至2005年8月,笔者有幸到美国哥伦比亚大学教师学院访学,曾满超教授和亨利·莱文教授都是国际上研究教育民营化的著名学者,他们以及他们主持的中国教育研究中心和美国国家教育民营化研究中心为笔者了解和研究教育民营化及其研究的国际趋势提供了非常有益的帮助。在此期间,通过对大量文献的阅读并结合对以往课题研究的反思,笔者基本上形成了自己对教育民营化的整体认识:民营化既不是灵丹妙药,也不是洪水猛兽,它改变的只是教育管理和提供方式,而公益性则应该是教育始终追求的核心价值。回国之后,通过"教育制度分析"和"教育民营化研究"两门研究生课程的教学,笔者进一步梳理了相关文献和观点,利用已有的研究数据资料,尝试分析了我国教育民营化的主要实践,并明确形成了"从公办学校走向公共教育"这一教育理念。

经过这些"沉淀"和"积累",成书过程本该是水到渠成的,不过真正动笔时才发现,看过的大部分文献都只留下了大体的印象;原有的课题研究或者已经"过时",或者调查数据和论证明显不充分;民营化问题所涉及的理论和实践问题的多样性、复杂性更是让自己深感学识不足。但笔者的学术理念是:"不能只做理性的批判者,而要做积极的建言者。"这一理念让笔者有一种强烈的责任感:应该让更多的人尽快认识到公办学校存在的问题以及教育民营化可能的陷阱和危机。因此,尽管对许多问题的分析还不够全面、深入,还是愿意将自己的思想、观点表达出来,希望引起更多的人对教育民营化问题的关注和研究,也希望促进政府和政策制定者形成对教育体制更全面、更理性的认识。

本书的形成,首先要感谢北京大学教育学院领导、同事和同学们的支持和帮助,学院和谐宽松的人际环境、积极务实的学术风气、团结互补的研究团队都是自己工作和生活的宝贵财富;感谢在各个相关课题研究过程中提供过无私帮助的诸多学术同仁和各类学校师生;感谢我的师长和家人长期的关心和鼓励;感谢北京大学出版社为本书的面世付出的辛勤努力。

北京大学教育学院
文东茅
2007 年 12 月 1 日

目　录

序 ·· 闵维方(1)
前言 ·· (1)
第一章　从公立学校到教育民营化 ·· (1)
　　第一节　公立学校的理念、制度与挑战 ·· (1)
　　第二节　教育民营化及其争议 ·· (14)
　　第三节　中国教育民营化概述 ·· (33)
第二章　民办教育的发展和产权激励 ·· (40)
　　第一节　政策变迁与中国民办教育发展 ······································ (40)
　　第二节　民办学校的产权与控制权 ·· (47)
　　第三节　民办学校的"盈利"与"合理回报" ································ (55)
　　第四节　民办学校办学者人力资本的激励 ·································· (64)
第三章　转制学校的试点与合法性重建 ·· (76)
　　第一节　转制学校的实践与影响 ·· (77)
　　第二节　转制学校的合法性危机与重建 ······································ (88)
第四章　独立学院的自发设立和规范管理 ······································ (102)
　　第一节　独立学院的自发设立与初期形态 ································ (103)
　　第二节　独立学院的规范和治理 ·· (115)
　　第三节　独立学院的影响与前途 ·· (125)
第五章　高校收费并轨与资助配套 ·· (135)
　　第一节　高校收费的国际趋势、动因和争议 ···························· (135)
　　第二节　我国高校收费和资助的政策变迁 ································ (142)
　　第三节　高校收费和资助政策的影响及对策 ···························· (152)
第六章　学生择校的管制与疏导 ·· (168)
　　第一节　择校现象及其影响 ·· (169)

第二节　择校的管制与失效……………………………………（176）
  第三节　教育均衡发展与择校疏导……………………………（184）
  第四节　教育券与择校自由……………………………………（192）
第七章　公共教育理念与教育民营化的超越……………………（207）
  第一节　教育的公益性与公共教育理念………………………（208）
  第二节　民营化对我国教育公益性的影响……………………（217）
  第三节　政策调整与公共教育的发展…………………………（226）

第一章　从公立学校到教育民营化

典型的公立(公办)学校是由政府通过财政经费建立、支持并直接管理的学校;典型的私立(民办)学校是由个人和非政府机构建立、资助和管理的学校。① 公立学校古已有之,在19世纪和20世纪迅速发展,并成为世界各国教育的基本提供方式。而在20世纪50年代以后,公立学校在进一步发展的同时开始遭遇批评、质疑和挑战,并出现了"教育民营化运动"。本章将首先分析公立学校的理念、制度安排以及所面临的批评和挑战,并介绍目前各国教育民营化的动因、实践和争议,以期对世界教育发展趋势有一个整体的了解,在此基础上,介绍我国教育民营化的背景、主要实践和需要研究的问题。

第一节　公立学校的理念、制度与挑战

一、公立学校的产生和发展

要对人类社会发展早期学校的公、私性质作出明确区分往往是非常困难的。在古代,由部族建立的学校对部族内部是"公共"的,但对外或者对部族内部不同阶层

---

① 为示区别,本书在论及中国学校教育时,分别用"公办学校"、"民办学校"、"公办教育"、"民办教育";在没有专指或论及国外学校教育时分别用"公立学校"、"私立学校"、"公立教育"、"私立教育"。另外,在不少文献中都将"公立教育"、"公立学校教育"与"公共教育"混同使用,但本书认为,公立学校教育不等于以公共利益为宗旨的"公共教育",这一点将在第七章详细论述。

的人,却是封闭的和"私有"的。在封建社会,出现了"官办"的宫廷学校,但这类学校最初也主要只对皇亲外戚大臣子女开放,是一个更大的"家庭学校",随着招生对象的逐渐开放,这些学校往往发展为国家的最高学术机构或教育机构,其"公共"的性质才逐渐体现。与宫廷学校并存的寺庙学校尽管是由非政府举办的,却自称"公共"的,因为它们向教区的所有儿童提供免费教育。尽管如此,从整个教育的提供方式看,仍然可以发现由"集体"或"私人"提供教育的典型。古希腊斯巴达就是政府提供教育的典型。斯巴达是一个社会分层非常严格的社会,最上层是斯巴达人,是社会的特权阶层或"优秀公民";之下是没有政治权利的自由民阶层;最底层是奴隶。斯巴达教育是公民的特权,公民权利很少有机会扩展到奴隶。在斯巴达,政府(而不是家长)被认为是教育的最好的决策者和提供者,所有公民的子女都要被送到官办学校学习,接受统一的体育训练。尽管斯巴达教育不对公民之外的社会阶层开放,但是,在公民内部,"每一个公民大体上是平等的,凭借在最有价值的技能和品质即军事技能方面表现的熟练程度,能上升到领导岗位。"①与斯巴达同期的雅典则是民间提供教育的典型。在雅典,父母拥有教育子女的权力和自由,任何人都可以开办学校,所有学校都是私营的,亚里士多德举办的吕克昂(Lyceum)和柏拉图举办的学园(Academy)就是广为人知的私立学校。这些学校讲授数学、艺术、天文、哲学以及其他学科知识,由于有慈善事业的支持,并且由于学校之间的竞争,这些学校的学费通常很低,甚至根本不收学费。斯巴达和雅典两种不同的办学体制都有效地满足了其公民对教育的需求。在人类社会的大多数国家和大多数的历史时期,都是官办学校与民办学校并存,只不过不同政府对民间办学的态度不同,有的支持、鼓励,有的放任自流,有的则进行压制,由此形成了不同的学校教育体制和教育供给方式,并导致不同国家或同一国家不同时期官办学校和民办学校的比例结构出现不同。

在现代民族国家建立之后,统治阶级都开始有目的、有意识地建立公立学校系统。最早的公立学校运动通常被认为发生在欧洲。1619年,德国魏玛公国颁布强制入学的法令,规定父母必须送其6—12岁的子女到学校学习,这被认为是义务教育的开端。公立学校的大发展始于19世纪,在此后的二百多年中,大多数国家都积极主动地开展了建立、资助和管理学校的实践,甚至普遍建立了强制、免费的义务教育制度,不断扩大

---

① 卡扎米亚斯,马西亚拉斯.教育的传统与变革.北京:文化教育出版社,1981,29.

公立中等教育和高等教育的规模，使公、私立教育的格局发生了根本性的变化，公立学校逐渐在教育供给中占统治地位甚至垄断地位。这一过程可以称之为全球范围内的"公立教育运动"。①

美国第一个义务教育法令是由马萨诸塞州在1842年颁布，到1918年，各州都颁布了各自的义务教育法；通过1862年的《莫雷尔法案》以及其后的一系列相关法案，美国公立高等教育得以迅速发展。英国作为自由主义国家，一直有不干预教育的传统，在长期犹豫之后，也终于在1872年颁布了自己的义务教育法。日本在明治维新时期就制定了普及教育政策，其1872年制定的《学制》就提出在文部省的统一管辖下，在全国设立8个大学区，各设1所大学；每个大学区划分32个中学区，各设1所中学；每个中学区划分210个小学区，各设立1所小学，要求全国做到"邑无不学之户，家无不学之人"。②

对于各国政府为什么要建立公立学校系统，即公立教育的起源问题，学术界有诸多研究并有不同的理论解释，其中主要的观点有自由主义理论、结构功能理论、冲突理论、现代国家论等。

自由主义理论认为以自由、平等、民主为核心价值追求的资本主义精神为普及教育的发展奠定了思想基础，而教派斗争以及新教的发展则是推动教育发展的直接动力。"为了传播本教派的教义，扩大新教的影响，争夺更多的教徒，新教各派都极其重视教育，大力发展面向广大人民的初等教育。发展初等教育的目的主要是使更多的儿童能够读懂《圣经》，便于传播教义。"③尽管自由主义的观点可以解释部分宗教国家普及教育的发展，但其普适性是值得怀疑的，事实上，在最早建立普及教育制度的普鲁士，其教育并非出于民主、自由和开启民智，而是专制和军事的需要。

结构功能主义者认为，公立教育是适应现代社会经济发展的产物。18世纪前后，西方主要国家都经历了工业革命，机器大工业代替了传统手工业，这种大工业需要大批具有与机器大生产相关知识、技能的劳动者，这种劳动者需要由大量的学校进行教育培养，而不能仅仅依靠传统的家庭教育或师传徒授。工业革命使社会财富极大丰富，也为公立教育的发展提供了物质基础。但是，也有人对此提出了反驳：最早进行工业革

---

① 美国19世纪30年代开始的"Common School Movement"也被翻译为"公立学校运动"或"公共教育运动"，为示区别，在此，"公立教育运动"是指全球范围的政府通过建立公立学校提供教育的运动，即"Government School Movement"。
② 吴文侃，杨汉清主编.比较教育学.北京：人民教育出版社，1989,157—158.
③ 季苹.美国公立学校的发展研究.北京：高等教育出版社，2002,21.

命的英国直到19世纪末才建立公立教育制度,而普鲁士、瑞典等国在建立公立教育制度时都还没有进行工业革命。另外还有人认为,第一次工业革命对劳动者素质的要求仅限于简单的读、写、算,这些技能并不一定要通过强迫教育的方式获得。①

冲突论的观点认为公立教育是阶级冲突的产物。其中又有两种完全对立的观点。一种观点认为,公立教育的出现是工人阶级争取受教育权利的产物。工人阶级为获得平等的社会、经济地位,要求政府建立免费的、对所有人平等的公立教育系统,从而使自己的子女能接受相应的教育。而另一种观点认为,在公立学校发展的早期,穷人们对免费上学和慈善教育并不热心,甚至非常冷漠,当时公立学校的发展并不是来自基层父母的要求,而是社会精英人士和教育专业人士的极力推动。正是由于统治阶级看到了教育在维护社会稳定、减少社会犯罪、提高自己生活质量、获得更多选票等方面的作用,才愿意纳税建立公立学校。所以有学者认为公立学校运动"是社会工作者、迫切追求社会地位的家长和对社会地位产生饥渴的教育工作者以他们各自的理由将教育改革强加在并不情愿的社会大众身上的结合体。"②"与其说公立学校教育的任务是为工业生产提供新技能,还不如说是为了灌输服从、纪律和道德,借此来抵抗普遍的社会混乱,鼓励工人阶级乃至全社会都接受竞争资本主义价值观。"③

英国学者安迪·格林(Andy Green)在其《教育与国家形成》一书中提出了"现代国家论",认为现代国家和现代国家教育制度的形成是统一的过程。在他看来,国家的形成是构建现代国家的历史过程,不仅包括政府的政治和行政机构以及由政府控制的公共领域机构的建设,还包括使国家权力合法化和强化国家与民族特征的意识形态和集体观念的形成。④ 18世纪初,欧洲大陆一些专制国家着手建立作为现代资本主义国家机器构成要素的中央官僚、军队和国家税收系统,同时提供经费发展教育,教育被看成是实现培养政府官僚、训练军官、强化政治忠诚等国家目

---

① 兰德斯(David Landes)区分了四种知识:写和算、手工与机械技艺、综合科学原理并加以运用的知识(工程知识)、高深科学技术,并认为工业革命再起需要的是少量的前两种知识,这样的知识在传统的家庭教育和学徒制中就可以获得。见许庆豫. 西方国家教育制度的诞生与发展. 苏州大学学报(哲学社会科学版),2000(3)

② Michael Katz. Irony Of Early School Reform,转引自季苹. 美国公立学校的发展研究. 北京:高等教育出版社 2002,98.

③ 安迪·格林著,王春华等译. 教育与国家形成:英、法、美教育体系起源之比较. 北京:教育科学出版社,2004,69.

④ 郑崧. 20世纪国外有关公共教育制度起源问题的研究述评. 比较教育研究,2003(8)

的的重要工具;到19世纪,教育开始承担促进国家道德、文化和政治发展的职责。由于教育服务于整个国家,或者说服务于统治阶级设计的国家利益,这样的教育必然是国家的教育和国家的机构,而不能继续听任个人或者利益集团左右。①

以上观点都从不同角度增进了人们对公立教育起源的认识。但是,不同国家公立教育制度的建立都是其特殊的历史和环境的产物,是政治、经济、宗教、思想文化等多种因素共同作用的结果,试图用某一种理论或视角分析解释各国纷繁复杂的公立教育起源都难免会过于牵强和简单化。不论是因何种理由建立,经过数百年的发展,公立学校教育在世界教育中占有统治地位,这已经成为一个不争的事实。根据联合国教科文组织统计,1960年,世界上有123个国家和地区实行了义务教育制度,平均义务教育年限为7.3年,到1995年,已经有188个国家和地区实行义务教育,平均义务教育年限提高到8.4年。② 从各国教育中公、私立教育的比例看,尽管不同国家私立小学的比例可以从1%—98%不等,私立中学比例可以从2%—91%不等,高等教育所占的比例变化也很大,③但从总体上看,公立教育在世界教育中已经明显占据主导地位。根据马克·贝磊对20世纪70年代末80年代初相关数据的统计,12个发达国家私立小学比例平均为18%,私立中学的比例平均为21.4%;在38个不发达国家中,私立小学比例平均为16.1%,私立中学比例平均为31.3%。④ 除政府提供免费义务教育外,在中等教育和高等教育阶段,在大多数国家,公立学校的数量和在校生数通常都高于私立学校。

二、公立教育的基本制度安排和目标追求

(一)公共财政和公共管理:公立教育的基本制度安排

尽管各国公立教育的起源可能各不相同,由于政治、经济、文化传统、社会发展状况等的差异,在公立教育的具体制度安排上也差异悬殊,但公

---

① 安迪·格林著,王春华等译.教育与国家形成:英、法、美教育体系起源之比较.北京:教育科学出版社,2004,90—92.

② 联合国教科文组织.世界教育报告2000.北京:中国对外翻译出版公司,2001,45.

③ Estelle James. The Public/Private Division of Responsibility for Education: An International Comparison. In Thomas James and Henry M. Levin. Comparing Public and Private Schools. Volume 1: Institutions and Organizations. The Falmer Press,1988.

④ 贝磊.当前世界范围内私立教育发展趋势——教育民营化的问题及相关政策.外国教育资料,1997(3)

立教育仍然有着比较普遍的共性。有人认为公立学校具有"共享性(平等性)"、"公益性"和"共治性";[1]也有学者在考察美国公立学校运动后,认为美国公立学校具有"共同性"、"公共性"、"平等性"、"国家性"、"以税收为支撑的免费性"。[2] 笔者认为,可以从基本制度安排和目标追求两方面分析公立学校的特性,其中前者是已经表现的现实状态,后者是承诺或追求的但并非必然成为现实的特点。从已经表现的基本制度安排看,"公共财政"和"公共管理"是各国公立教育区别于私立教育的最主要特点。

公共财政意味着要按照一定的原则和标准,向社会成员(不论其目前是否有子女在公立学校就读)收税,以税收收入来建立并维持公立学校的运行,这是公立教育的基本特征。税收制度具有非排他性,凡符合纳税条件的人都要纳税,由此形成的公共财政将用以维护和促进国防、公共卫生、政府运转以及举办公立学校。在教育经费来源方面,有些国家有主要用于教育支出的税种,如美国的房地产税和消费税,也有的国家没有专门用于教育的税种,教育经费从总的税收收入中划拨。但不论通过何种形式,在公共教育体制下,教育经费都主要不是来自正在上学的学生分别缴纳的学费,而是来自政府非排他性的税收,即不论是否有孩子、孩子是否正在上学、上学者是否在公立学校就读,所有纳税对象都需要纳税。在筹集教育经费的政府责任方面,有的国家是由中央政府负责,有的是由地方政府负责,在一些人口较多、国土较大的分权国家,通常是由中央政府与地方政府共同负担教育经费。在资助的数额和强度方面,不同国家社会经济发展水平不同,对公立学校支持的力度也不一样,通常是经济发展水平越高,对公立学校的经费支持越多。由于公立教育的普及和发展,对经费的需求大量增加,教育经费已经在各国 GDP 和财政支出中占非常高的比例。世界主要国家公共教育经费占 GDP 的比例平均在 4% 左右,发达国家平均达 5%—6%。在政府资助的方式方面,有"按学生人数拨款"、"多参数公式拨款"、"基数加发展拨款"等多种不同方式。尽管不同国家教育经费来源、数量、分配方式不同,但政府通过税收资助建立和举办公立学校却是一个共同的特点。

公立学校制度的另一个基本安排是建立一套对教育的公共管理制度,其中包括:由政府决定学校的设置,决定学校校长的任免和教师的聘

---

[1] 康永久.公立学校的公共性问题.学术研究,2005(9)
[2] 季苹.美国公立学校的发展研究.北京:高等教育出版社,2002,78.

用标准,制定教学质量标准和课程标准,对教学过程和结果进行检查监督等。政府对公立学校的管理主要出于以下原因:(1)由于公立教育是由公共财政资助,为体现政府对公共经费使用的责任,便要求有对纳税人负责的公共管理。这就导致了公、私立学校管理的重大差别:私立学校是由有直接利益关系的家长进行自我管理,而公立学校,则是由纳税人的代表进行管理,因此代表的将不仅是正在上学的部分学生及其家庭的利益,也是代表所有纳税人的利益;不仅是关注当前的利益,也要关注长远的利益。公立学校的管理在地方政府层面主要是由公务员组成的地方教育委员会进行管理,在学校层面则由民选的或政府委派的校长进行管理,而教师代表、家长代表、社区代表等都将参与到学校的重大事务,包括校长的任命等方面的管理之中。这种制度的目的在于不使教育因被某种特殊利益集团或学校的资助方(如财团、学生家长等)支配而偏离其维护和促进公共利益的使命。(2)由于公立教育是为了反映公共利益,因此就需要有一种公民积极参与的民主的公共管理。这种管理意味着重大决策需要由"公共"的决策机制来决定,在公立学校办学标准、校长及教师聘任、教学内容等方面,不能只是由少数捐赠人决定,甚至也不是由家长、学生和教师等当事人集体决定,而应该由所有纳税人,包括目前没有子女上学的人集体决定,否则,这些决定可能只代表部分人的利益而违背更大范围的公共利益。由于公立教育往往是由中央和地方共同管理,如何协调中央、地方和学校的权力关系,也成为世界范围内教育研究的一个共同主题。在此方面,一个明显的趋势是:中央集权的国家逐步放松对学校人事、财务等具体事务的管理,将重点更多地放在核心课程建设、教育均衡发展、弱势群体资助等方面;而在分权化的国家,中央政府则在逐渐加大对教育的投入和管理力度,在制定全国性的核心课程标准、实施全国性的标准化考试、推进全国性的教育改革等方面发挥越来越积极的作用。

(二)公共利益:公立教育的基本目标追求

根据以上分析,公立教育制度实际上可以看成是政府与公民的以下契约:政府是公民利益的代表,为了维护国家和社会公共利益,就需要建立公立学校系统,为此,政府有权向社会成员收税,社会成员则有权享受政府举办的公立学校教育。因此,追求"公共利益"可以视为政府办学的承诺或基本目标追求,也可以视为除"公共财政"和"公共管理"之外公立教育试图区别于私立教育的另一特征。公立教育对公共利益的追求主要表现在以下几方面：

1. 教育的普及性或非排他性。在建立公立教育之前，教育活动已经存在，由于缺乏足够的经费支持，教育只能成为一部分具有学费支付能力者的专利，学校是排他性的，不具备相应经济能力、学习能力或某种身份和价值认同，都可能被学校拒绝。如前文所述，公立教育的最初产生可能是由于新教精神和宗教原因，也可能是因为工业革命导致的对技术工人的需求，还可能是由于工人阶级争取受教育机会的斗争，或者富裕阶层为减少社会犯罪、维护自己既得利益而主动所为。不论由于何种原因，公立教育的产生都扩大了教育对象，增加了贫困家庭儿童受教育机会，促进了教育的普及。但此时的公立教育并不以全体国民为对象，只是对贫困者的福利性教育或施舍。随着现代国家的建立，为了使每个人都成为合格的公民，能承担作为公民的义务，就需要使每一位社会成员都具备基本的生产和生活知识、劳动技能，都接受一定程度有关国家政治、历史、文化、道德、法律方面的教育。因此，这种由政府举办的国民教育应该是不分种族、性别、地域、贫富状况和宗教信仰状况，每个人都可以接受的，这种教育不仅是非排他性的，甚至还是每个公民的义务，是强制要求每个人都必须接受的。由于人人都可以免费地接受教育，教育便成了一种公共福利。

2. 非宗派性。公立教育非宗派性的出发点是为了尽可能多地考虑和照顾不同宗教、民族、种族文化和价值观念的差异，使公立学校成为凝聚社会的手段而不是强化这种差异。在公立学校建立之初，学校与教会之间有着密切的联系。早在1524年，马丁·路德（Martin Luther）就要求德国的一些城市统治者建立学校，并要求强制入学，建立这些学校的目的是培养路德主义者，以镇压宗教异类，培养良好公民；在16世纪中期，作为日内瓦的统治者，加尔文（John Calvin）也建立了许多体现本教派意图的强制入学的公立学校。在美国，由于公立学校推崇清教思想，导致天主教徒产生强烈不满和抵制情绪，在政治上阻止公立义务教育的努力失败后，天主教强化了建立自己的学校的努力，这就导致了天主教学校的迅速发展。[①] 这种教派之争被认为是导致国家分裂的危险力量。为了体现公立教育在宗教上的中立立场，美国开始了教育"世俗化运动"，根据美国宪法第一修正案，要求政教分离，建立一种宗教在其中没有或只有很少位置

---

① Patricia M. Lines. Treatment of Religion in Public schools and the Impact on Private Education. In Thomas James and Henry M. Levin. Comparing Public and Private Schools. Volume 1: Institutions and Organizations. The Falmer Press, 1988.

的公立学校系统,在公立学校,既不能推崇某一特定宗教,也不能允许不同学校进行不同的宗教教育而导致社会分裂。与美国一样,大多数国家都取消了在公立学校提供宗教课程和宗教活动的做法,即使在有"国教"传统的国家,也大多如此。① 对宗教的这一态度实际上是尊重了不同教派的不同观点,保护了信仰自由,因而也被视为维护和增进了"公共利益"。

3. 注重"公民素质"培养。公民普遍拥有较高的文化水平,具有共同的价值观念和道德基础,具有对不同文化和价值尊重、包容的素养,这些都是提高社会成员普遍的政治、经济、文化生活水平的重要基础,因此,提高公民素质也是公立教育追求公共利益的主要内容。由于不同社会历史阶段对"公民"的认识不同,"公民教育"的内容和方式也是不断发展变化的。在集权国家,其公立教育的目的往往是为了"国家利益",强调公民的义务和对国家的服从,甚至为了"公共利益"而牺牲个人利益。早期普鲁士、法国等国家公立教育系统的建立是为了通过半军事化的教育提高军队士兵的素养和文化水平;美国公立学校运动在很大程度上是独立战争之后建立新的共和国的需要,因为当时为同化不断涌入的各国移民、协调不同宗教思想、灌输美国精神和共同价值等都需要一种强有力的教育来打造"美国熔炉"。随着教育的普及和发展,公立教育也被赋予了越来越多的使命,教育不仅被用来同化民族文化,推广民族语言,形成国家认同感,传播统治阶级的政治经济信念,也被用来形成公民意识和国民责任。"它要塑造负责的公民、勤奋的工人、自觉自愿的纳税人、可靠的陪审团、尽责的家长、尽心的妻子、爱国的士兵以及可信任的或是顺从的选民。"② 而在所有这些"公民素质"中,各国政府始终强调的是对统治阶级思想政治观念的认同和对国家、对政府的忠诚,即使是在全球化的今天,西方国家也没有只是培养"世界公民",而是进一步通过核心课程的教学、标准化考试评估等来强化国家利益。

4. 促进社会公平。民主和平等是现代社会基本的价值追求,社会成员公平地分享共同创造的物质财富和文化精神财富,不仅被视为社会持续、稳定发展的必要条件,也被视为社会公正、文明的标志。现代资本主义社会通过"双重运动"来维护社会的稳定和发展,即一方面推崇经济自由主义运动,以建立自我规范的市场,促进竞争和发展,另一方面又通过

---

① 当然,这也不是绝对的,在法国和英国,公立学校仍然进行基督教的祈祷活动,只是学生可以自主选择参加或不参加。
② 安迪·格林著,王春华等译.教育与国家形成:英、法、美教育体系起源之比较.北京:教育科学出版社,2004,91.

反向的社会保护运动,维护社会公平和稳定。经过"反向运动"的改造,现代资本主义通过私有财产和市场经济制度保留了资本主义的基本特征,通过以普选为基础的民主政治和不同程度的福利国家制度实现了阶级之间的妥协和社会财富的再分配,缓解了社会矛盾。[①] 在以上制度体系中,公立教育被视为"福利国家"的一部分,是促进社会公平的主要手段之一。在美国、英国等国家,最初的公立学校主要是为城市贫民子弟开设的,学校非常简陋,学习内容也非常简单,公立学校被认为是贫困和低质量的标志,是对城市贫民的一种施舍,富裕家庭都以将子女送入公立学校为耻辱。随着公立教育的普及,公立学校已经吸纳了社会的绝大多数受教育者,通过由政府举办的、在办学条件、教育内容、考试评估方式等方面基本一致的学校教育,不同家庭背景的学生可以获得相对平等的受教育机会,从而在社会竞争中有相对平等的起点,并改善处境不利群体的就业能力和社会经济地位。因此,教育也常常被赋予了"促进社会公平"这一神圣使命,被视为"社会公平的均衡器",人们希望通过相对平等的受教育机会来平衡资本主义必然导致的经济不平等。在现代社会,教育更是个人获得基本生产、生活技能的主要途径,只有受到基本的教育,人们才可能在现代社会有效地行使公民的职责,维护自己的权益和尊严。因此,平等的受教育机会甚至被视为基本人权之一。公立学校的支持者认为,这种教育公平也只有通过政府提供的免费公立教育才可能实现。

三、公立学校教育制度面临的挑战

如果从 1619 年普鲁士建立强迫教育制度开始计算,世界公立教育系统至今已有近四百年的历史。在此过程中,尽管在不同国家、不同时期公立教育的建立和发展都可能遭遇过各种质疑、批判和困难(例如富人不愿意为公立教育纳税、穷人不愿意接受公立学校提供的教育等)。但从总体趋势看,公立教育还是在各国得到了加速发展。公立教育在为世界各国提供普及化的教育方面所取得的成就也得到了举世公认。由于公立教育尤其是义务教育制度的实施,世界各国初等教育普及率逐年提高,成年文盲率逐年下降,劳动者的平均受教育年限逐年增加。基础教育的普及和发展,也极大地推进了中等教育的普及和高等教育的大众化。公立教育不仅在提供教育机会方面,还在培养国家意识和社会公民方面的作用同样得到肯定。公立

---

① 王绍广.现代国家制度中的再分配机制.见胡鞍钢,王绍光,周建明主编.第二次转型:国家制度建设.清华大学出版社,2003,278.

学校作为"共和机器"和美利坚文化"大熔炉"对美国早期民族和文化建设作出了巨大贡献;进步主义时期的公立学校为美国工业的迅速发展及时地培养了大批熟练工人;以综合中学为标志的单轨制公立教育为美国青年提供了更多、更民主的教育机会。① 因此,即使是公立教育最激烈的批评者和教育民营化的旗手米尔顿·弗里德曼也认为:"为所有人提供的、广泛的普及教育,以及为同化我们社会的新成员的公立教育,在防止分裂活动和使不同文化和宗教背景的人能够和睦相处方面起了很大作用。对此,我们一直,而且确有理由引为自豪"。② 正因为公立教育所取得的成就,目前为止,公立教育仍然是世界教育最主要的提供方式。

然而,从20世纪50年代开始至今,由于各种因素的影响,③公立教育制度受到了前所未有的质疑和批判。这些质疑和批评有的是直接针对公立学校的成效,有的则更进一步置疑公立学校制度的内在缺陷。归纳起来,公立学校所面临的批评和挑战主要有以下几方面:④

(一) 关于公立教育的公平性

对公立教育的批评,首先来自对其公平性和促进社会公平实效方面的质疑。公立学校发展的早期,公立学校教育的对象以贫困家庭子女为主,但因其质量低下、管理僵化而受到批评,被认为是一种对无产者的侮辱,是纯粹为富人阶级服务的。在国家教育制度建立以后,政府举办的公立学校成为各种不同社会阶层接受教育的共同场所,加之政府极力宣传教育公平及其在促进社会公平中的意义和作用,因此人们对教育也赋予了更多的期待。但20世纪60年代之后,当人们重新审视社会,发现社会不仅仍然不公,甚至变得更为不公。于是,人们对公立教育由期望变成了失望。这便引发了对教育与社会公平关系的系统反思,也导致了对公立教育本身是否公平的调查分析,以及对政府干预教育理由的质疑。这一现象在美国表现尤为突出,由于实行以房地产税和消费税为主的教育财政体制,导致美国不同公立学校办学条件、师资水平、招生对象和学生成绩的巨大差异,教育不仅没有促成统一文化和民族融合,反而成了社会阶层和种族隔离的工具。尽管政府也采取了"校车运动"等应对措施以促进

---

① 季苹.美国公立学校的发展研究.北京:高等教育出版社,2002,78.
② 米尔顿·弗里德曼,罗斯·弗里德曼著,胡骑等译.自由选择:个人声明.北京:商务印书馆,1982,154.
③ 这些因素包括战后的冷战思维、20世纪60年代的学生运动、批判理论、新自由主义思想、新马克思主义思想、后现代主义思潮等。
④ 在此引用的对公立学校的批判主要来自新自由主义代表人物米尔顿·弗里德曼等的观点。而这种批评也受到了许多公立教育制度支持者的反驳,对此将在本章第二节介绍。

黑人与白人同校,促进种族融合,但随之而来的是"白人飞走"。到目前为止,美国仍然普遍存在黑人、少数民族、贫困家庭子女集中在城市中心薄弱学校,而白人、富裕家庭子女集中在郊区学校的现象。"在 20 世纪 90 年代末,纽约普通中小学每年的生均经费可以相差数千美元,贫困学生和移民学生越多的学校生均运行经费越低;在一些学校,几乎所有教师都有教师资格证书,生师比可能低于 10∶1,而在另一些学校,只有 2/5 的教师有资格证书,生师比可以高达 20∶1。"①"在公立教育事业中,对来自低收入家庭的黑人儿童的教育,无疑是成绩最糟糕、失败最惨重的领域。与其说是使黑人儿童受教育,还不如说是使他们失掉受教育的机会。但按照政府的一贯说法,公立教育的最大受益者却是穷人和被压迫者。由此看来,公立教育的确是一个双重悲剧。"②"具有讽刺意味而且十分悲惨的是,一个致力于使所有孩子掌握共同语言,具有相同的价值观念,享有同等的教育机会的制度,实际上却在加深社会的分化,而且造成了极不平等的受教育机会。"③由于公立学校系统并不能保证不同社会阶层平等的受教育机会,"通过教育公平促进社会公平"自然无从谈起。对此,激进的学者认为,公立学校不可能像贺拉斯·曼所说的那样成为"社会公平的平衡器",实际上是一个社会再造的工具,④是一种传递中产阶级文化的载体,⑤甚至有人主张废除现有的公立学校体制。⑥

(二) 关于公立教育的质量和效益

由于公立教育在教育中占主导地位,而且人们对教育在解决各种社会问题方面都抱有高度的期望,当国家或社会遇到困难和问题时,人们自然会将目光对准教育,尤其是公立教育,并对其质量和成效进行尖锐的批评。美国是这方面的突出代表。1958 年苏联人造卫星上天之后,美国朝野一片惊惶,都认为是美国教育出了问题,于是制定了《国防教育法》;在

---

① Jennifer Hochschild, Nathan Scovronick. The American Dream and the Public Schools. Oxford University Press,2003,23.

② 伦纳德·比利特.用自由市场方法改革教育.第 P—6141 号兰德公司文件(加利福尼亚州圣莫尼卡:兰德公司,1978 年),27—28.转引自:米尔顿·弗里德曼,罗斯·弗里德曼著,胡骑等译.自由选择:个人声明.北京:商务印书馆,1982,154.

③ 米尔顿·弗里德曼,罗斯·弗里德曼著,胡骑等译.自由选择:个人声明.北京:商务印书馆,1982,159.

④ 鲍尔斯,金蒂斯著,王佩雄译.美国:经济生活与教育改革.上海:上海教育出版社,1990.

⑤ P.布尔迪约,J.-C. 帕斯隆著,邢克超译.再生产——一种教育系统理论的要点.北京:商务印书馆,2002.

⑥ Illich Ivan. Deschooling Society. New York: Harp and Row, 1983.

美国社会差距拉大、贫困问题突出时,教育被作为"向贫困开战"的主战场,而贫困问题不能消除时,以《科尔曼报告》为代表的批评者认为是"教育无能";在新的国际竞争压力下,美国政府在1983年又发表了《国家处于危机之中,教育改革势在必行》这一危言耸听的报告,并列举了多项证据,其中包括:在各国学生成绩的国际比较中,与其他工业发达国家相比,在19项学业考试成绩中美国学生从没有得过第一或第二,有7项是倒数第一;在17岁的美国青少年中,约有13%可以说是半文盲,少数民族中半文盲的青年比例可以达到40%;在大多数标准化考试中,中学生的平均成绩低于26年前苏联发射卫星那年的水平;学生的学术性向测验成绩从1963年到1980年实际上是年年下降,语文平均分数下降50分,数学平均分数下降近40分。① 这些官方的调查和报告都让人产生了对教育、尤其是公立教育的失望和不满。反对公立教育的学者们更是从不同角度证明公立学校的低效。对公立学校效率的质疑首先表现在对其投入和产出状况的不满。从弗里德曼引用的数字看,"自1971—1972学年至1976—1977学年的五年中,美国公立学校教职员工的总额增加了8%,以美元计算,每个学生的费用增加了58%(扣除通货膨胀率后为11%)。输入明显上升了。学校学生人数下降了4%,同时,学校数目也减少了4%。我们相信,几乎没有读者会反对教育质量比数量下降得更厉害的说法。这是通过正式考试记录的成绩下降情况所说明的事实。输出明显下降了。"② 对公立学校效率和效益的批评还来自与私立学校的对比。根据美国联邦教育部提供的数据,1995年公立学校每年生均经费是6459美元,而私立学校生均学费是3116美元,天主教学校生均学费是2178美元。③ 另一方面,科尔曼等根据对公立、私立和天主教高中的比较研究得出的基本结论是:"在培养特定人才方面,私立学校的质量高于公立学校。"④ 约翰·丘伯(John Chubb)和泰力·默(Terry Moe)以500所学校、两万多名学生、教师和校长为调查分析对象,也得出了同样的结论:

---

① 美国高质量教育委员会.国家处在危险之中,教育改革势在必行.见国家教育发展与政策研究中心编.发达国家教育改革的动向和趋势(第一集).北京:人民教育出版社,1986,4.

② 米尔顿·弗里德曼,罗斯·弗里德曼著,胡骑等译.自由选择:个人声明.北京:商务印书馆,1982,157.

③ 季苹.美国公立学校的发展研究.北京:高等教育出版社,2002,307.

④ James Coleman, Thomas Hoffer, Sally Kilgore. High School Achievement: Public, Catholic, and Private High Schools Compared. New York: Basic Books, 1982.

公立学校效率低下,私立学校绩效更优。①

(三) 关于"公共管理"的合理性

对于公立学校效益低下现象,诸多学者都将其矛头指向公立教育的管理体制。弗里德曼认为是由于"官僚主义的增长和权力的日益集中引起的",他发现美国学区数目从 1970—1971 学年至 1977—1978 学年的 7 年中减少了 17%,而从 1968—1969 学年至 1973—1974 学年中,学生人数只增加 1%,专业人员总数增加 15%,教师增加 14%,而学监却增加了 44%。② 萨瓦斯也认为"公立学校的垄断性质应为这一(效益低下)局面承担责任。"③约翰·丘伯和泰力·默通过大规模的实证研究之后发现,高效率学校普遍具有目标明确、要求严格、管理有力和教师质量优良等特点,而"促成学校形成有助于高效运作特点的首要前提是学校的自主权,特别是促使其摆脱外部科层制影响的自主权",但"美国公立学校教育的现行体制抑制了高效率的学校组织形式的产生,因为其民主管理体制限制并削弱了学校的自主权","私立学校之所以比公立学校的运作更有效,其原因在于他们拥有更多独立于外部科层制体系控制的自主权"。④ 而对于"民主管理体制"下的公立学校,弗里德曼一针见血地指出:"大约 90%的儿童进入的是只是所谓的'公立学校',它们实际上根本不是公共的,而基本上只是教育行政管理者和(教师)联合会官员的私人封地(Private Fiefs)",因此,应该将这些"公立学校"民营化。⑤

第二节 教育民营化及其争议

当公立教育面临诸多困难和挑战时,部分学者仍然坚持通过公立学校系统内部改革,如增加经费、提高教师工资、促进教师专业化、加强管理、强调学术标准、改革课程和教学、建立绩效责任制等。另一些人认为,"目前采

---

① 约翰·丘伯和泰力·默著,蒋衡等译.政治、市场和学校.北京:教育科学出版社,2003,27.

② 米尔顿·弗里德曼,罗斯·弗里德曼著,胡骑等译.自由选择:个人声明.北京:商务印书馆1982,157.

③ 萨瓦斯.民营化与公私部门的伙伴关系.北京:中国人民大学出版社,2002,274.

④ 约翰·丘伯和泰力·默著,蒋衡等译.政治、市场和学校.北京:教育科学出版社,2003,26—27.

⑤ Milton Friedman. Public Schools: Make them Private. The Washington Post, February 19, 1995.

取的教育改革措施注定会失败",因为这些改革并没有触及问题的关键：直接民主控制下的制度,因此不能在现有的公立教育体制框架内寻找答案,而应该建立一种"完全不同的学校管理体系——以学校自主权和家长、学生的选择权,而不是以直接的民主管理为中心的体系。"①后者就是一种教育民营化的主张。从20世纪50年代开始,尤其是在最近的二三十年中,"全球范围内业已出现了一种普遍性趋势,即教育向民营化转变","民营化浪潮扩展得十分激烈,可以说已经成为一种全球性现象"。②"教育民营化"促使人们系统地反思和批判传统公立教育理念和制度,甚至已经开始动摇人们对以"公共财政"、"公共管理"为特征的传统公立教育体制的信念,是公立教育制度建立以来面临的最强大的挑战,也有人认为这是一次"公共教育体制的重构"。③

一、教育民营化的内涵

"民营化"(Privatization)并没有一个通用的定义,一般而言,民营化并不是指公有财产的私有化,而是一种政府与民间/社会之间权力和责任的重新安排,即不是指从"公有"到"私有",而是从"官营"到"民营"。亨利·莱文认为："民营化可以界定为将活动、资产和责任从政府/公立机构和组织转向个人及其代理机构的过程。民营化也可以被认为是'自由化'(Liberalization)——代理机构可以从政府规制中获得更多自由,或者是'市场化'——通过市场提供服务以替代政府服务和安排"。④ 民营化运动的主要推动者之一,萨瓦斯认为："民营化可以界定为更多依靠民间机构,更少依赖政府来满足公众的需求。它是在产品/服务的生产和财产拥有方面减少政府作用,增加社会其他机构作用的行动",他甚至认为,"民营化已成为世界性潮流。不论东西南北,不论社会主义国家还是资本主义国家,不论发达国家还是发展中国家,不论民主国家还是专制国家,

---

① 约翰·丘伯,泰力·默著,蒋衡等译.政治、市场和学校.北京：教育科学出版社,2003,4、28.

② 贝磊.当前世界范围内私立教育发展趋势——教育民营化的问题及相关政策.外国教育资料.1997(3)

③ 劳凯声.重构公共教育体制：别国的经验和我国的实践.北京师范大学学报(社会科学版),2003(4)

④ Clive R. Belfied, Henry M. Levin. Education Privatization: Cause, Consequences and Planning Implications. UNESCO: International Institute for Educational Planning, Paris, 2002, 19.

都在推行民营化。"①民营化运动不仅体现在经济领域,也体现在公共卫生、社会治安、大众文化、社会福利等诸多方面。

教育是最大的政府服务和财政支出项目之一,自然也是这场旨在改革政府的民营化运动的重要组成部分之一。根据对公立教育特征的概括和对"民营化"的界定,可以将教育民营化定义为将提供教育服务的机构、活动和责任由政府转向民间的过程。教育民营化重在"化":它所指的"是一个过程而不是一种状态,是一个不断地减少和降低学校的公共所有权、公共财政投入和/或公共控制,进而提高私人对学校的所有权、财政投入和/或私有控制的过程。"②在此过程中,不仅包括直接发展私立教育,也包括公立学校的民营化。根据对传统公立教育特征的概括,公立学校民营化也相应地包括三个方面:(1)将公立学校资金的提供方式从完全或主要由政府提供转变为更多地靠学生个人和社会机构提供;(2)将公立学校的管理方式由政府直接管理转变为更多地靠学校自主管理或家长、社会参与管理;(3)某些情况下,甚至将公立学校的目标由主要追求"公共利益"转向更多地满足学生和家长的需求。美国著名学者约翰斯通(Johnstone)从"使命或目标"、"所有权"、"经费来源"、"开支控制"、"开支之外事务的控制"、"管理范式"六个方面对公立高校和私立高校进行了区别,认为民营化不仅表现在所有权从政府转向个人或非政府机构,也表现在大学的使命从公共大众目的转向像私营企业一样营利、管理模式从传统公立学校管理范式转向企业化的管理范式,还表现在经费来源从政府转向个人、经费开支以及其他重大事项从受政府控制转向根据自身利益需要而自主决定。③

二、教育民营化的动因

民营化的动因是多方面的,根据萨瓦斯的总结,"民营化运动的主要推动力量可以分为现实压力、经济、意识形态、商业等方面的动力和平民主义的影响。务实主义者的目标是从成本/收益角度寻求更好的政府。经济的富足减少了人们对政府的依赖,促使他们接受民营化途径。那些

---

① 萨瓦斯.民营化与公私部门的伙伴关系.北京:中国人民大学出版社,2002,4;中文版前言.
② 贝磊.当前世界范围内私立教育发展趋势——教育民营化的问题及相关政策.外国教育资料.1997(3)
③ 约翰斯通著,沈红、李红桃译.高等教育财政:问题与出路.北京:人民教育出版社,2004,190—194.

从意识形态角度看问题者视更少政府为理想目标……这是杰斐逊的政府观——'管得最少的政府就是最好的政府'。商业利益追求者的目标是促使政府开支更多地转向他们,从而揽到更多的生意。平民主义者的目标是更好的社会,首要的手段则是赋权于民,让他们满足共同的需求,同时削弱公共和私营部门官僚的权力。"[1]教育民营化既有上述一般动因,也有其特殊原因,对此,不同学者都根据自己的理解进行了概括。有人认为教育民营化是基于以下一个或几个原因:减轻政府财政支出的负担、提高学校经营管理的效率、增加教育供给方式的多样化和选择性、提高学校对其消费者的责任感;[2]也有人认为,教育民营化是由于公共选择理论、新公共管理理论、有限政府理论等"理论的迎合"和政府财政危机、管理危机以及教育经费危机、质量危机等"现状的危机"的产物;[3]还有学者认为,包括存在主义教育思想、非学校化思潮、价值社区理论在内的个人主义反主流文化以及新自由主义哲学和经济理论都是教育民营化运动的思想基础。[4] 笔者认为,教育民营化显然既有理论的支持和推动,又有现实的压力和拉动。

(一)教育民营化的理论支持和推动

教育民营化是整个公共管理和服务民营化运动的一部分,是一场有着深厚理论支持的系统变革。这些理论涉及对国家、政府与社会和个人关系的基本问题,众多理论流派都与此有关。在这些理论中,以下两方面的理论认识对教育民营化的影响最大:

1. 新自由主义思想及其对政府与教育关系的认识

自由主义是形成于19世纪的一种传统资本主义哲学和经济学说,认为自由是最重要的价值,为了保护和追求个人自由,就应该尽可能地限制政府对经济和社会生活的干预,主张通过自由市场和竞争来调节和促进经济发展。新自由主义是传统自由主义的复兴和发展,同样强调市场调节,反对政府干预,其基本理论观点包括三方面:自由是社会的最终理想,自由的基础是私有财产;平等、民主与自由相对立;反对政府权力的扩大。[5] 米尔顿·弗里德曼、哈耶克等一批著名学者都是新自由主义理论的重要代表。20世纪80年代以来,受新自由主义思想的影响,一些西方

---

[1] 萨瓦斯.民营化与公私部门的伙伴关系.北京:中国人民大学出版社,2002,5.
[2] 贝磊.当前世界范围内私立教育发展趋势——教育民营化的问题及相关政策.外国教育资料 1997(3)
[3] 郭凯.教育民营化的背景及其限度.教育理论与实践.2004(7)
[4] 季苹.美国公立学校的发展研究.北京:高等教育出版社,2002,181—191.
[5] 季苹.美国公立学校的发展研究.北京:高等教育出版社,2002,196.

国家在政府与市场之间又开始倾向于市场,认为市场竞争是提高社会效率的基本手段,在经济领域推行国有企业民营化。这一思想反映到行政管理方面,则表现为"新公共管理"运动,主张小政府、大市场,尽可能让市场提供产品和服务,传统上由政府负责提供的公共卫生、环境保护、社会治安、消防和监狱等公共服务都逐渐部分或全部转变为由私人提供。英国首相撒切尔夫人和美国总统布什都是民营化实践的领军人物。戴维·奥斯本和特德·盖布勒认为这场新公共管理运动是在用企业家精神来"重塑政府"(Reinventing Government),这种政府具有以下特征:催化的政府,"掌舵"而不是"划桨";社区所有的政府,授权而不是服务;竞争性的政府,将竞争机制引入服务的供给之中;使命驱动而不是规则驱动的政府;结果导向而不是只关注投入的政府;顾客驱动而不是满足官僚机构需要的政府;有事业心的政府;有预见力的政府,预防而不是治疗;分权化的政府,从等级制到参与和协同;市场导向的政府。① 新自由主义和新公共管理思想反映到教育领域就是主张打破政府对学校教育的垄断、削减政府教育财政支出、减少政府对教育的直接提供、在教育领域引入民间力量、市场机制,从而促进学校之间的竞争,提高学校办学效率。

2. 公共选择理论及其对教育产品性质和提供方式的认识

公共选择理论以及与之密切相关的委托—代理理论也被视为新自由主义理论体系的一部分,不过它们所关注的重点是政府与社会的关系,关注"公共物品"的提供、选择和分配。公共物品(Public Goods,也译为公共产品)理论最初是由著名经济学家保罗·萨缪尔森(Paul A. Samuelson)在1954年发表的《公共支出的纯理论》一文中提出的,根据他的定义,公共物品是这样一种商品:"其益处不可分割地散布到整个社群之中,不管特定的个人是否愿意消费这一公共产品"。② 公共物品有两个主要特征,即(1)"效用的非排他性",指该物品是向整个社会提供的,具有共同受益的特点;(2)"消费的非竞争性",即增加一个该物品的消费者时,其边际成本为零。③ 比较典型的公共物品有国防、广播电视节目、交通信号等;与公共物品对应的是私人物品,这种物品的效用具有排他性,消费具有竞争性;介于公共物品和私人物品之间的是"准公共产品"。根据公共产品理

---

① 戴维·奥斯本,特德·盖布勒.改革政府——企业家精神如何改革着公共部门.上海:上海译文出版社,1996.
② 保罗·萨缪尔森,威廉·诺德豪斯.经济学(第十四版).北京:首都经济贸易大学出版社,1996,139.
③ 王善迈.教育经济学简明教程.北京:高等教育出版社,2000,58—59.

论,公共产品如果通过私人(市场)提供,便会因为有"搭便车"行为而导致该产品供给不足,因而只能通过政府来提供。传统上,由于教育影响具有外部性,即一个人受教育状况会对其他人和社会产生影响,因而教育被认为是"公共物品"或"准公共物品",并认为教育应该由政府资助和提供:在基础教育阶段,为了保证每一个社会成员都获得相应的教育,应该建立免费、开放的义务教育制度;对于非义务教育阶段的中等教育和高等教育,政府应该提供一定的资助,以弥补"市场失灵"导致的教育供给不足。

民营化的拥护者则认为,教育的产品属性并不足以成为政府提供教育的理由。一方面,从公共产品特性看,教育并不具有消费的非竞争性和效用的非排他性,因而并不是典型的公共产品,它甚至可以被作为私人物品。萨瓦斯就认为:"(教育的)排他性和个人消费是其显而易见的特征。由于教育能给受教育者提供巨大且明显的收益,所以这种高价值物品能够在市场上获得和出售。"[1]另一方面,更为重要的是,民营化的支持者们认为,即使是公共产品,也可以将其生产与经费提供相分离,可以通过市场化的方式提供。萨瓦斯就列举了教育的多种提供方式,除"传统公立学校"之外,教育也可以通过政府间协议、承包合同、特许合同、补助等不同方式的政府安排提供,还可以通过自由市场(私立学校)、自愿服务(教会学校)、自我服务(在家上学)、教育券等方式由私人提供。[2]按照这种观点,即使教育是一种公共物品,具有很强的公益性或外部性,也没有理由认为应该由政府建立一个统一的公立教育体系来提供甚至垄断,教育的公益目的完全可以通过民营的方式实现。

(二)教育民营化的现实压力和拉动

教育民营化的内在原因是随着教育发展而导致的教育供给和需求的变化。一方面,传统公立教育在数量、质量、类型方面不能有效满足社会对教育的需要,另一方面,商业力量对教育的介入也产生了有别于传统公立教育模式的新的教育供给。根据詹姆斯(Estelle James)的理论,影响私立教育发展的因素主要有过度需求、差异需求以及包括政府和宗教力量在内的教育供给等。[3]借鉴该分析框架,可以认为教育民营化的现实压力主要有以下方面:

---

[1] 萨瓦斯.民营化与公私部门的伙伴关系.北京:中国人民大学出版社,2002,60.
[2] 萨瓦斯.民营化与公私部门的伙伴关系.北京:中国人民大学出版社,2002,88—89.
[3] Estelle James. The Public/Private Division of Responsibility for Education: An International Comparison. in Thomas James and Henry M. Levin (edited). Comparing Public and Private Schools. Volume 1: Institutions and Organizations. The Falmer Press, 1988.

1. 过度需求

过度需求(Excess Demand)是指由于现有教育系统的容纳能力有限而产生的不能得到满足的教育需求。由于世界各国义务教育制度的建立和基础教育的普及,加之受人力资本理论和"向贫困开战"等政策的影响,人们认为教育是获得更好的工作、更高的收入以及更高的社会地位的基本途径,因而对教育的需求普遍迅速增长。而与此同时,受20世纪70年代之后石油危机、经济全球化的影响,加之受"新公共管理"理念影响,政府主动降低税收、削减公共财政,各国政府公共教育财政投入并没有随着教育需求的增长而相应的增长,甚至占GDP的相对比例还在下降。据统计,世界各国公共教育投入的比例在1960—1975年间增长最快,占GDP比例的世界平均水平从1960年的3.6%增长到1975年的5.5%,而在1980年已经下降到了4.9%,到2000年更是下降到了4.5%。[①]在政府财政投入不足、公立学校教育机会有限的情况下,过度需求就会不断扩大,这种需求往往会打破由公立学校垄断教育提供的模式,导致私立学校的出现和增加。在发展中国家,在没有完全普及基础教育的情况下,过度需求的出现则会导致这些国家基础教育领域私立教育的发展;在已经普及基础教育的发达国家,过度需求的增加会推动高中教育和高等教育阶段私立学校的发展。

2. 差异需求

差异需求(Differentiated Demand)是指在现有的教育体系可以满足基本受教育需求的情况下,由于强烈的文化背景、教育理念、个性追求等差异而导致的对教育的异质性的追求。由于教育的普及,不同民族、宗教的人群都开始更为关注自己的传统和文化,加之受全球化和后现代主义思想的影响,世界各国对多元文化开始越来越认同。由于科层制管理模式和教育教学的标准化、统一化,公立学校并不能有效地满足不同群体对教育的多样性需求,也不能有效地提供差异化的教育,也就不能对不同个体因材施教;此外,由于传统公立学校财政投入有限,教学质量不高,也难以满足人们对高质量教育的需求。在此情况下,各种不同于传统公立学校的"备择学校"(Alternative Schools)就应运而生。在美国,这些学校主要有两类:一类是基于自由主义或人文——进步主义哲学,它们反对传统公立学校过于权威主义、以教师为中心,过于依赖教科书,过于强调竞争,过于强调狭窄的学术训练内容等,而倾向于以学生为中心,注重社会

---

① 刘泽云,袁连生.公共教育投资比例国际比较研究.比较教育研究.2007(2)

技能、艺术以及广泛的学术训练,这些学校包括自由学校、历史学校、进步学校、多元智力学校等;另一类学校是基于宗教和文化保守主义,它们认为公立学校要求过于松懈,因而采用传统的课程和教学方法,强调道德、宗教和精神价值,这些学校包括天主教学校、新教学校、基督教学校、穆斯林学校等。① 由于受到各种外界压力的影响以及这些私立学校办学理念、方式、方法的启示,在公立学校内部,也开始通过"放权"、"自治",改变传统的单一化模式,寻求满足差异化的需求,美国的"磁石学校"、"特许学校"就是为满足这种需求的产物。

3. 营利性供给

在教育供给方面,从 20 世纪 80 年代以来,营利性公司的出现也为教育民营化提供了新的动力。私营企业最初承担支持教育的服务活动,如教材出版、校车服务、午餐、校园卫生等,而现在,部分公司已经开始承担学校的核心工作——教学,甚至直接承包整个公立学校的各项工作。美国的教育管理公司(EMO)不仅自己举办营利性私立学校,更是将目标对准了公立学校,试图通过引入公司化的管理模式来管理公立学校而获益。例如,爱迪生教育管理公司从 1995 年开始管理公立学校,到 2001 年已经与 22 个州签订协议,管理这些州的 136 所公立学校。② 根据 2002 年一项对美国 2 318 名学监的调查,过去五年,这些被调查者所在学区通过签约由私人公司提供各项教育服务的比例如下:教学服务:17.2%;改善资本使用:40.3%;保险:38.5%;交通服务:32.3%;咨询或健康服务:27.3%;教育技术:24.9%;食物服务:19.6%。此外,在评估服务、课后教学项目、筹资、市场或公共关系、特别课程、会计、人事、暑期课程等方面都在一定程度上引入了公司的力量,在过去五年从来没有在上述领域与私人公司签约的学区只有 18.6%。③ 试图从教育中营利已经成为一股强大的动力,推动了民间机构和个人投资,举办和管理学校,改变了私立教育以及整个教育系统的资金来源和供给方式。

在教育供求变化过程中,政府顺应学生、学校以及教育公司的需求而制定的相关政策对教育民营化也起到了关键的作用。政府对就读私立学校的学生制定的学费退税、学费补助政策有效地扩大了对私立教育的需

---

① Ronald E. Koetzsch. The parents' Guide to Alternatives in Education. Shambhala Publications, Inc, 1997, 1—4.

② 王伟. 美国营利性教育机构制度环境分析. 太原:山西人民教育出版社,2005,129.

③ Clive R. Belfield, Amy L. Wooten. Education Privatization: The Attitudes and Experiences of Superintendents. Occasional Paper No. 70, National Center for the Study of Privatization in Education, Teachers College, Columbia University.

求,促进了私立学校的发展;政府管制的放松也促进了公立学校市场导向的改革;政府对营利性教育机构的认可则为商业机构进入教育领域提供了合法性依据。

二、教育民营化的主要实践

从已有的文献看,世界上许多国家都经历了各种不同的教育民营化实践,例如杰夫·惠迪等介绍了英国、新西兰、澳大利亚、美国、瑞典等国"公共教育的重建";①沃尔夫和麦克多(Patrick J. Wolf, Stephen Macedo)等介绍了荷兰、比利时、英国、加拿大、法国、德国、美国、意大利等八国通过私立教育和教育选择进行公民培养的实践;②普兰克和赛克思(David N. Plank, Gary Sykes)等则在《对选择的选择——学校选择的国际比较》一书中对智利、新西兰、英国、瑞典、澳大利亚、南非、中国、捷克、匈牙利等国通过各种途径扩大学生在公立学校内部以及公立学校和私立学校之间择校的实践进行了分析。③关于教育民营化的具体实践,有人列举了以下多种形式:教育券、公立学校择校、公立学校自由化(放松管制)、与私人公司签订教育服务协议、学费退税、资助私立学校、在家上学(Home-schooling)、促进学校及教育机构之间竞争。④ 有人则将各种民营化实践概括为以下四种:公立学校所有权的转移;在不对现有制度重新设计的前提下调整公、私立学校间的平衡;增加政府对私立学校财政等方面的支持;增加私人对公立学校财政的支持。⑤ 也有人认为,"择校、竞争、学校自主权和凭单制构成了改革的几项主要的政策思路,是把公立学校推向市场的最主要的途径"。⑥ 笔者认为,教育民营化主要包括两方面:其一

---

① 杰夫·惠迪,萨莉·鲍尔,大卫·哈尔平.马忠虎译.教育中的放权与择校:学校、政府和市场.北京:教育科学出版社,2003.

② Patrick J. Wolf, Stephen Macedo (Edi.). Educating Citizens: International Perspectives on Civic Values and School Choice. Brookings Institution Press, Washington D. C., 2004.

③ David N. Plank, Gary Sykes (Edited). Choosing Choice: School Choice in International Perspective. Teachers College Press, New York, 2003.

④ Clive R. Belfied, Henry M. Levin. Education Privatization: Cause, Consequences and Planning Implications. UNESCO. International Institute for Educational Planning, Paris, 2002, 23—27.

⑤ 贝磊.当前世界范围内私立教育发展趋势——教育民营化的问题及相关政策.外国教育资料.1997(3)

⑥ 劳凯声.重构公共教育体制:别国的经验和我国的实践.北京师范大学学报(社会科学版).2003(4)

是扩大私立教育,其二是使公立学校民营化。其中主要是改变其"公共经费"、"公共管理"制度,因此,相应地可以将教育民营化的途径概括为"放权"、"择校"、"收费"、"民办"等四种类型。

(一)扩大教育选择与竞争

由于传统不同,不同国家的家长对学校的选择权差异很大,在荷兰,1917年的宪法赋予了宗教组织和个人举办的学校获得与公立学校同等资助的权利,这些学校尽管为非政府举办,却可以获得政府的全额资助,由于不论就读公立学校还是私立学校都可以免费,因而学生和家长有较大的选择性。[①] 但在大多数国家的公立学校系统,通常都是采用就近入学的原则,规定学生只能在近邻学校(Neighborhood School)就读,或者是通过某种客观的标准,如统一考试成绩,来决定学生对学校的选择权;如果学生不愿意到政府规定的近邻学校入学,通常只有两种方式择校:或者是通过搬家选择新的近邻学校,或者是离开公立学校系统,到私立学校就读。然而,近三十年,世界大多数国家都一定程度上扩大了学生和家长在公立学校系统内部选择的权利,以鼓励学校之间开展对学生(以及主要按学生人头拨付的经费)的竞争。通过开放招生政策扩大学生的选择权,学生可以不受居住地的限制,不仅可以在一定的学区之内选择学校(Intradistrict choice),也可以跨学区选择(Interdistrict choice);不仅可以在公立学校内部选择(Intrasectional choice),甚至可以带着政府资助的经费在公立学校和私立学校之间进行选择(Intersectional choice)。

以美国为例,美国公立学校属于地方管理,学生主要是根据划定的学校区划就近入学。由于学校经费在很大程度上依靠财产税,因此富裕家庭居住的地区房产税高,学校经费充足;而在大城市和少数民族密集地区,则税收低、学校经费紧张,这导致美国不同学区学校办学条件和教育质量差异悬殊。美国最高法院在1896年普雷西对费古森案(Plessy v. Ferguson)中判定"分离而平等"的原则符合宪法,而在1954年布朗对教育委员会案(Brown v. Board of Education)中则判定其违法,这对美国公立教育产生了重大影响。此后,美国采取了多种措施以期缩小居住结构和财政体制对教育差异的影响,其中包括始于20世纪60年代的公车接送运动,但该运动不仅遭到白人的反对,并导致"白人飞走",由于其强制性,实际上也遭到黑人的反对,并导致经常性的校车暴力事件,因此该运

---

① Estelle James. The Public/Private Division of Responsibility for Education: An International Comparison. in Thomas James, Henry M. Levin (edited). Comparing Public and Private Schools, Volume 1: Institutions and Organizations. The Falmer Press, 1988, 108.

动很快就被废止了,但提供校车接送的服务在很多地方仍被保留着,这为当前的磁石学校、教育券、开放入学等政策的实施提供了便利条件。

磁石学校始于20世纪60年代末,旨在通过在薄弱学校实施一些特殊教育项目,留住本地学生(尤其是白人中产阶级学生),同时允许学校区划之外的学生能选择到这类学校学习。磁石学校的经费由联邦政府提供,学校需要申请,通过竞争获得该项目经费,项目一般为4年一个周期,到期可以继续申请。例如在纽约皇后区的第28学区就有6所磁石学校,这些学校中有的实行"全球教育",有的进行"多元智力教育",有的实施艺术教育。这些学校按要求每年4月要向社会进行一次宣传推广活动,旨在让家长们知道这些学校并选择自己感兴趣的学校。然而,由于磁石学校只是在教学内容和方法等局部进行改革,其效果仅仅相当于"试验学校",因此学生选择磁石学校的比例并不高。

在扩大教育选择方面,影响最大的是教育券制度,即政府给予家长一种代表教育经费的凭证,学生可以凭证到所选择的学校上学,学校则可以在开学后到政府兑现凭证。美国"二战"后的"退伍军人法案"(GI Bill)实际上就是一种教育券的实践,它规定退伍军人可以从政府获得一定数额的票券,持此票券可以到高等学校或职业培训机构接受教育。经济学家弗里德曼在其1955年论文《论政府在教育中的作用》中,首次系统阐述了利用教育券改革公立教育的思想。此后,教育券在美国以及世界上几十个国家得到实践和推广,教育券不仅被用于扩大学生在公立学校之间的择校,也被用于促使更多的学生到私立学校就读;教育券的类型不仅有弗里德曼建议的"无条件的教育券",也出现了各种有条件的教育券,如贫困学生教育券、学业困难学生教育券、私立学校教育券等(详见本书第六章)。由于政府教育经费随着学生流动而流动,因而教育券被作为促进学生择校、促进学校为争取更多的生源和经费而竞争的重要工具。

(二)减少政府对公立学校的直接管理

"放权"(Devolution)、"解制"(Deregulation)或自由化(liberalization)是许多国家公立教育改革的另一趋势。放权可以包括两种类型:一种是中央政府向地方政府放权,被称为非集权化(Decentralization);另一种是将政府权力下放给非政府组织和个人,被称为非中心化(Deconcentration)。教育民营化过程中的放权主要是指后者,即将传统公立教育体系中政府对教育的部分管理权转移给学校、家长或其他非政府组织和个人。杰夫·惠迪等在《教育中的放权与择校:学校、政府和市场》一书中介绍了多个国家教育放权的实践。在英格兰和威尔士,传统上公立教育由地方教育局管理,《1988年教育改革法》的一个精神就是放权,其中规定,现有公立学校可以经家长无记名投票决定选择脱离地方教育当局,成为由中央政府直接拨款资助的公立学校;在新西兰,其1989年10月发起的教育改革中,中央政府和地方教育委员会将预算分配、职工聘用等职责下放至每一所学校,实施了将财政决策权也完全下放的"整体资助"试验;在澳大利亚,维多利亚州是其教育改革的"领头羊",到1992年末,该州所有学校都由学校委员会管理,拥有除教师工资以外所有项目的预算权,并于1993年开始在320所学校中进行了将财政权和人事权几乎全部下放的试验;瑞典的放权是在中央政府与地方政府之间进行的,1991年,中央政府停止了对教学岗位和校长任期的控制,288个市政当局最终接管了组织和实施学校活动的全部职责。[1]

在放权方面,最有典型意义的是美国的特许学校(Charter School),它由州或市政府与社会团体、企业,以及包括教育工作者、家长、社区领导等在内的个人签订合同,政府按照其他公立学校标准提供经费,学校可以免受大部分管理公立学校的规章制度的约束,在聘用教师、经费使用、课程设置、校历安排等方面享有较大的自主权,但同时需要承诺达到合同规定的教育目标,否则政府将会终止该合同。从1992年明尼苏达州开办第一所特许学校开始,特许学校在美国得到了迅速发展,到2005—2006学年,美国特许学校数量已达到3 625所,有40个州、波多黎各岛以及哥伦比亚特区通过了特许学校法。[2] 特许学校实践强化了美国公立学校的绩效责任制(accountability),也推动了政府办学职能的转变。有学者对各国教育放权运动进行细致研究后发现,大多数国家在放宽对学校人事、财务、教学组织等具体事务的管理权限的同时,却加强了核心课程设置、督导评估等方面的权力。例如,惠迪等在对英国、美国、新西兰、澳大利亚、瑞典等五国公立教育改革进行研究后认为:"学校可能在财政和行政两方面被赋予了新的职责,但在其他领域,特别是与课程相关的领域则节节退让。在我们所选定的五国中,无论国家还是州政府,都掌握了决定学校知识的标准、成就评估的方式以及评报告的对象等新的权力。"[3]可见,放

---

[1] 杰夫·惠迪,萨莉·鲍尔,大卫·哈尔平,马忠虎译.教育中的放权与择校:学校、政府和市场.

[2] 金添.美国特许学校的最新进展研究.基础教育参考.2006(12)

[3] 杰夫·惠迪,萨莉·鲍尔,大卫·哈尔平,马忠虎译.教育中的放权与择校:学校、政府和市场.北京:教育科学出版社,2003,49.

权运动实际上是政府与学校办学者之间权力的一次再分配。

（三）扩大非公共财政

按照传统公立教育制度设计，公立学校应该由政府通过税收提供教育经费。民营化的一个趋势则是逆此而动，即扩大非政府财政经费来源。扩大非公共财政的实践在发达国家主要表现为高等教育阶段向学生收费，而在发展中国家则可能同时表现在基础教育和高等教育阶段向学生收费。从20世纪80年代以来，许多原来不收费的国家也开始实行收费政策，而原来收费的国家则提高了收费标准。在高校收费方面，美国学者约翰斯通进行了系统的研究，发现各国高校收费具有以下普遍特点和趋势：(1) 以前不收学费的国家开始收取学费；(2) 以前收学费的国家提高了学费上涨速度；(3) 强迫学生交"使用费"或杂费（住宿费等）；(4) 增加学生贷款的有效回收，包括减少贷款补贴、提高贷款利率、缩短还款期限、减少贷款数额、减少拖欠等；(5) 减少学生助学金或奖学金，或在严重通货膨胀情况下"冻结"助学金或奖学金数额；(6) 通过限制公立高等学校数量、发展私立高等学校，将教育成本转嫁给学生和家庭。[1] 除通过不同途径向学生收费外，一些国家的政府还试图通过其他一些途径扩大非财政性教育经费，在加拿大等国家实行的"BOT"（Build, Operate, Transfer）模式就是其中之一。在这一实践中，政府只是提供建校的土地，社会团体或企业与政府签订合约，负责出资兴建学校，并在学校建成之后享有一定期限的运营权，到期之后将学校转移给政府。通过这种方式，可以为政府节省一定的建校费，并可以在一定年限之后无偿地获得学校资产。当然，其前提是这些学校必须从政府拨款和向学生收取的学费中获得营利，否则就没有激励性。

（四）扩大非公立教育

与公立教育运动相反，在教育民营化过程中，最典型的民营化是通过鼓励和发展非政府学校来提供教育。从经济学角度看，扩大非公立教育可以视为教育成本分担的一种特殊形式，因为私立学校通常要收取占办学成本很高比例的学费，政府往往只给予部分的补贴甚至完全不予补贴。与公立学校相比，私立学校不仅在经费来源上不同，在管理上也拥有更大的自主权，在学校招生方面也可以较少受政府规定的限制，从这个意义上说，发展私立学校也是通过一种特别的方式进行放权和扩大择校。

在促进私立学校发展方面，各国采取的方式差别很大，有的是资助学

---

[1] 约翰斯通著．沈红，李红桃译．高等教育财政：问题与出路．北京：人民教育出版社，2004，174—175．

校,多数是资助学生或教师;有的是采取专项拨款或资助学校基础设施建设等方式;有的则是采用私立学校教育券的方式;还有的是对选择上私立学校的家庭实行教育退税(Tuition Credits),以减轻这些家庭的经济压力。在对私立学校资助力度上,有些国家(如荷兰)在对公立和私立学校的资助上没有区别;匈牙利、奥地利、挪威、比利时、瑞士、西班牙等国则给予相当大比例的资助;美国主要只给学生提供某些服务(如奖学金、贷款担保等),在用公款支持私立学校,尤其是教会学校方面仍然存在非常大的争议;澳大利亚是根据私立学校所得学费和捐赠量及对经费的"需求"而采取区别对待的方式,有些私立学校为相对贫困的社区服务,因此可以得到约相当于公立学校生均经费一半的补贴,而精英式私立学校则只能得到较少的补贴,最低只有公立学校生均经费的 12%。[1] 根据 OECD 提供的统计数据,2000 年 OECD 国家公共教育经费中平均有17.7%被用于直接或间接资助私立教育机构,在高等教育阶段,该比例为 27.5%,其中美国、德国、日本分别为 26.7%、16.4%、23.7%,韩国、新西兰、保加利亚分别为 54.8%、61.9%、64.4%。[2] 通过私立教育为社会提供教育机会已经成为许多国家教育政策的一种选择,政府对私立学校资助的力度在很大程度上决定了该国私立教育的比例。日本、韩国、中国台湾都是利用私立教育实现高等教育大众化的典型。目前日本约有 3/4 的高等学校学生在私立学校就读,韩国私立高校学生占 77%,菲律宾和马来西亚私立院校学生也占其高等教育学生数的 70%以上。[3]

在由民间提供教育方面,非常引人注目的是美国的"在家上学"(Home schooling)。公立学校运动和义务教育制度要求所有父母将子女送到指定的公立学校或受政府认可的私立学校就读,学龄儿童在家接受教育甚至被认为是违法的。但从 20 世纪 70 年代开始,由于部分家长尤其是保守的基督徒对公立教育制度安排和公立学校的绩效不满,使家庭教育又出现了回归,一些受过良好教育的富裕白人家庭,开始选择在自己家里对子女实施教育。经过一段时期的争议之后,现在这种在家上学的方式在美国各州都已合法化,只是在对家长资格和质量监督的标准各州略有区别,在有些州,家长只需要向地方教育当局写一封申请信,有些州

---

[1] 杰夫·惠迪,萨莉·鲍尔,大卫·哈尔平著.马忠虎译.教育中的放权与择校:学校、政府和市场.北京:教育科学出版社,2003,30.

[2] OECD. Education at a Glance. 2003, http://www.oecd.org/dataoecd/41/15/14764850.xls.

[3] 丁小浩.高等教育成本补偿的国际比较分析.见曾满超主编.教育政策的经济分析.人民教育出版社,2000,200.

则要求家长证明自己有教育资格;在有些州,要求学生定期参加统一考试,有些州则没有这类要求。据估计,目前美国实施在家上学的儿童超过120万,其中实行至少两年在家上学的有80万,占学龄儿童的1.7%。①在家上学被认为是一种真正的教育民营化,因为它是私人资助、私人提供,只有很少甚至没有政府的监管。

以上几种主要的教育民营化实践在多数情况下是交叉进行的,例如,择校往往伴随着放权,因为学校之间的竞争通常是以拥有更大的自主权为前提条件的;降低政府资助比例、扩大成本分担也伴随着公立学校在自筹经费的使用方面自主权的增加;在私立学校接受政府资助的同时,往往也需要接受更多的政府管理。以上几种教育民营化的方式在不同国家的表现也不一样。在美国,主要是扩大择校和放权,在高等教育阶段提高收费标准,但在有目的地促进和发展私立教育方面的努力并不明显;在欧洲的法国、德国、英国等国家,主要也是扩大学校选择性以及高等教育阶段逐渐开始向学生收费;在北欧国家,私立教育已经有很大比例,以往的资助程度也很高,因此其私营化的表现主要在于扩大学校的管理权限;在亚洲以及大部分发展中国家,民营化的主要实践是发展私立教育、提高成本分担的比例。

三、关于教育民营化的争议

萨瓦斯曾引用叔本华的话说:"所有伟大思想都要经历三个发展阶段:第一阶段被视为异端邪说受到嘲笑,第二阶段遭到激烈的反对,第三阶段成为不言自明的真理,"并认为教育民营化思想已处于发展的第三阶段。② 关于新自由主义和新管理主义及其民营化实践,在经济界、政治界仍然存在严重的分歧和争论,认为教育民营化已经成为"不言自明的真理",这显然有些过于乐观。可以说,关于教育民营化的理念和价值从一开始就存在争议,经过近三十年的实践,有些争论得到了实证依据的支持,而大多数争论都没有获得足以说服对方的证据,因而关于教育民营化的争议和分歧依然存在甚至变得更尖锐。

(一)教育民营化与办学效率

关于教育民营化,支持者的主要论点之一是公立学校中存在政府对

---

① K. J. Baumann. Home-schooling in the United States: Trends and Characteristics. Education Policy Analysis Archives, 2002. 10 (26). www.epaa.org.

② 萨瓦斯.民营化与公私部门的伙伴关系.北京:中国人民大学出版社,2002,13.

教育的垄断，因此公立学校缺乏竞争和创新的动力，导致效率低下，而通过民营化，使学校之间为争取和保留生源以获得教育经费而竞争，可以促进教育革新、提高教育质量。对此，教育民营化的反对者一方面认为，并不存在政府对教育的垄断，公立学校系统存在垄断现象是夸大其词。例如有人就认为，美国有五十个州，有一万多个学区，每个学区的财政、管理、课程都不一样，公立学校之间更是千差万别，并不存在垄断和一元化。另一方面，反对者们也对民营化与竞争和效率的关系提出了一系列的质疑。

第一，民营化是否促进了教育竞争。对此，不同的研究有不同的结论，有研究表明，民营化确实提高了民营学校以及公立学校的竞争意识，但也有研究发现，私立学校并不一定比公立学校更有竞争意识，有些针对特殊群体的宗教性私立学校由于有特定的学生来源，他们并不需要与外界竞争；而一些高收费的私立学校，则为了保持其教学质量和声誉，严格控制学生数量，也不存在为获得更多学生而竞争的动力。

第二，民营化之后学校之间竞争什么。如果说民营化确实促进了学校之间的竞争，那么需要进一步明确的是学校之间竞争什么。实践表明，当民营学校生源不足时，他们竞争的是学生的数量，而当有足够的生源时，他们往往利用自己拥有的选择学生的权力挑选学生，被挑选的通常是家庭背景较好、以往成绩较好、有较高成就动机的学生，这些学生将降低学校办学成本。而那些问题学生则可能被留在传统公立学校，有人将这种现象称为"撇脂"（Cream Skimming）。不过有研究表明，传统私立学校并不都招收家庭背景好的学生，天主教学校就招收了许多城市贫民家庭学生；也有调查发现民营学校并没有"撇脂"现象，一些针对特殊群体的特色学校招收的往往是公立学校的"差生"或"问题学生"。

第三，竞争是否鼓励了创新。教育民营化的支持者认为，与经济领域一样，竞争将导致创新，从而节约成本、提高效率。不过已有的实践表明，在教育领域，私立学校、特许学校等在创新方面并不强于公立学校，实际上，学校发展过程中存在很强的历史继承性，早期公立学校创建时，在教学内容、教学组织、教育理念方面都是承袭其私立学校的原型；而新创办的私立学校在很大程度上又在学习"成功的"公立学校的做法。也有人认为，部分私立学校取得较好的成绩主要是靠小班教学、使用现代教育技术设备、挑选学生、加大作业量、延长教学时间、严格学校纪律等实现的，而另一些学校办学成本的降低则是靠扩大班级容量、减少行政人员、聘请更多新教师和兼职教师等。这些措施即使能在私立学校成功，也不可能指望公立学校都普遍效仿并同样取得成功。

第四,民营化是否提高了学校的效率。这是一个很难进行实证研究的问题,因为学校教育的目标多样,不同学校之间的条件、目标、理念、学生构成等都不相同,要严格控制所有这些条件并进行有效比较几乎是不可能的。但已经进行的一些有较严格控制条件、对有效目标进行比较的研究非但没有给人一个更清晰的有关民营化绩效优劣的结论,反而引起了更多的争论。《科尔曼报告》的作者詹姆斯·科尔曼(Coleman, J. S.)等人1982年的一份研究表明,与公立学校相比,私立学校可以使学生得到更高的学业成就,而且天主教学校中学生种族隔离倾向更少。[1] 这一研究导致此后持续的相关研究以及关于统计技术的争论。约翰·丘伯(John Chubb)和泰力·默(Terry Moe)1990年出版《政治、市场和学校》后,同样遭到了不少人从方法论方面进行的批评。[2] 此后的大多数研究表明,在控制办学成本、学校规模、学生家庭社会经济背景等因素之后,公、私立学校之间在标准化考试方面的差异并不明显。有人对美国40个有关学校竞争与效率之间相关性的实证研究发现,竞争与办学效率之间只有非常弱的相关关系,学校之间的竞争每提高一个标准差,学生学业成绩提高0.1个标准差,学校效率提高约0.2个标准差;2/3的研究显示竞争对学校效率没有显著影响。[3] 詹姆斯(Thomas James)和莱文(Henry M. Levin)在总结研究有关公私立学校学生的成就后得出的基本结论是:公、私立学校之间可测量的学术成绩的差异很大程度上受研究假设和统计方法的影响,这些研究的主要贡献可能在于促进了关于研究方法方面的争论,提出了关于比较公、私立学校成就差异的一些重要问题,如公、私立学校如何相互取长补短等。[4]

(二)教育民营化与教育选择

教育民营化的支持者认为,自由择校是民主社会中家长的基本权利,他们认为,既然现代社会人们已经可以自由地选择自己的食品、住房、医院以及绝大部分的产品和服务,为什么不能自由选择子女的教育,而必须"困死在政府指定的学校"?他们认为,正是由于缺乏自由选择权,导致了

---

[1] James Coleman, Thomas Hoffer, Sally Kilgore. High School Achievement: Public, Catholic, and Private High Schools Compared. New York: Basic Books, 1982.

[2] 杰夫·惠迪,萨莉·鲍尔,大卫·哈尔平著. 马忠虎译. 教育中的放权与择校:学校、政府和市场. 北京:教育科学出版社,2003,456.

[3] Belfield, C. R.; Levin, H. M. The Effects of competition on educational outcomes: a review of the United States evidence. Review of Educational Research, 2002(27)

[4] Thomas James, Henry M. Levin (edited). Comparing Public and Private Schools. Volume 1: Institutions and Organizations, The Falmer Press, 1988, 10.

富裕地区和贫困地区学校的差别,造成了教育的不平等;如果赋予家长自由选择的权利,就可以打破对近邻公立学校的依赖,有效消除教育机会的不平等。不过,相关实证研究结论却并没有完全证实这些观点,一方面,研究表明,拥有择校权并业已择校的家长确实对自己所选学校更满意,而且对学校的参与更多;另一方面,马丁·卡诺伊等对智利教育券的研究表明:相对富裕的家庭由于在择校信息、交通条件、对教育的重视程度等方面有优势而可以更多地择校,贫困家庭的学生并没有因教育券而提高选择教育的自由度。[1] 还有研究认为:"至今没有证据表明择校会使学校体制多样化;相反,有证据表明,如果不是政府特别投资来开办一些特色学校,学校便有更趋一致的倾向。换句话说,是政府的介入而不是家长择校使供方发生了变革。"[2]因此,从目前的状况看,择校改革并没有像其倡导者所预计的那样给家长、尤其是贫困家庭更多的自由选择权。[3]

(三) 教育民营化与教育公平

在教育领域,非常有趣的现象是,完全不同的教育制度和政策都可以在教育公平的名义下寻求合法性。公立教育的支持者认为公立学校体系的建立是为了促进教育公平,民营化运动的倡导者也认为民营化将能促使教育更公平;主张免费教育者认为免费将有助于弱势群体接受教育,而成本分担政策的倡导者则认为传统免费教育是穷人为富人付费,是荒唐的、不公平的,而成本分担则体现了"谁受益谁付费"的公平原则;公立教育的支持者认为政府不应该向私立学校或就读于私立学校的学生提供资助,因为这将导致公立学校财政投入的减少,教育机会不公平的扩大,而教育民营化的支持者则认为,政府不资助私立学校,将导致私立学校学生

---

[1] Matin Carnoy, Patrick J. Mcewan. Does Privatization Improve Education? The Case of Chile's National Voucher Plan. In David N. Plank, Gary Sykes (Edited). Choosing Choice: School Choice in International Perspective. Teachers College Press, New York, 2003.

[2] 杰夫·惠迪,萨莉·鲍尔,大卫·哈尔平著. 马忠虎译. 教育中的放权与择校:学校、政府和市场. 北京:教育科学出版社,2003,447.

[3] 根据笔者在纽约两次参加磁石学校宣传会的经验看,每次咨询会现场都门可罗雀,而且没有一个白人家长。在问及每年可以招收多少外校区学生时,多数学校都回答说不知道,因为他们并不统计学生是否来自本校区,有一所学校回答说只有不到10人。究其原因,乃因获得磁石学校项目资助的学校大多在贫困地区,外区学生由于近邻学校条件、质量更好,通常不会选择磁石学校。可见,磁石学校在扩大学生选择方面所起的作用实际上非常微弱。同样的情况也表现在纽约的"开放招生"政策上,尽管纽约实行全州范围内开放招生政策,但实际上,好学校往往没有空余名额,通过排队等候入学基本上是没有希望的,而且对于穷人而言,到富裕学区上学意味着房租、交通、时间成本的增加,真正有能力和机会择校的人寥寥无几。用一位黑人朋友的话说,开放入学只不过是政府给穷人开出的一张"空头支票"。

的家长(他们并不一定是经济上的优势群体,而可能是宗教、文化、种族方面的少数群体)两次为教育付费:一次是以一般税收的形式,一次是直接支付学费,这"甚至比强迫穷人的孩子进入教学质量低劣的学校更加不公正"。① 对于政府资助宗教学校是否公平的问题,弗里德曼也认为,首先,政府资助的是家长而不是学校,美国政府在社会保险、福利津贴等各方面的资助都不以个人信仰为依据,教育也不应例外;其次,实际上"公立学校也在传授宗教,只不过不是信奉哪一个神的正式宗教,而是一整套价值观念和信仰"。② 有人认为,美国天主教学校作为一个主要由移民群体自己建立的学校体系,靠自己的经费为300万以上儿童提供教育,实际上是在反对基督教对其他教派的偏见,正是他们受到了不公正对待,而不是这些宗教学校导致了教育不公平。

(四) 教育民营化与社会凝聚力

公立教育的主要理念在于通过一种共同的教育,培养共同的文化价值观念,以保持国家的稳定和促进民族、宗教的团结,广泛的公共利益是公立学校的基本价值追求。民营化的反对者们认为特许学校、教育券等民营化的改革导致学校像营利性公司一样为了经济利益而努力满足当前消费者的需要,从本质上改变了公立学校的性质,并将强化不同宗教、民族、社会阶层伦理道德和价值观的差异,加剧社会分裂。但是,民营化的倡导者认为,实际上私立学校更强调道德教育和公民教育,更像一所"共同学校"。弗里德曼就认为,"凭单计划(教育券)会产生完全相反的效果,它会缓和种族冲突,促成一个黑人和白人为共同的目标而合作的社会……(应该)让其他校像私立学校那样专业化,共同的利益就将战胜肤色的偏见,实现比目前更为广泛的种族平等。"③统计数据也表明,在民营的天主教学校中,少数民族学生的比例达到40%,远高于公立学校,相反,恰恰是公立学校中种族隔离的现象加重了:从1968年到1995年,美国10个大城市中心公立学校中白人学生的比例从51%猛降到16%。④

由以上分析可见,目前对于教育民营化,不论从理论上还是实践效果的判断上都存在严重的分歧和争论。但可以肯定的是,民营化既不是医治公立教育各种问题的"灵丹妙药",也不是导致产生各种教育和社会问

---

① 萨瓦斯.民营化与公私部门的伙伴关系.北京:中国人民大学出版社,2002,276.
② 米尔顿·弗里德曼,罗斯·弗里德曼著.胡骑等译.自由选择:个人声明.北京:商务印书馆,1982,166.
③ 米尔顿·弗里德曼,罗斯·弗里德曼著.胡骑等译.自由选择:个人声明.北京:商务印书馆,1982,166.
④ 萨瓦斯.民营化与公私部门的伙伴关系.北京:中国人民大学出版社,2002,283.

题的"洪水猛兽",教育民营化的影响可能既与一个国家社会、经济、文化和历史传统等有关,又与民营化的具体政策内容和实际执行状况有关。这也是笔者对中国教育民营化的具体问题进行具体分析的主要理由之一。

第三节 中国教育民营化概述

一、我国教育民营化的实践

回顾近代历史可以发现,在公、私立教育关系上,我国也经历了一个从"公办教育"到"教育民营化"的过程。

在两次鸦片战争失败之后,清朝政府一批有识之士看到了教育对于国家存亡的重大意义,在洋务运动中积极举办新式学堂,推动了我国现代公办学校的产生和发展。在清末颁布实施的《奏定学堂章程》(1904年)中已经有"外国通例,初等小学堂,全国人民均应入学,名为强迫教育;除废疾、有事故外,不入学者罪其家长"的表述,反映了其效仿西方国家义务教育制度的主张;1911年8月,清政府《试办义务教育章程案》,第一次提出试办四年制义务教育;1912年中华民国成立后,临时政府教育部在当年9月颁布了《学校系统令》,规定:"初等小学四年,为义务教育。"尽管由于战争频繁、政局动荡、经济萧条等原因,当年的义务教育名存实亡,但这些现代教育制度的颁布实施仍然有效地促进了我国公办学校的发展。1949年新中国成立后,我国公立教育运动才真正得以全面推行,尤其是1951年《关于改革学制的决定》颁布后,在短短的几年时间内,一个旨在满足广大工农群众及其子女受教育需求的公办学校体系建立起来了。在此过程中也伴随着"私立学校的公办化",新中国成立前曾经建立的私立学校被逐渐接受、改造,并最终全部归于公办学校体系。1986年,我国正式颁布《义务教育法》,规定实施九年制义务教育。目前,我国已经建立了一个世界上最庞大的公办教育体系,根据教育部统计,2006年我国有公办小学33万余所,在校生超过1亿人;有公办初中5.5万所,在校生近5600万人(参见表1-1)。

1978年实行改革开放政策之后,我国又经历了一个教育民营化的过程,这一过程同样包括民办(私立)教育的发展和公办学校的民营化两个方面。

我国改革开放之后,最初恢复和发展民办教育主要是为了满足"过度需求",基本上是以高考补习学校以及高等教育自学考试辅导机构两种形式出现,以后民办教育逐渐在基础教育阶段得到发展,在高等教育阶段也获得了独立颁发专科和本科学历文凭的资格。据教育部统计,到2006年,我国有各级各类民办学校(教育机构)9.32万所,学历教育在校生2 313.02万人,民办教育在国家教育体系中已经占据重要地位,在小学、初中、高中和普通高校,民办学校在校生数分别占全国总数的1.8%、7.49%、17.91%、16.13%,民办高校(含独立学院)数甚至占到全国普通高校数的30%以上,民办幼儿园已经达到7.5万所,在园儿童占全国在园儿童数的比例达到了34.3%。目前政府已经制定《民办教育促进法》,对民办教育采取"积极鼓励、大力支持"的政策,通过发展民办教育满足人民群众受教育需求已经成为我国教育事业发展的基本思路之一。

表1-1　2006年我国各级民办学校发展状况

	公办、民办学校合计		民办学校数量		民办学校比例	
	学校数(所)	在校生数(万人)	学校数(所)	在校生数(万人)	学校(%)	在校生(%)
小学	341 600	10 711.53	6 161	412.09	1.80	3.85
初中	60 885	5 957.95	4 561	394.40	7.49	6.62
各类高中	31 685	2 514.50	2 508	450.35	7.92	17.91
普通高校	1 867	1 738.84	594	280.49	31.82	16.13

数据来源:根据教育部公布的"2006年全国教育事业发展统计公报"相关数据计算所得。各类高中包括普通高中、职业高中、中专、技校,民办高校包括独立学院。

民办教育发展的同时,我国公办学校系统也由小心尝试到大胆实践,经历了一系列属于"民营化"范畴的改革。有学者总结出以下十种公办学校民营化运作的形式:名校办民校;公办高校举办独立学院;公办学校联合民办学校举办教育集团;公办民助型的转制;资产转让型的转制;政府出资并吸纳民间资金举办的"股份制"学校;地方政府用贷款方式新建学校并按民营办法经营;部分地方发放教育券;采用委托管理,利用企业管理经验管理学校;优质学校采取择校收费。[①] 也有学者总结出公办学校民营化运作的七种类型:学校的象征性市场化运作(如署名的出售);公办学校的局部市场化运作(如后勤管理、校办产业市场化运作);公办学校"一校两制";转制学校;股份制学校;教育中介组织的市场化运作;教育券

[①] 谈松华.教育"民营化"现象与民办教育发展策略.教育发展研究.2005(9B)

制度。① 笔者认为,借鉴对国际上公立学校民营化类型的总结,我国公办学校民营化也包括"放权"、"择校"、"收费"、"民营"等四个方面的实践。

(一) 政府对公办学校的放权

在计划经济体制下,我国学校的举办、经营、经费投入、专业设置、招生计划、教师管理、毕业生分配,等等,都是由政府通过指令性计划来实现,学校的一切行为都直接和间接地体现着政府的意志。② 20 世纪 80 年代初,"放权"已经写入中央文件,1985 年《中共中央关于教育体制改革的决定》提出"在加强宏观管理的同时,坚决实行简政放权,扩大学校的办学自主权;"1993 年中共中央、国务院颁布《中国教育改革和发展纲要》再次强调:"政府要转变职能,由对学校的直接行政管理转变为运用立法、拨款、信息服务、政策指导和必要的行政手段,进行宏观管理。"此后,这些政策精神进一步体现在《教育法》、《高等教育法》等法律法规之中。在此基础上,我国学校行政管理方面形成了中小学校长负责制和高校党委领导下的校长负责制,财政方面则制定了"总额包干、节余自留、超支不补"的政策,学校在行政、财务、人事等方面都获得了更大的自主权,教师对学校管理工作的参与程度也大大提高了。在放权的同时,学校在筹资、资金使用、人事、安全等方面的责任也更大、更明确了。正是由于拥有相关的权利和责任,公办学校才有可能、也有动力进行各种民营化的改革实践。在放权方面最典型的改革实践是"学校转制"。我国不仅有数千所公办中小学转制,也有少数高校转制,大多数公办幼儿园在实行"准成本收费"之后实际上也实现了转制。与美国的特许学校或英国脱离地方教育当局的中央拨款公立学校不同,我国的转制学校不仅在转制过程中获得了类似民办学校的办学自主权,也承担了自筹经费的责任,即在转制之后,我国公办学校不仅摆脱了政府"公共管理",也失去了政府"公共财政",正因为这样,人们已经开始怀疑它们是否还是"公办学校",现在不少地方已经要求这些学校"不进则退":或者进一步发展为民办学校,或者退回到公办体制。

(二) 公办学校收费

传统上,我国公办学校对学生是完全免费的,高等学校还为学生提供奖学金和助学金。从 1980 年上海等地高校招收自费走读生开始,我国公办学校普遍经历了一个从不收费到收费的过程。我国义务教育阶段尽管

---

① 劳凯声.重构公共教育体制:别国的经验和我国的实践.北京师范大学学报(社会科学版).2003(4)

② 劳凯声.面临挑战的教育公益性.教育研究.2003(2)

一直免收学费,但公办学校往往会通过各种名目向学生收费,其中就包括择校费、借读费、赞助费、服装费、考试费、补习费、资料费、住宿费、活动费、书本费,等等,在相当长一段时间内,治理公办学校教育"乱收费"都是政府的一项重要工作。直到最近两年,我国义务教育阶段学校才开始实行"两免一补"政策和"一费制",即免学杂费、书本费,对困难学生进行生活补助;按政府规定的标准一次性收清各种费用,不得随意再向学生收费。我国学前教育基本上是实行"准成本收费",在高中阶段和高等教育阶段都实行"成本分担"政策,研究生收费问题也已经多次列入政策议程。由于公办学校普遍收费,而且收费额度相对较高,我国已经形成了一个被称为"大的公办部门,小的公共财政"的格局。据统计,全国教育经费总收入中,国家财政性教育经费所占比例在 1998 年为 68.92%,2000 年和 2003 年分别下降为 66.58%和 63.71%,2005 年进一步下降为 61.30%,其中 2005 年预算内教育经费占全国教育经费的比例只有 55.42%。[①] 以非政府财政性经费支持公办教育已经成为我国教育体系的一个重要特点。

(三)学生在公办学校之间的择校

我国的公办中小学教育,尽管没有明确的"近邻学校"概念,但却一直有一套以户籍为依据的招生制度和"就近入学"的原则规定。由于长期实行重点中学、重点小学政策,导致公办学校之间发展不均衡,于是出现了学生为高考升学而竞相选择就读重点中小学的现象,这也是世界各国所少见的。在重点学校数量有限的情况下,为了获得重点学校就读机会不仅需要学生努力学习、成绩优秀,也需要家长从各方面予以"支持",其中就包括"以钱择校"、"以权择校",也包括让学生就读各种课后补习班。学生择校反过来又对公办学校有极其重要的影响,"好学校"(往往是以升学率为判断标准)可以获得好生源,也可以获得择校费以改善办学条件、提高教师水平,从而可以在升学考试中取得更好的成绩,进而在下一轮招生竞争中获得好的生源,如此形成"良性循环"。为此,公办学校之间在生源、教师、升学率方面的竞争通常非常激烈。所以,与大多数国家的公立学校不同的是,我国公办学校之间已存在激烈的竞争,而且这种竞争与办学经费有密切联系,尽管在一些地方已经开始试行"教育券"制度,但改革的主要目的不单纯只是为了进一步促进学校之间的竞争。与大多数国家不同的另一个特点是,我国民办教育历史较短、总体水平还不高,在吸引

[①] 教育部财务司,国家统计局社会和科技统计处.中国教育经费统计年鉴(1999、2001、2004、2006),中国统计出版社.

学生方面,还没有对公办学校形成足够的竞争力,我国学生的择校还主要在公办学校体制之内进行。

(四)公办学校的民营管理

美国学者约翰斯通曾总结出高校管理的两种范式:第一种是私立的管理范式,表现为:管理上果断、坚决、追求数字或其他硬指标,如果对赢利有利的话,甚至不讲情面;急于革新,注重制度重构、更新、重新设计;密切关注当事人或消费者(包括学生、家长、校友、潜在消费者);密切关注形象、宣传和公共关系,等等。第二种是公立高校的管理范式,表现为:参与式管理,注重咨询、开放、寻求共识;扁平的组织结构,厌恶权利,藐视管理,尤其瞧不起专业管理人员和不是靠学术能力而取得的权力;其学术通常被误解或不可理解,尤其是对政治家和生意人而言;认为大学是神圣而尊贵的,管理方式商业化将导致大学的毁灭;强烈关注学术自由。在他看来,迈向第一套管理范式而远离第二套管理范式就是一种民营化。① 根据这一观点,我国公办高校和中小学在管理方式上都或多或少地有民营化的趋势,这一趋势主要表现在:对学校教学、科研、行政等各项工作普遍采用量化的管理;在人事、工资、福利制度改革中普遍采用竞争、淘汰等企业机制;努力开展各种"创收"活动以提高单位经济效益;进行"后勤社会化"管理以节省办学成本,等等。此外,尤其具有中国特色的是,我国公办高等学校创办了"独立学院"办学模式,在中小学也大量存在与独立学院类似的"名校办民校"现象,其实质是公办学校在保留传统教育教学活动的同时,引入社会力量和市场机制举办民营化学校。

二、我国教育民营化研究现状及本书的构想

对于我国的教育民营化现象,尽管很少有人用"教育民营化"一词,但学者们在20世纪80年代中期就开始了关于"教育商品化"的讨论,至今为止有关"教育产业化"、"教育市场化"、民办教育营利性问题等仍然是学者们争论的主题。由于有关民办教育的研究课题不断增加,研究队伍也不断壮大,北京、上海等地的教科院以及厦门大学、浙江大学、西安外事学院等一些高校还成立了专门的民办教育研究机构;在中国教育学会之下成立了专门的民办教育研究会;为适应民办教育研究发展的需要,我国还发行了多份专门的有关民办教育研究杂志。经过学者们的共同努力,在

---

① 约翰斯通著.沈红,李红桃译.高等教育财政:问题与出路.北京:人民教育出版社,2004,194.

民办教育研究方面,已经形成了有关民办教育的许多重要理论和有实践价值的研究成果。在"民办教育"研究欣欣向荣的同时,笔者认为,在"教育民营化"方面,目前国内的研究还存在一些缺陷和问题:

第一,在研究领域方面,主要侧重研究民办教育的发展,其中大多数研究又仅限于研究民办教育法律、政策以及对国外私立教育的比较,在《民办教育促进法》出台之后,这类研究似乎失去了研究的目标追求,一时找不到研究的方向,因而目前已经陷入研究的低潮期。教育的民营化不仅表现在发展民办教育一个方面,更主要的是体现在公办学校的民营化,而这方面的研究相对而言则十分薄弱和零碎。

第二,在研究视角方面,缺乏明确的公、私立教育制度的大局意识。由于在很长一段时间内我国教育完全由公办学校提供,目前教育研究的主体仍然在研究公办学校问题,因此人们往往将对公办学校的研究等同于教育研究,很少有人会意识到"公办教育"与"教育"的区别。尽管教育体制改革是教育改革的重要内容,但人们往往只是将其理解为发展民办教育;尽管公办学校办学自主权、学校内部管理体制改革等也是教育研究的重要主题之一,但与西方学者强烈的"公立教育制度意识"相比,在我国,"即使是在公立学校进行教育改革,学者们也几乎没有明确的公立学校意识,仿佛自己是在制度的通则中行事,也仿佛中国只有作为问题域的'民办学校',没有作为问题域的'公立学校'。甚至'公立学校'的概念在国内也很少有人用到。"[①] 在教育体制方面,公立、私立教育各自的职责、使命、与政府和社会的关系等重大问题,不仅涉及一个国家教育的供给和发展模式,也关系到各种教育政策价值取向。如果仅限于分别研究公立教育和私立教育内部问题,而不在更高层面上将二者结合起来研究,那么显然会割裂了教育的整体性,也难以从大局上把握教育发展方向和实现政策应对。

第三,在研究方法方面,实证的调查研究相对缺乏。从本章第二节介绍可以看出,从理论上看,民营化的支持者和反对者都可以对教育民营化的影响提出自己的预见,但在经历了二三十年教育民营化的实践之后,西方学者非常重视调查研究,力图通过实证的依据为自己辩护。尽管这些研究都还不能从总体上说明民营化的优劣,但已经有效地增进了对一些具体政策效果的认识,也提高了政府和整个社会对教育民营化影响的复杂性的认识。在我国,由于受"思辨"研究习惯的影响,加之受研究经费、

---

① 康永久.公立学校的公共性问题.学术研究.2005(9)

研究条件等的限制,有关办学体制改革有影响的实证研究寥寥无几,不同研究结果和结论的争鸣更是非常少见。因此,对于我国教育民营化到底对教育公平、办学效率、教育选择、社会和谐等产生了什么影响、多大程度的影响,人们仍然难以相对准确地把握。

因此,笔者认为,应该通过一系列扎实的调查研究,从整体上认识和把握以下核心问题:

1. 我国教育民营化(包括民办教育发展和各种形式的公办学校民营化)的现状如何?这种民营化对办学效率、教育机会数量和类型的提供、教育机会分配公平性以及社会和谐有何积极和消极的影响?

2. 政治、经济、文化因素等,特别是已有的教育政策对中国特色教育民营化有何影响?我国教育民营化的发展趋势如何?怎样制定更有针对性的政策措施以有效减少教育民营化所可能产生的不利影响?

3. 在教育民营化的背景下,如何重新认识公办教育、民办教育的性质和在国家教育发展中的地位、作用?如何合理分配公办学校、民办学校和各类混合制学校以及政府和社会在整个教育体系中的权利和责任?

这些课题显然不是少数几个人能在短时间内完成的,但鉴于我国曾经出现过公办学校非均衡发展、限制学生择校、缺乏对贫困学生的有效资助等错误和问题,而且,教育公平问题已经成为当前教育发展和教育研究的核心主题,而民营化常常被视为导致教育不公的重要因素,因此,迫切需要整体、系统地研究教育民营化。

笔者非常欣喜地看到,最近几年,已经有一批学者在"公共教育"与"教育民营化"这一主题下开展了卓有成效的前期研究。尽管笔者能力、水平有限,但自以为既然认识到了问题及其价值,就应该加入到这一研究队伍之中,并力求有所贡献。本书就是在这方面努力的第一步。在本章介绍教育民营化的宏观背景和相关研究的基础上,以下五章将分别对我国"发展民办教育"、"举办独立学院"、"公办学校转制"、"学生择校"、"学校收费"等五种教育民营化实践进行研究,其中主要包括:(1)相对系统地介绍教育民营化实践的历史、现状;(2)利用已有的调查数据资料对它们各自的影响,尤其是对教育机会提供和教育公平的影响进行分析;(3)重点分析我国教育民营化过程中已有教育政策所起的作用;(4)在此基础上提出针对教育民营化的应对政策。作为总结,本书在最后一章将对教育民营化与公共利益的关系进行探讨,提出"超越民营化、走向公共教育"的教育理念及相关政策构想。

第二章 民办教育的发展和产权激励

教育提供的典型方式有两种：一种是由政府资助并直接管理的公立教育，另一种是由非政府组织或个人资助和管理的私立教育。介于二者之间的是各种混合制提供方式。在一个教育体系中，如果公、私立教育此消彼长，或者是私立教育发展速度快于公立教育，就会导致整个教育体系中私立教育的相对比例上升，也就意味着教育供给的民营化程度提高。在实行"改革开放"政策之后，我国民办教育得到恢复和发展，在整个教育体系中的地位和作用日益增强，民办教育已经成为我国重要的教育提供方式之一。本章将在回顾我国民办教育历史发展并分析其影响因素的基础上，集中分析我国民办教育实践中产权和控制权的重要意义，并探讨如何通过产权制度变革，有效地实现民办学校财务资本和人力资本的激励，从而促进民办教育的健康发展。至于民办教育发展对整个教育体系的影响，将在第七章讨论。

第一节 政策变迁与中国民办教育发展

一、我国民办教育发展概况

我国民间办学有着悠久的历史，早在春秋战国时期孔子就开私学之先，此后的两千多年，尽管规模、影响不一，但私塾、书院等民间办学形式始终存续。近代，私立学校和教会学校有过较大的发展,据统计,1945年全国有私立中小学、职业学校2152所,占当时学校数的42.4%;1949年全国有私立高校(含教会开办高校)81所,占全国高校数的39.5%。① 20世纪50年代初,我国对私立学校和教会学校进行了"公办化"改造,教育部在1951年和1952年先后发出了《关于处理接受美国津贴的教会学校及其他教育机构的指示》、《关于接办私立中小学的指示》,到1956年,全国所有教会学校和私立学校全部被接办改造为公办学校。此后20多年,尽管各级私立学校作为一种组织被强行取缔了,但农村的"民办教师"和企业的"子弟学校"却长期存在,在一定意义上延续了民间提供经费和师资举办教育的传统。

"文化大革命"结束之后,随着经济体制改革和思想观念的开放,我国民办教育又开始复兴。从1978年10月湖南长沙开办第一所非政府举办的高考文化补习学校开始,民办学校逐渐从高考补习机构向高等教育、基础教育、职业教育领域发展。1982年,中华社会大学在北京成立;1984年3月诞生了全国第一所国家承认学历、民办公助体制的北京海淀走读大学;到1985年,全国已有各类民办高校(主要是"自学助考"机构)170所,在校生100余万人。经过近30年的发展,2006年全国共有各级各类民办学校9.32万所(不含民办培训机构2.35万所),各类学历教育在校学生达2 313.02万人。其中:民办幼儿园75 426所,在园儿童775.69万人;民办普通小学6 161所,在校生412.09万人;民办普通初中4 550所,在校生394.06万人;民办普通高中3 246所,在校生247.72万人;民办中等职业学校2 559所,在校生202.63万人;民办高校278所,在校生133.79万人,其中本科生12.54万人,专科生121.25万人。②

表2-1　1994—2006年全国各级民办学校数

	幼儿园	小学	普通中学	职业中学	普通高校
1994	18 284	1 078	888	392	—
1995	20 780	1 465	1 202	492	—
1996	24 466	1 453	1 467	568	21
1997	24 643	1 806	1 702	689	20
1998	30 824	2 504	2 146	899	25
1999	37 000	3 264	2 593	950	37

---

① 毛礼锐,沈灌群主编.中国教育通史(第六卷).济南:山东教育出版社,1998,25.
② 教育部.2006年全国教育事业发展统计公报.

续表

	幼儿园	小学	普通中学	职业中学	普通高校
2000	44 317	4 341	3 316	999	37
2001	44 526	4 846	3 764	1 040	89
2002	48 365	5 112	5 362	1 085	133
2003	55 500	5 676	6 330	1 435	173
2004	62 200	6 047	7 172	1 657	228
2005	68 800	6 242	7 783	2 043	252
2006	75 426	6 161	7 814	2 669	278

数据来源：教育部发展规划司《中国教育事业统计年鉴》(1994—2002)；教育部发展规划司："全国教育事业发展统计公报"(2003—2006)。

注：以上数据中不包括"转制学校"、"独立学院"、"非学历民办高等教育机构"。

二、供求关系对我国民办教育发展的影响

美国学者詹姆斯(Estelle James)提出了具有重要影响的分析一个国家私立教育发展状况的框架，其中主要包括四个因素：其一是过度需求，指因公立教育在数量上不能得到满足而产生的对私立教育的需求；其二是差异需求，指因人们强烈的文化(宗教、语言、民族)差异而导致的对教育的异质性的追求；第三是私立教育的供给力量，尤其是非营利性私立教育的供给状况；第四是政府的政策，它将可能同时对供给和需求都产生重要影响。[①]

在我国，民办教育的复兴首先是源于过度需求。在"文化大革命"之后，由于全国工作重心从"以阶级斗争为中心"转到"以经济建设为中心"，而同时由于教育事业在"文化大革命"中遭受巨大破坏，各级各类人才尤其是高级专门人才极其缺乏，恢复高考后高校的培养能力又十分有限，例如，1977年恢复高考，当年考生570万人，而实际录取人数仅占3%。在此情况下，才出现了湖南长沙等地的高考补习学校。此后，由于自学考试制度和学历文凭考试制度的创设，使民办高等教育有了发挥自身作用的舞台，早期的民办教育机构以高考补习和"自学助考"为主也就不足为奇了。尽管我国高等教育毛入学率已经达到22%，但至今仍然可以说民办

[①] Estelle James. The Public/Private Division of Responsibility for Education: An International Comparison. In Thomas James, Henry M. Levin(Ed.). Comparing Public and Private Schools, Volume 1: Institutions and Organizations.

高等教育机构得以存在和发展的主要原因还是高等教育的需求没有得到满足。同样,民办幼儿园的大量存在也主要是由于公办幼儿园都已经"准成本收费",而且在数量上远远不能满足学前儿童入园的需求。在基础教育领域,民办教育的发展也一度主要是因为存在过度需求,由于公办学校数量有限、质量不高,导致大量民办中小学的出现,这种情况不论在发达地区,还是在相对落后地区都大量存在,甚至在农村和西部地区,由于公办小学教育欠发达,这种"过度需求"更为旺盛,民办学校也更多。例如,1998—2000 年,全国民办学校分别为 2 504、3 264、4 341 所,农村民办小学数都超过了一半,三年分别为 1 364、1 690、2 318 所,1999 年的 3 264 所民办小学,东部省(市,自治区)有 650 所,中部省份 1 032 所,西部省份反而最多,为 1 582 所,其中贵州、四川、重庆、广西分别达到 462、420、266、206 所,而同期浙江、江苏、上海民办小学分别只有 59、30、30 所。① 近年,随着社会经济的发展和公办学校数量增加、质量提高、学杂费减免政策的推行,同时由于计划生育政策导致适龄儿童数量的减少,基础教育领域的过度需求已经大大减少,这也对民办学校、尤其是对农村和相对落后地区民办中小学校的发展带来了直接的影响。

差异需求在我国民办教育发展中也起到过一定的作用,尤其是一些外语、体育、艺术类学校以及一些国际合作学校的出现,就是为了满足学生对教育的多样性需求。但是,我国统一高考的指挥棒作用过于强大,家长送子女上学的主要目的在于升学,因此,差异需求在我国基础教育阶段并没有构成推动民办教育发展的主要力量,由此也导致民办中小学主要是以升学考试为中心,在课程设置、教学内容、教学方法等方面都与公办学校趋同。由于这种趋同性,使多数民办学校缺乏自己的特色和竞争力,这也是许多民办学校面临生存危机的重要原因。

与世界其他国家一样,我国民办教育供给的动因也很复杂。最初有许多老一代教育工作者是为了"发挥余热"而举办民办学校,也有一些人办学是为了"实践自己的教育理想",还有一些个人和企业办教育是为了"回报社会"。但与世界上许多国家的私立教育是以强大的宗教力量的支持来提供非营利性教育不同,追求经济利益是我国民办教育发展的重要动因和主要特色。有人认为,我国的民办教育主要不是"捐资办学",而是"投资办学"。这种经济的动力推动了民间对教育的投资,推动了民间资金对教育市场的开发,促进了民办学校改革管理和追求办学效率;也正是

---

① 教育部发展规划司. 中国教育事业发展统计简况(1998、1999、2000 年)

因为有营利的动机,我国大多数民办学校的人员经费、运行经费以及基建经费和可能的"合理回报"都来自学费,使民办学校的学费水平要高于实际的人均教育支出,这种高于实际价值的"高价格"自然会大大减少社会对民办教育的需求。

三、政策变迁与民办教育发展

在中国民办教育发展过程中,政府政策一直起着关键作用,政府对民办教育性质的界定和政策支持对民办教育的供给和需求都具有重要影响。

根据政府对民办教育态度和地位认识的变化,我国民办教育政策大体上经历了以下几个阶段:

(一)"许可"阶段(1978—1986年)

从1978年开始我国民办教育就以高考补习等形式恢复,政府默许了这类民间行为;1981年我国建立"高等教育自学考试"制度,当年9月,教育部在给国务院的报告中提出:目前,国家和企事业办学还不能完全适应四个现代化建设和广大青年、职工学习科学技术的需要,社会上的离退休人员愿意为培养人才出力,因此,应允许私人和社团根据当地需要和各自特长,举办补习学校和补习班。① 自此,民间办学在政府的许可下以"自学助考"等方式活跃在高等教育领域。1982年12月颁布的《中华人民共和国宪法》规定:"国家鼓励集体经济组织、国家企事业组织和其他社会力量依照法律举办各类教育事业。"这使民办教育的地位得到了国家法律的承认,完成了新中国成立后我国对民办教育从"取消"到"许可"的转变。1985年5月《中共中央、国务院关于教育体制改革的决定》再次明确了国家鼓励"集体"和"个人"举办教育的态度:"鼓励各民主党派、人民团体、社会组织、离休退休干部和知识分子、集体经济单位和个人,遵照党和政府的方针政策,采取多种形式和办法,积极地自愿地为发展教育贡献力量。"1986年4月颁布《中华人民共和国义务教育法》规定:"国家鼓励企业、事业单位和其他社会力量,在当地人民政府统一管理下,按照国家规定的基本要求,举办本法规定的各类学校。"在此期间,尽管国家多次强调"鼓励"政策,但真正用于鼓励民办教育的具体政策并不多,只是强调了政府对民办教育的承认和许可。

---

① 金忠明,李若驰,王冠.中国民办教育史.北京:中国社会科学出版社,2003,241.

(二)"补充"阶段(1987—1992年)

1987年国家教委发布了《关于社会力量办学的若干暂行规定》,首次对民办教育的概念、地位、设置、管理、经费等作出了比较全面的规定,成为我国第一个民办教育的专门法规文件。其中明确了"社会力量"的含义:"本规定所称社会力量,是指具有法人资格的国家企事业组织、民主党派、人民团体、集体经济组织、社会团体、学术团体,以及经国家批准的私人办学者"。并将私人办学列入其鼓励和规范的范围,要求"各级人民政府及其教育行政部门应鼓励和支持社会力量举办各种教育事业,维护学校正当权益,保护办学积极性,在条件允许的情况下,尽力帮助解决办学中存在的困难,"但《规定》同时指出:"社会力量办学是我国教育事业的组成部分,是国家办学的补充。"表明政府认为民办教育作用仅限于在公办教育力所不及时起一种"拾遗补缺"的作用,因而民办教育也只能是满足社会对教育的"过度需求"。在此背景下,教育行政部门实际上开始了对民办教育的严格规范,1987年12月国家教委、财政部发布了《社会力量办学财务管理暂行规定》,1988年10月国家教委发布了《社会力量办学教学管理暂行规定》以及《关于社会力量办学几个问题的通知》,对民办学校的管理体制、财务、教学、招生、文凭等作出了具体规定。

(三)"共同发展"阶段(1992—2002年)

1992年之后,以邓小平"南巡"讲话为契机,我国教育改革开始突破"姓社姓资"思想的羁绊,进行了更大力度的办学体制改革,民办教育也获得了更一致的认可和更广泛的重视,逐渐从公办教育的"补充"变为国家教育事业的"重要组成部分"。1992年教育部《全国教育事业十年规划和"八五"计划要点》对我国民办教育和公办教育的关系格局作了以下描述:"为满足社会日益增长的需求,要逐渐建立以政府办学为主体的社会各界共同办学体制。这种办学体制大体设想为:学前教育以社会各界办学为主,中小学教育以地方政府办学为主;职业技术教育和成人教育,除部分骨干学校由政府办学外,在当地政府统筹、支持下,城市主要由行业、企业、事业单位办学和各方面联合办学,农村由多方面集资办学;高等教育以中央和省、自治区、直辖市两级政府办学为主。"在这个框架中,在学前教育、职业教育等领域为民办教育预留了足够的发展空间。1993年2月中共中央、国务院发布的《中国教育改革和发展纲要》进一步肯定了以上"政府办学为主体、社会各界共同办学"的体制,同时明确提出了国家对民办教育的"十六字方针":"国家对社会团体和公民个人依法办学,采取积极鼓励、大力支持、正确引导、加强管理的方针。"从中可以看出,政府对民办教育已经从一般性的"支持"、"鼓励"变为"积极"鼓励、"大力"支持。由于这些政策的出台,使我国各级各类民办教育规模大大发展,教育部也从1994年开始在《中国教育事业统计年鉴》中对民办教育进行专项统计。与此同时,政府加强了对民办教育立法管理的力度,国家教委先后在1993年发布了《民办高等学校设置暂行规定》,1995年发布了《中外合作办学暂行规定》,1996年发布了《关于加强社会力量办学管理工作的通知》。1997年7月,国务院正式颁布《社会力量办学条例》,除重申国家对民办教育的"十六字方针"外,还分别对民办教育机构的设立、教学、管理、财务和财产、机构变更、法律责任等进行了规范,其中还专门列出一章,对民办教育的"保障与扶持"进行了规定,其中包括:"县级以上各级人民政府有关部门应当依照有关法律、法规的规定,对社会力量办学给予扶持","在业务指导、教学活动、教师管理、表彰奖励等方面,应当与对国家举办的教育机构同等对待",对举办民办学校的用地要"纳入规划,按照公益事业用地办理,并可以优先安排。"1999年中共中央、国务院《关于深化教育改革、全面推进素质教育的决定》继续强调要"进一步解放思想、转变观念,积极鼓励和支持社会力量以多种形式办学,满足人民群众日益增长的教育需求,形成以政府办学为主体、公办学校和民办学校共同发展的格局","在发展民办教育方面迈出更大的步伐。"

(四)"回报激励"和规范发展阶段(2003年至今)

经过一系列的政策鼓励和支持后,我国民办教育已经有很大的发展,但从发展速度和规模上看,显然还没有达到政府的预期,公、私立教育也还不能充分满足社会对受教育的需求。同时,在经历了20多年的发展之后,民办教育存在的许多关键问题,如产权问题、营利问题等都亟须通过法律予以明确规定。在此情况下,经过长期的调研和论证,我国终于在2002年12月颁布了《民办教育促进法》,以10章68条的篇幅,从总则、设立、学校的组织与活动、教师与受教育者、学校资产与财务管理、管理与监督、扶持与奖励、变更与终止、法律责任、附则等方面对民办教育进行了详细规定。而其中最引人关注的是其第51条:"民办学校在扣除办学成本、预留发展基金以及按照国家有关规定提取其他必需的费用后,出资人可以从办学结余中取得合理回报。"政府希望以此方式承认对中国民办教育事实上的"投资"行为,并通过"合理回报"的方式对这种投资给予激励,以进一步扩大社会对民办教育的资金投入,促进民办教育更大的发展。该法的出台,显示出政府对民办教育的政策已经从"政策许可"转向为更实际的"产权激励"。尽管这项政策在"促进"民间投入和民办教育发展方面至今都没有达到当初的预期效果,但它在规范和引导民办教育依法办学、依法管理方面却具有十分积极的意义。这种规范和管理,从长远来看必将提高整个民办教育的质量和声誉,对中国民办教育发展无疑具有积极的影响。由于"产权激励"是未来一段时间民办教育政策的重点之一,本章以下内容将主要围绕民办学校产权及相关问题展开,以期超越"合理回报"政策,为制定更具有激励性的民办教育政策提供参考。

第二节 民办学校的产权与控制权

民办学校的投资与回报一直是被广为关注且争论不休的问题,也是民办教育立法和影响民办教育发展的核心问题之一。1995年我国《教育法》明确规定"任何组织和个人不得以营利为目的举办学校及其他教育机构。"1997年国务院颁布的《社会力量办学条例》中也重申"社会力量举办教育机构,不得以营利为目的。"然而,从20世纪80年代起就有大批商人、公司、企业"投资"民办教育,而且这种"投资"热情在1995年后还有增无减。为什么会出现这种现象?他们在投资办学的过程中实际上获得了什么?2002年12月通过的《民办教育促进法》最终规定:"民办学校在扣除办学成本、预留发展基金以及按照国家有关规定提取其他必要的费用后,出资人可以从办学结余中取得合理回报。"既然不给回报时出资办学者也大有人在,那么,为什么还要给予"合理回报"?怎样的回报方式才"合理"?这些都是需要回答的问题。本节从分析有关法律法规对民办学校的产权界定出发,认为在法律对民办学校产权界定不清晰的情况下,民办学校的投资者追求并确实拥有的是民办学校的控制权;通过这种控制权,投资者可以获取一定的经济回报;民办教育合理回报政策的选择应该充分考虑到这种控制权的归属及其影响。

一、民办学校的产权界定

(一)作为"财产所有权"的产权

关于"产权"的概念,不同的学者有不同的理解。[①] 其中狭义的理解

[①] 对西方学者有关产权概念的概括和梳理,可参见魏杰.现代产权制度辨析.北京:首都经济贸易大学出版社,2000,5—8;刘伟.经济改革与发展的产权制度解释.北京:首都经济贸易大学出版社,2000,8—18.

认为产权即指财产的所有权,如《牛津法律大词典》的解释是:产权"亦称财产所有权,是指存在于任何客体之中或之上的完全权利。它包括占有权、使用权、出借权、转让权、用尽权、消费权和其他与财产有关的权利。"①我国《民法通则》没有使用产权的概念,而是使用"财产所有权"的概念,其第71条规定:财产所有权是指所有人依法对自己的财产享有占有、使用、收益和处分的权利。另外,在我国《民法通则》中,财产所有权是与"债权"、"知识产权"、"人身权"等并列的概念。

根据以上定义,可以将我国民办学校的产权理解为对民办学校的财产所有权以及由此而产生的对这些财产的占有权、使用权、收益权和处分权。通过有关法律、法规可以看到许多对民办学校财产所有权的规定。

首先看1997年颁布的《社会力量办学条例》的规定:

——第三十六条:"教育机构在存续期间,可以依法管理和使用其财产,但是不得转让或者用于担保"。由此可以看出:在民办学校存续期间,其财产所有权的主体为"教育机构"即民办学校,而教育机构也只拥有其财产的使用权,没有财产的转让权(处分权)。

——第三十七条:"教育机构的积累只能用于增加教育投入和改善办学条件,不得用于分配,不得用于校外投资"。由此可以看出:民办学校只拥有其财产的部分使用权;由于财产不能用于分配,因而学校的举办者和办学者都不拥有财产的收益权。

——第四十三条:"教育机构解散,应依法进行财产清算。教育机构清算后的剩余财产,返还或者折价返还举办者的投入后,其余部分由审批机关统筹安排,用于发展社会力量办学事业"。既然存在"返还",也就是承认举办者拥有其投入部分财产的所有权,但这种所有权只有在学校解散时才有可能重新获得。

再看2002年通过的《民办教育促进法》的规定:

——第三十五条和三十六条:"民办学校对举办者投入民办学校的资产、国有资产、受赠的财产以及办学积累,享有法人财产权","民办学校存续期间,所有资产由民办学校依法管理和使用,任何组织和个人不得侵占"。在此,也没有直接用"产权"的概念,但更明确地规定了民办学校财

---

① David Me Walker. 牛津法律大词典. 北京:光明日报出版社,1988,729. 见刘伟. 经济改革与发展的产权制度解释. 北京:首都经济贸易大学出版社,2000,8—9.

产属于法人财产，①其所有权归法人并受到法律保护；而投资人（不论为自然人还是其他法人）一旦投资民办教育，所投入部分资产的管理和使用权将归学校而不再归投资者。

——第五十一条：民办学校在扣除办学成本等费用后，"出资人可以从办学节余中取得合理回报。"由此可以认为，民办学校的出资人实际上拥有一种受管制的剩余索取权。

——第五十九条：民办学校终止并进行财产清算时，在清偿"应退受教育者学费、杂费和其他费用"、"应发教职工的工资及应缴纳的社会保险费用"、"偿还其他债务"后，"剩余财产，按有关法律、行政法规的规定处理"。在此，没有明确规定返还出资人的投入，也没有明确规定清算后"剩余财产"的归属，即对出资人投入资产的最终归属没有明确的规定。

可见，按照我国法律法规，民办学校的财产所有权归学校所有，学校存续期间举办者和办学者不拥有学校的财产所有权。如果将产权理解为"财产所有权"，那么民办学校的产权关系是清晰的。但需要注意的是，上述法律、法规并没有用"产权"这一概念，而是直接用"财产所有权"概念。

通过上述分析可见，我国民办学校的投资者在学校存续期间不拥有学校财产所有权；直到 2002 年《民办教育促进法》颁布，投资者才获得了有限的收益权，在此之前，法律规定投资人不拥有学校资产的收益权；由于学校财产的管理和使用归学校，投资人也不拥有学校财产的使用权和处分权。也就是说，民办学校的投资者不仅不拥有学校的财产所有权和收益权，其所投入部分资金的所有权实际上也可能被剥夺。那么为什么还是有人投资（而不是捐资）民办教育呢？这是难以理解的。而逻辑的推论应该是：投资者的目的不在于获得民办学校财产的所有权，而是想通过投资获得所有权之外的其他权利。

（二）作为"财产权利"的产权及民办学校的财产权利

在经济学中使用"产权"这一概念时，还有一种更广义的理解，认为产权不仅包括财产所有权，还包括其他一系列权利，即认为产权是一种权利束，"一个趋势是，西方学者对于产权权利束的定义越来越展开，不仅包括排他性的所有权，排他性的使用权，收入的独享权，自由的转让权，而且还

---

① 我国民法通则第三十六条规定："法人是具有民事权利能力和民事行为能力，依法独立享有民事权利和承担民事义务的组织。"法人是一个与自然人相对应的概念，法人分企业法人和机关、事业单位、社会团体法人，并在第五十条规定："具备法人条件的事业单位、社会团体，依法不需要办理法人登记的，从成立之日起，具有法人资格；依法需要办理法人登记的，经核准登记，取得法人资格。"

包括资产的安全权、管理权、毁坏权等"。① 我国学者魏杰在其著作中即直接将"产权"定义为"财产权利",并认为:"财产权利有多种形式,如物权(包括所有权)、债权、股权、知识产权等,其中自物权即所有权是一切其他财产权利的基础。"② 可见,此处的"产权"是一个包含所有权的概念。

有学者更进一步理解认为,产权在本质上不仅指人对物的权利,而是指由人对物的关系而引起的人们之间相互认可的行为关系。对此,E. 菲吕博藤有一段著名的论述:"要注意的中心点是,产权不是指人与物之间的关系,而是指由物的存在及关于它们的使用所引起的人们之间相互认可的行为关系……它是一系列用来确定每个人相对于稀缺资源使用时的地位的经济和社会关系。"作者还认为:"罗马法、普通法、马克思和恩格斯以及现行的法律和经济研究基本上同意这一产权定义。"③

由于产权规定了人们之间相互认可的行为关系,而且这种行为关系是通过社会的法律、习俗和道德得以维护的,因而通过产权关系,就可以对人们的行为进行一定的预期,正如登姆塞茨所言:"产权是一种社会工具,其重要性在于事实上它能帮助一个人形成他与其他人进行交易的合理预期"。④ 正因为如此,张维迎认为:"破坏产权,实际上是一种搅乱预期、从而毁灭道德的行为。"⑤

为了使产权能得到法律、习俗、道德的认可和保护,就需要对产权进行界定。但界定产权是需要成本的,因为获得有关财产的各种属性的价值的信息是需要成本的,保护产权也需要成本。著名经济学家 Y. 巴泽尔认为:"人们对资产的权利不是永久不变的,它们是他们自己直接努力加以保护、他人企图夺取和政府予以保护程度的函数",他甚至就把交易成本直接定义为"与转让、获取和保护产权有关的成本。"⑥ 由于界定产权需要成本,当这种成本高于从产权中获得的收益时,人们可能选择放弃对产权的界定。"人们不想去界定产权的那些财产就在公共领域……公共领域的财产既可扩大,也能缩小。随着商品各种属性的价值不断变化,随着产权界定之测量成本与保护成本不断增减,人们会相应地改变原来的决

---

① 刘伟. 经济改革与发展的产权制度解释. 北京:首都经济贸易大学出版社,2000,18.
② 魏杰. 现代产权制度辨析. 北京:首都经济贸易大学出版社,2000,5—8.
③ E. 菲吕博藤,S. 配杰威齐. 产权与经济理论:近期文献的一个综述. 见 R. 科斯等. 财产权利与制度变迁. 上海:三联书店,1994,204、232.
④ H. 登姆塞茨. 关于产权的理论. 见 R. 科斯等. 财产权利与制度变迁. 上海:三联书店,1994,97.
⑤ 张维迎. 产权、政府与信誉. 北京:生活·读书·新知三联书店,2001,11.
⑥ Y. 巴泽尔. 产权的经济分析. 北京:生活·读书·新知三联书店,2002,2—3.

定,放弃某些财产,使其化作公共领域的财产;或对现有的公共领域的财产进行重新界定,使之归于自己名下。"①

根据以上分析,从广义上理解,民办学校的财产不仅包括实物财产(有形资产),如土地、建筑、仪器设备、设施、资金等,还包括无形资产(如学校的声誉、传统、风气、制度、特色等)以及人力资本(包括依附于校长、教师、管理者等身上的人力资本)。对学校而言,无形资产、人力资本尤其是优秀的校长和教师往往是学校最重要的财富。

从有关产权的分析可以对民办学校的产权(财产权利)有以下认识:

1. 民办学校财产权利具有多样性,不仅包括财产所有权和收益权,还包括广泛的其他权利,如财产的使用、管理、转让、安全,以及与学校财产有关的招生权、人事权、办学权等。这些权利可能基于对财产的所有权,也可能并不一定基于对财产的所有权。

2. 民办学校财产权利的主体具有多样性,例如,学校的财产所有权归法人,校长和教师拥有对学校的管理权,学生、教师拥有学校财产的使用权,保安人员拥有学校财产的保护权。

3. 民办学校的财产权利本质上也是一种社会关系,它规定了人们的行为方式。举办者、办学者、受教育者拥有的权利不同,其行为方式也不同。如果财产权利得不到明确界定,举办者和办学者的行为就不能得到有效的保护,也就导致了许多举办者徘徊、观望和部分办学者的短期行为。这也从反面说明了民办学校产权界定的必要性。只有合理界定产权,才可能规范并保护人们的行为,使人们形成长远的预期,从而促进学校的健康持续发展。

4. 民办学校的产权界定实质上是对各种财产权利的界定。由于产权界定需要成本,学校的各种财产权利并没有、也不可能完全清晰地被界定,没有被清晰界定的财产权利就被置于"公共领域"。举办者、办学者、学生等不同群体对没有被界定的权利的利用是很不相同的,由于学校的举办者和办学者拥有的有关学校财产价值的信息多,他们从中获利的可能性更大。

5. 民办学校的财产权利是需要争取和保护的。民办学校各利益主体权利的范围、大小也与他们各自的争取以及政府的保障有关。在办学过程中,民办学校的办学者、举办者一方面要追求比公办学校更大的办学自主权,同时又希望"与公办学校具有同等的法律地位"。这是向外部争

---

① Y.巴泽尔.产权的经济分析.北京:生活·读书·新知三联书店,2002,159.

取权利。在学校内部,利益各方也同样通过学校的制度来规定和保护各自的利益。事实上,各种有关法律、法规、制度、规定都是力图对民办教育各方权利进行规定,而这些规定也将随着利益各方"自己直接努力加以保护、他人企图夺取和政府予以保护程度"的变化而不断变化。

由于民办学校"财产权利"的复杂性和模糊性,在当前情况下,民办学校"产权明晰"的过程还将十分漫长,许多权利都还处于"公共领域"。在诸多财产权利还没有被清晰界定的情况下,民办学校的举办者拥有的是什么呢?

二、民办学校的控制权

控制权是各种财产权利中的一种。周其仁在研究公有制企业时,将企业控制权定义为"排他性利用企业资产,特别是利用企业资产从事投资和市场运营的决策权。"[①]在此,用来定义"控制权"的概念是"决策权"。与控制权意义近似的还有"支配权"、"管理权"、"经营权"等。在本节中,将控制权理解为对财产及其有关事项的重大决策权。控制权可以与财产所有权结合,也可以相分离,例如,企业的职业经理人不拥有企业的财产,却拥有企业财产的投资、运营、分配权。

从控制权的角度可以有效地加深人们对民办学校产权问题的认识。我国《社会力量办学条例》第二十一条规定:"教育机构可以设立校董会。校董会提出校长或者主要行政负责人的人选,决定教育机构发展、经费筹措、经费预算决算等重大事项。"《民办教育促进法》第19条更明确地规定:"民办学校应当设立理事会、董事会或者其他形式的决策机构。"可见,民办学校的控制权属于理事会或董事会。

《民办教育促进法》第二十一条更具体地规定了理事会或董事会的职权,包括:"(一)聘任和解聘校长;(二)修改学校章程和制定学校的规章制度;(三)制订发展规划,批准年度工作计划;(四)筹措办学经费,审核预算、决算;(五)决定教职工的编制定额和工资标准;(六)决定学校的分立、合并、终止;(七)决定其他重大事项。"从这些条款可以看出,理事会或董事会所控制的不仅包括学校的有形资产,也包括学校的制度(无形资产)以及校长的聘用和人员工资(人力资本的使用和收益)。

那么,董事会又由谁来控制呢?《社会力量办学条例》规定"校董会由

---

① 周其仁.产权与制度变迁——中国改革的经验研究.北京:社会科学文献出版社,2002,101.

举办者或者其代表、教育机构工作人员的代表和热心教育事业、品行端正的社会人士组成","首批董事由举办者推选,以后的董事按照校董会规程推选。"这是举办者和创办者进入学校决策机构并获得学校的控制权的法律依据。举办者通过投资民办教育,将资金的所有权让渡给学校法人,所换取的就是这种成为董事并推选其他董事的权利。通过进入董事会、决定董事会人选并影响董事会的决策,民办学校的举办者就可以拥有学校财产的部分甚至全部控制权。

从实际情况看,在由投资者创办的民办学校中,出资人都会"自然而然"地成为学校最高决策机构——董事会(理事会)的董事长(理事长)以及法定代表人;在滚动发展类民办学校则通常是创办人为校长、董事长(理事长)以及法定代表人。通过这种安排,就有效地实现了举办者对学校财产的控制。从案例2.1可以看出这种控制权的实现过程。在该案例中,学院董事会的构成与运作方式实际上反映的是一种权力分配和利益保证的制度安排,由于出资人夫妇分别为终身董事长和终身常务副院长,而且控制了董事会5个席位中的3个,根据"少数服从多数"的议事规则,他们几乎可以通过所有自己想通过的方案。在调查中也发现,学院的运作实际上是控制在出资人手中,凡是与钱财有关的事项都必须经过他"一支笔"审批。

案例2.1　A学院董事会的构成与出资人的控制权

A学院是由出资人与某公办大学合作成立的独立学院。根据《A学院董事会章程》,其董事会成员由5人组成,公办大学2人,出资人一方3人,由出资人夫妇2人和他们选择推荐的1人构成。在董事会中,出资人夫妇二人均为终身董事,并分别担任终身董事长和终身常务副院长。每届董事会任期四年,终身董事不受限制。董事会实行集体领导,少数服从多数的原则。

——摘编自北京大学课题组郭建如等对A学院的调查报告

控制权对民办学校举办者的意义何在?笔者认为,其意义就在于:在绝大多数情况下,举办者办学目的的实现都必须借助于对学校的控制权。那么,控制权是如何为举办者实现办学目的服务的呢?

(一)通过办学,以财产所有权换取对民办学校的控制权

对民办学校的投资者而言,他们在出资的同时就失去了其原有财产的收益权,而且其他财产权利也不甚清晰。但是,投资者通过投资民办教育,可以获得对学校事实上的控制权,通过这种控制权,他们不仅拥有对

其所投入部分资金的控制权,还可以获得其他更广泛的权利,如对政府资助、社会捐赠、学费收入等资金的控制权,土地的使用权,校长和教师的聘用权等。这一交换过程对他们而言是非常理性的。从案例2.2可以很清楚地看出这一"理性的交换"过程。在这类案例中,"投资者"只需要少量资金甚至只需要一个"点子",就可以募集资金,依靠这些"种子基金"向银行贷款,并通过收取高额学费来"干一番大事业"。

案例2.2 G学校举办者的投资和控制的资产

G学校是1994年经市教委批准成立的一所寄宿制民办学校。创办人只有小学文化水平,以前拉过板车,跑过船,到深圳打过工,后来就开始做生意,通过做房地产生意积累了一定的资金。由于县城搬迁,他认为是一个有利时机,就在县城新址买下了一片约150亩的空地,建立了该学校。创办时,举办人募集了385万元,在省建设银行贷款600万元。建校过程中,又在建设银行贷款1 000多万元;在省工行、农行、信用社贷款共计2 000多万元,从学生家长收取的教育储备金共计4 100多万元。这样一来,举办者通过募集(还不完全是自己出资)的385万元,在较短的时间内,就控制着超过8 000万元资产的使用权。

——摘编自北京大学课题组文东茅、周俊波等对G学校(已倒闭)的调查报告

(二) 通过控制权获取经济回报

投资者通过其拥有的控制权,并利用政府、社会、学生与自己之间存在的严重的信息不对称,利用各种途径获得一定的经济回报。现实中这些途径很多,例如,改变土地使用性质,从事具有商业性质的开发(如建教师和学生公寓并出售、出租);将公司运行成本转移到学校;利用学校资产从事有偿服务;提高投资者及有关人员的工资;提高举办者的福利和消费水平,甚至瓜分学校办学结余等。由公司举办的民办学校往往都必须首先将办学收入上交给公司,然后由公司从收入中切割一部分用于学校办学,公司完全控制着学校的经济行为。

(三) 预期政府将赋予投资者合法的收益权,并积极争取这种权利

出资人也可能在短期内并不获取经济回报,而是将办学收入用于学校的滚动发展。在此情况下,投资者实际上是在"赌明天",即相信总有一天,政府会制定一个"合理"的政策,或者使学校财产归自己,或者允许合法地取得回报。投资者之所以敢于冒险一赌,也与其拥有对学校的控制权有关,因为有了这种控制权,即使不能"明收",至少也可以"暗取"。由于现在《民办

教育促进法》已经允许出资人取得"合理回报",可以认为政府终于给了这些投资者一个判断自己预期的依据。但是,对许多教育投资者而言,这一政策无疑是令人失望的,由此而产生的影响也出乎政府意料之外。

第三节 民办学校的"盈利"与"合理回报"

举办教育必然需要有一定的人、财、物的投入。民办教育主要是利用民间的"非财政性经费"举办。我国《教育法》第二十五条规定:"任何组织和个人不得以营利为目的举办学校及其他教育机构"。"不以营利为目的"是否意味着民办学校不能"盈利"? 这种规定与《民办教育促进法》有关"合理回报"的规定有何关系?"合理回报"政策的效果如何? 这些都是本节需要考虑的问题。

一、民办学校的可盈利性

盈利是指从经济上看收支相抵还有结余的状况。民办学校的收入来源主要有学费收入、民间捐赠和政府资助等,民办学校的教育支出包括学校自身的支出(机构成本)和社会为这种教育支付的成本,包括成年劳动力因受教育而少为社会作出的贡献以及社会的直接支出(如有的地方政府为民办学校教师发放基本工资)。只要总收入大于办学的机构成本,民办学校就可以实现盈利。从理论和实践上看,民办学校完全具有盈利的可能性,即具有可盈利性。这种可能性源于以下几方面:

(一)学费水平有可能高于平均培养成本

从理论上说,家长和学生选择教育服务时,并不会考虑这种教育的培养成本。受教育者的选择主要是考虑教育可能带来的收益,而且基本上只是考虑个人收益而不考虑社会收益。只要接受教育为个人带来的终身收益等于或大于为接受这种教育所付出的成本(包括直接成本和机会成本),或者是教育的非经济收益给受教育者带来的"效用"可以弥补付出学费以及学习时间所形成的损失,人们就有可能选择接受这种教育。也就是说,从需求的角度看,学费只是与受教育者的收益有关而与办学成本无关。从供给的角度看,学校在制定学费水平时,不仅仅考虑办学的成本,同时还必须考虑学生可能的"出价"。由于学费只是教育供求双方都愿意接受的一种"交易价格",学校就有可能在高于培养成本的学费水平上招收到学生,并由此带来盈利。

现实当中,在以下情况下,民办学校也完全可以做到学费高于培养成本:

1. 提供严重稀缺的教育。教育系统中,公立教育往往提供的是面向大众的教育,因而并不能有效地满足某些特殊群体的需要,而民办学校则有可能提供这种教育。由于这种教育服务的稀缺性,学生和家长没有更多的选择性,学校就有可能制定一个高于培养成本的学费价格。针对残疾儿童的教育、为具有特殊才能的儿童提供的教育等都属于这一类。

2. 提供高质量的教育。高质量的教育在任何社会都是稀缺的,家长总是希望自己的子女接受比别人更好的教育。为解决高质量教育供不应求的问题,公办教育系统常常采取考试选拔、划定招生范围或增加高额的择校费等方式来限制入学人数,从而使部分人的受教育需求得不到满足。如果民办学校能提供比公办学校更高质量的教育,家长就有可能放弃低收费的公办教育而选择较高收费的民办教育。在此情况下,部分民办教育采取的是高质量(高收益)、高收费的策略,只要其办学成本低于收费就可以实现盈余。国际学校、外语学校等通常都属于这一类。

3. 提供低成本的教育。我国民办学校普遍注重办学的效益,严格控制办学成本。一些民办学校可以以相对较低的办学成本,达到甚至超过一般公办学校的办学质量。如果民办学校能以低成本实现高质量,并为受教育者带来高收益,受教育者就会愿意付出相对较高的学费在民办学校就读。在此情况下,民办学校采取的是一种低成本、较高的质量和较高的收费的策略。我国民办高校在创办时,主要选择举办文科、财经、法律等低成本的专业,主要就是出于这种考虑。

此外,由于教育影响的复杂性、滞后性和长期性,受教育者很难准确估计教育可能为自己终生带来的收益,因而教育消费很可能是非理性的。有些家长只要自认为"值得",就愿意支付高昂的学费让子女受教育,这也为民办学校收取高于成本的学费提供了可能。

(二)学费水平有可能高于办学的边际成本

边际培养成本是学校每增加一名学生所需要额外增加的成本。在我国,许多民办学校都是依附于公办学校或利用公办学校的资源发展的。比较典型的是公办学校举办的民办分校,或公办大学举办的民办机制的"独立学院"。这些具有民办性质的学校的培养成本实际上是在公办学校基础上的一种边际成本,因为政府已经为其所依附的公办学校提供了基本的师资、教学场地、仪器设备等办学资源。其他"纯"民办学校也或多或少地会利用公办教育的资源,如聘请公办学校的退休教师、在公办学校聘请兼职教师等,由于公办学校已经为这些教师支付了基本的工资、住房、养老保险等费用,民办学校只需要为这些教师支付"额外"的劳动报酬,因而可以节省大量人员性开支;还有许多民办培训学校则完全是利用公办学校的师资和场地,在节假日和晚上办学。由于民办学校可以以"民办"的名义向学生收取较高的学费,所以,在借用公办学校资源的情况下,民办学校也完全有可能做到办学成本低于学费水平。

另外,还有许多民办学校是在充分利用已有资源的基础上发展起来的。比较典型的是一些房地产公司办的学校。这些学校的举办者可以以较低的成本进行学校基础建设,同时还可以通过办学而促进房地产销售。也有一些民办学校是在关闭的公办学校、倒闭的厂房、闲置的军营等基础上改建而成的,这种改建费用通常会大大低于完全新建学校所需的成本。一些大型企业的培训中心也常常向社会招生并进行相关领域的培训,类似的情况还有工厂举办技校、农场举办农校、旅行社培训导游、酒店培养厨师,等等。在这些情况下,由于教育培训的举办者只需要增加部分的投入,从而有可能使生均办学成本即举办整个经营活动的边际成本低于学费。

(三)学费加政府补贴及社会捐赠收入可能高于学校办学成本

目前,我国民办学校经费来源还比较单一,主要是靠学费,但也有一些民办学校从不同渠道获得了一些政府资助和社会捐赠。根据前文所述,民办学校在完全靠学费收入运转的情况下尚且可能存在盈余,如果有政府补贴和其他无需偿还的资金来源,民办学校盈利的可能性就更大。在学校办学成本一定的情况下,学费之外的收入越多,学校对学费的依赖性越小,民办学校就越有可能降低学费水平,以吸收更多更好的生源。政府资助的数量和比例是一种公共政策选择,不同政策制定者可能会有不同的选择,从而对民办学校的学费水平和经费收支状况产生不同的影响。弗里德曼在论述学券制推行的条件时就认为,不仅要使所有公立学校的学生都能获得学券,而且,应该使学券数额高于营利性私立学校提供高质量教育所需要的成本。[①] 如果这样,民办学校盈利就更不成问题了。

从上述分析可见,民办学校完全具有盈利的可能性。需要进一步讨论的是,如果民办学校有办学盈余,如何处理这些盈余?能不能将这些盈余用于个人分配?即民办学校能不能成为营利性机构?

---

① Milton Friedman. Public Schools: Make Them Private. Washington Post, February 19, 1995.

根据对盈余的处理方式不同,可以区分为营利性机构和非营利性机构。非营利性机构并非不能有盈利,许多非营利性的基金会、医院、福利院都在积极获取盈利,以扩大自己的事业。但非营利性机构的盈余部分不能用于个人分配,而只能用于机构的发展;营利性机构的盈余则可以用于分配。在世界各国,公立学校都是非营利性的,因为这些学校是由政府财政性经费资助的。由政府经费办学而产生的盈余当然不能用于个人的分配,只能用于学校的发展,这是无需多言的。

值得注意的是,世界上大多数私立学校也都是非营利性的。为什么会出现这种状况?有一种解释是,由于教育过程的复杂性和长期性,受教育者与学校之间存在严重的信息不对称,受教育者很难判断学校的教育质量,为了使自己的利益免受损失,家长可能更愿意选择非营利性教育机构,政府为保护家长们的利益,也鼓励私立学校成为非营利性机构。"在教育问题上,消费者无法评估质量而只能依靠生产者(办学者)的诚实。在这种情况下,目的不为赚钱的私立学校比营利性的私立学校更值得信赖,因为它们不会为了赚钱而降低教育质量"。[1] 另外的理由是,非营利性学校有可能获得更多的社会捐赠,因为捐赠者不会担心自己的捐赠流入办学者手中;非营利性学校也有理由争取到更多的政府支持,因为它们利用财政经费是为了发展公益事业,办学者并没有将这些经费中饱私囊。

但是,并没有理由认为非营利性学校就一定优于营利性学校。与营利性学校相比,非营利性学校"集体所有"的性质更多一些,它们在节省成本、提高效率方面的动力较弱,而且,这些学校也常常会通过提高人员工资等方式,隐蔽地瓜分学校的办学结余。另外,有学者指出,"由于教育是非营利性的,因而往往不是那些具有最高文化水平的人的工作选择",[2] 从而导致在整个社会文化水平普遍提高的情况下,教师的相对文化水平却在下降,从而使教育质量不能随社会要求的提高而提高。从教育资源供给的角度看,如果规定所有教育机构均为非营利性的,就必然会大大减少社会资金进入教育领域,从而减少整个社会教育服务的供给。有学者认为排斥营利性教育机构的存在将带来更多的不良后果,其中包括:抬高交易成本,诱发非规范行为;产生短期行为,导致税收流失;排斥有实力

---

[1] 詹姆斯.发展中国家教育中的私人资金和管理.见张志义主编.私立、民办学校的理论与实践.北京:中国工人出版社,1994,300.

[2] 季苹.美国公立学校的发展研究.北京:高等教育出版社,2002,275.

的投资者,抑制产业发展水平;无法与国际教育产业接轨。[①] 在实践中,美国等一些发达国家已经允许营利性教育机构存在,而且,部分营利性学校已经取得了非常好的社会效益和经济效益。[②] 著名比较教育专家菲利普·阿尔特巴赫(Philip Altbach)在对营利性高等教育机构的发展进行分析后发现,营利性高等教育已成为一种重要的全球现象。[③]

因此,不论从理论还是从实践角度看,营利性教育机构都完全具有存在的合理性和可能性。再次回到我国《教育法》关于"任何组织和个人不得以营利为目的举办学校及其他教育机构"的规定,就可以认为,这种规定是值得进一步商榷的。举办教育的目的具有多样性,营利的目的与培养人的目的可以并行不悖。如果办学者不仅能按照国家的要求提供具有公益性的教育服务,而且还能够营利,政府有什么理由和必要来制止这种办学行为呢?如果不允许以营利为目的办学,就只有两种可能性:或者是没有人愿意投资办学,或者是投资办学者通过各种方式隐瞒其营利动机和行为。

二、"合理回报"政策的激励失效与"公司办学校"模式的兴起

《民办教育促进法》中"促进"民办教育发展的最主要的措施之一是"合理回报"政策,其第五十一条指出:"民办学校在扣除办学成本、预留发展基金以及按照国家有关规定提取其他必需的费用后,出资人可以从办学结余中取得合理回报。取得合理回报的具体办法由国务院规定。""合理回报"的具体办法在《民办教育促进法实施条例》中出台。其主要内容如下:

《民办教育促进法实施条例》有关合理回报的规定

第四十四条:出资人根据民办学校章程的规定要求取得合理回报的,可以在每个会计年度结束时,从民办学校的办学结余中按一定比例取得回报。民办教育促进法和本条例所称办学结余,是指民办学校扣除办学成本等形成的年度净收益,扣除社会捐助、国家资助的资产,并依照本

[①] 王伟.非国有教育发展瓶颈:产权混沌还是营利障碍.北京大学"中国民办教育政策与管理"研讨会论文集,2003.2.

[②] 王伟.美国营利性教育机构制度环境分析.太原:山西人民教育出版社,2005.

[③] Philip Altbach. Private Higher Education: Themes and Variations in Comparative Perspective. International Higher Education, March 2000.

条例的规定预留发展基金以及按照国家有关规定提取其他必须的费用后的余额。

第四十五条：民办学校应当根据下列因素确定本校出资人从办学结余中取得回报的比例：

（一）收取费用的项目和标准；

（二）用于教育教学活动和改善办学条件的支出占收取费用的比例；

（三）办学水平和教育质量。与同级同类其他民办学校相比较，收取费用高、用于教育教学活动和改善办学条件的支出占收取费用的比例低，并且办学水平和教育质量低的民办学校，其出资人从办学结余中取得回报的比例不得高于同级同类其他民办学校。

第四十六条：民办学校应当在确定出资人取得回报比例前，向社会公布与其办学水平和教育质量有关的材料和财务状况。民办学校的理事会、董事会或者其他形式决策机构应当根据本条例第四十四条、第四十五条的规定作出出资人取得回报比例的决定。民办学校应当自该决定作出之日起15日内，将该决定和向社会公布的与其办学水平和教育质量有关的材料、财务状况报审批机关备案。

第四十七条：民办学校有下列情形之一的，出资人不得取得回报：

（一）发布虚假招生简章或者招生广告，骗取钱财的；

（二）擅自增加收取费用的项目、提高收取费用的标准，情节严重的；

（三）非法颁发或者伪造学历证书、职业资格证书的；

（四）骗取办学许可证或者伪造、变造、买卖、出租、出借办学许可证的；

（五）未依照《中华人民共和国会计法》和国家统一的会计制度进行会计核算、编制财务会计报告，财务、资产管理混乱的；

（六）违反国家税收征管法律、行政法规的规定，受到税务机关处罚的；

（七）校舍或者其他教育教学设施、设备存在重大安全隐患，未及时采取措施，致使发生重大伤亡事故的；

（八）教育教学质量低下，产生恶劣社会影响的。

出资人抽逃资金或者挪用办学经费的，不得取得回报。

第四十九条：有下列情形之一的，由审批机关没收出资人取得的回报，责令停止招生；情节严重的，吊销办学许可证；构成犯罪的，依法追究刑事责任：

（一）民办学校的章程未规定出资人要求取得合理回报，出资人擅自

取得回报的;

（二）违反本条例第四十七条规定,不得取得回报而取得回报的;

（三）出资人不从办学结余而从民办学校的其他经费中提取回报的;

（四）不依照本条例的规定计算办学结余或者确定取得回报的比例的;

（五）出资人从办学结余中取得回报的比例过高,产生恶劣社会影响的。

第五十条：民办学校未依照本条例的规定将出资人取得回报比例的决定和向社会公布的与其办学水平和教育质量有关的材料、财务状况报审批机关备案,或者向审批机关备案的材料不真实的,由审批机关责令改正,并予以警告;有违法所得的,没收违法所得;情节严重的,责令停止招生、吊销办学许可证。

从以上规定可以看出,即使民办学校能在与公办学校、"转制学校"、"名校办民校"、"独立学院"等的激烈竞争中生存且获得一定的盈余,但要从这种盈余中取得"合理回报"也非常困难,这也就导致了《民办教育促进法》出台之后很少有学校宣布自己为"取得合理回报的学校"的现象。出现这种状况的主要原因如下：

第一,取得"合理回报"必须向社会"告知"并将财务和运行状况向社会"公示",这一政策将降低民办学校的社会声誉。"公示"即要让所有学生和家长知道该校是要取得"合理回报"的,似乎在说："该学校是在办学挣钱,上学者需千万小心,谨防上当"。在信息充分且完全理性的情况下,家长对学校的选择通常不会受此"公告"的影响,因为作为"顾客",家长考虑的主要是"价格"和"服务",而不是厂商的经营方式和营利状况,只要认为子女接受的教育值得,家长就愿意缴纳该学校所规定的学费,而不会考虑学校是否取得、取得多少"合理回报"。但在现实生活中,由于绝大多数学校,不论是公办的还是民办的,都自称是不取得回报的"公益性学校",在此环境下,取得"合理回报"的学校因其有"以营利为目的"的嫌疑,自然难以获得社会的认可和信任。在生源和声誉都可能受到明显影响的情况下,民办学校显然不会冒此风险。

第二,该政策大大压缩了民办学校投资回报的"利润空间"。"合理回报"政策规定"回报"的范围来自"办学结余",而这种"结余"是指民办学校扣除办学成本等形成的年度净收益,再扣除社会捐助、国家资助的资产,并预留发展基金以及按照国家有关规定提取其他必须的费用后的余额。这种规定是在多次逐渐压缩获取合理回报的空间：第一,由于民办教育历史较短,绝大多数民办学校都还处于投入和建设过程中,其基建等办学成本还非常高,学校很难获得"净收益";第二,即使有净收益,还必须"扣除社会捐助、国家资助的资产",即取得合理回报的学校必须将获得的所有来自政府和社会的资助从"利润"中扣除,而不是收支单列或"专款专用",这也就意味着取得合理回报的学校不可能有动力去获得政府和社会资助;第三,还必须预留发展基金等各种费用;第四,即使在以上各种"扣除"之后仍有结余,"合理回报"也只能是取其中的"一定比例"而不是"全部",这就让人不禁要问,取得"合理回报"之后为什么还要剩余一定比例的"结余"?这种规定导致民办学校一方面因为事业发展而向银行贷款,另一方面又被强制要求在银行存款。

第三,取得"合理回报"将增加办学风险和受政府管制的可能性。民办学校办学的一个重要特点是可以较少地受政府及其他部门的管制,拥有较大的办学自主权。《民办教育促进法实施条例》第四十七、四十九、五十条关于民办学校"不得取得合理回报"的规定显然意在规范民办学校的办学行为,消除和遏制以办学为名牟利的现象,使民办学校在"遵纪守法"的前提下取得合理回报。但实际上,由于对办学质量高低、招生宣传等相关材料真伪的判断没有绝对的标准,以上规定可以使外界力量"合法"地对民办学校办学过程的诸多方面进行监控和干预,甚至吊销民办学校的办学许可证。因此,绝大多数民办学校对"合理回报"都只能望而却步。

由于实际上很少有民办学校申请取得"合理回报",因此可以说,以"合理回报"作为《民办教育促进法》"促进"民办教育发展的政策手段,从效果上看是失败的。它不仅没有起到普遍鼓励现有民办学校发展的作用,也没有有效增加民间资金对民办教育的投入,相反,一些徘徊观望者由此而打消了继续投资民办教育的念头。

如果仅从数据上看,从2003年之后,我国民办学校数量仍然保持了较大的发展,除民办小学数量在2006年略有下降外,民办幼儿园、民办普通高中、民办职业高中和民办高校数量都有一定的增加(见表2-1)。这种现象可以有以下两种不同解释:第一种解释是我国绝大多数民办学校办学者都"不以营利为目的",新增民办学校在举办之初就没有取得经济回报的动机。如果是这样,则说明《民办教育促进法》有关我国普遍存在"投资办学"的判断是错误的,"合理回报"政策从一开始就是无的放矢。第二种解释是民办学校的举办者尽管不能公开取得"合理回报",却仍然可以拥有对学校的控制权,这种控制权不仅可以帮助办学者实现自己的办学理想,也将帮助办学者控制学校资源使用和经费收支,并增加自己经济的和非经济的收益。根据对我国民办教育的观察,笔者更愿意相信后一种解释。

由于"合理回报"政策断绝了许多民办学校举办者直接获得经济回报的途径,一种新的组织形态已经在我国民办教育领域出现,即"公司办学校"现象:由举办民办学校的公司全权管理学校,或者另外专门成立一个"教育管理公司"管理该民办学校。在此模式下,民办学校是不以营利为目的的"非盈利性机构",但教育管理公司则可以从资产租赁、管理咨询等活动中获得经济利润。个别情况下,民办学校几乎没有或只有相关法规要求的最低限度的办学资产,其余资产均属于"教育管理公司",学校通过从公司"租赁"各种办学设施甚至师资力量办学。

在这种"公司办学校"模式下,通过"教育管理公司",举办者可以按照公司法的规定合法地取得利润,并按照公司法的要求缴纳相应的税款,从而达到了"投资办教育"的目的。可见,在现行"合理回报"政策下,我国民办教育中又自发形成了一种"诱致性制度变迁"。不过在此模式下,由于出资人同时拥有对民办学校和教育管理公司的控制权,其"公司"与"学校"实际上是在进行"关联交易",相互之间的资金往来往往缺乏应有的外部监督和管理,很容易出现资金混乱、资产不清的现象,甚至出现公司通过学校偷税漏税等现象。

三、产权与民办学校经济回报政策选择

由于民办学校的举办者拥有学校的控制权,并完全可以通过这种控制权获取一定的经济的和非经济的回报,因此,政府制定的政策就应该承认这种"财产权利"。通过一定的制度规定,既要给予民办学校的投资者和创办者足够的激励,让他们不必说假话、做假账就可以堂堂正正地获得"合理"的回报,也要考虑政策的公益性,以维护学生利益和学校的长远发展,还需要考到政策的可操作性、适应性等,即要综合考虑激励性、公益性、合理性、可操作性、适应性等政策目标或价值维度。

为有效解决激励性与公益性之间的矛盾,克服选择"合理回报"基数和比例方面的困难,可以考虑采取经常性收益权与转让权相结合的"组合回报"方式。其具体办法是:(1)规定一种相对较低的年度回报方式,如投资额的10%或总学费收入的10%左右;(2)举办者在学校停办或退出办学时,经学校董事会同意、主管部门批准,在资产清算的基础上,可以有偿转让其在学校拥有的"财产权利",转让额由转让人与受让人自由商定,受让人只获得转让人在学校所拥有的权益;(3)在产权转让过程中发生

的资产清算、交易等费用由转让人承担。

这种回报方式具有以下一些优势：(1) 激励性，尽管年回报率相对比较低，但对投资者而言，由于有日后的转让回报，经常性回报比例的高低就不再重要。由于允许转让，就可以使民办学校资产通过流动变为"活的"资产，从而减少投资者的投资风险，提高其投资的积极性。(2) 公益性，由于年回报率相对比较低，意味着在校学生学费被用于回报的比例较低，他们的权益可以得到较好的保证；转让过程中，只要操作得当，不论转让费高低，学校资产都不会流失，学生利益也不会受到损害；转让过程发生的交易成本由转让人承担的办法也可以减少转让次数，保证学校办学者的相对稳定。(3) 合法性，"转让权"来自《民办教育促进法》对学校法人财产权的规定，因为法人财产权中包括处分(转让)权。(4) 可操作性，在这种回报方式中，举办者的投资回报主要由办学业绩决定，他们通过说假话、做假账获取回报的动力将大大下降，在这一基础上，相关政策的执行将会得到他们更为积极的配合。(5) 适应性，由于所有民办学校均收取学费，只要举办者愿意，也可以转让，因而该方式适用于所有民办学校。

第四节 民办学校办学者人力资本的激励

一、人力资本与民办学校的发展

教育事业的发展离不开资金的投入，为吸引社会资金投资办学，我国已经从法律上规定出资举办民办学校可以取得合理回报。但教育是一项非常复杂的活动，学校办学状况的好坏、质量的高低不仅受经济资本的影响，生源状况、学校风气、社会环境、政策支持，等等都会对学校的发展产生重要的影响。在这些因素中，校长水平，教师数量、质量和努力程度等人力资本因素对学校的发展尤其重要。几乎每一所民办学校的成功都与其校长的智慧和努力密不可分，西安翻译学院的丁祖诒、西安外事学院的黄藤、黄河科技学院的胡大白、江西蓝天学院的于果、北京城市学院的傅正泰、湖南涉外经济学院的张楚廷，等等都是其中的杰出代表。而在每一位校长的周围，又都聚积着一大批为民办教育事业而奋斗的教师，他们都是民办学校发展的重要依靠力量。

在我国民办教育发展过程中，有一类民办学校只有很少的资金投入，靠创办者和教师们"白手起家"、艰苦创业发展起来的，这类学校常常被称为"滚动发展"的学校。许多著名民办高校,如黄河科技学院和西安翻译学院等都属于这一类。在农村地区,白手起家发展起来的民办中小学校就更多。可以说,没有这样一批主要是靠"人力资本投入"创办和发展起来的学校,就没有中国民办教育的今天。

案例2.3 胡大白与黄河科技学院的发展

胡大白曾经是一所公办大学的普通教师,意外事故使她遭受了工伤。在修养期间,为了证明自己还能对社会有所贡献,她开始举办高等教育自学考试辅导班,从而开始了自己的民办教育事业。1984年10月,胡大白靠30元钱起家,这些钱仅够办理办学手续、购买一些纸墨、糨糊以抄写、张贴招生广告。当时的教室是租用了郑州四中一间破旧的音乐教室,教师是她凭关系从公办大学请来的。由于收费低廉(当时每门课仅收费10元),教学质量高,学员自考通过率高,她所举办的自考辅导班声名鹊起。到1985年,辅导班规模发展至5000余人;当年,在辅导班的基础上,胡大白申请成立了黄河科技专科学校;1988年3月,专科学校发展成为黄河科技大学;1994年2月,黄河科技大学被国家教委批准为全国第一所实施高等学历教育的民办高校;2000年3月,经教育部批准,黄河科技大学成为全国第一批民办普通本科高等学校,同时更名为黄河科技学院。

——根据笔者对胡大白的访谈资料整理

二、民办学校人力资本特性

人力资本理论及此后的大量研究都表明,人力资本与经济资本一样都是经济增长的重要因素,早期人力资本理论重点研究人力资本的作用及人力资本投资。在以知识为基础的经济中,人力资本的作用将更为突出,当前新制度经济学和现代企业理论已经将关注的重点转到研究人力资本产权特征与激励问题,以期充分发挥人力资本的作用。关于人力资本的产权特征,周其仁曾概括为以下三个方面:第一,人力资本天然归属个人;第二,人力资本的产权权利一旦受损,其资产可以立刻贬值或荡然无存;第三,人力资本总是自发地寻求实现自我的市场。他还认为:"如果对人力资本产权形式的上述特点一无所知,要理解现代经济学中非常热门的'激励'理论就困难重重了。"[1]

---

[1] 周其仁.人力资本的产权特征.财经.1996(3).

在民办学校,人力资本具有以下特性:

(一) 人力资本对学校发展的主导性

教师在教育过程起着主导作用,这已经是一种共识。在最原始的教育中,师生口耳相传,并不需要多少其他的经济资本;即使在当代社会,学校教育也是一种"劳动力密集型"的组织,基本建设完成之后,学校经常性开支也主要用于支付教师工资,我国中小学日常性教育经费常常会有 70% 以上用于发放教师工资,在农村落后地区,这一比例甚至达到 90% 以上。这就从经济学的角度说明了人力资本在教育活动中的重要性和不可替代性。学校教育质量的好坏固然受很多因素影响,但优良的教师队伍始终是一个必不可少的因素,甚至是决定性的因素。教师队伍不仅可以在很大程度上影响学校的培养目标、教学内容、教学方法和教学进程,还可以其所特有的能动性根据外部环境、教学条件、学生特点有针对性地确定学校办学理念、特色及发展道路。正因为如此,许多条件落后的农村民办学校也可以取得优异的成绩。

(二) 人力资本贡献测度的艰巨性

人的教育培养是一个受多种因素影响的漫长过程,家庭,社会,个人的天赋、基础、努力程度以及机遇等都将影响到这一过程,很难将某一位教师或某一所学校的贡献剥离出来。学校教育教学对学生的影响也是复杂多样的,这些影响不仅包括身体的发展、知识的提高、技能的掌握、品德的养成,还包括习惯、观念、态度等的改变,有些影响是可以在近期内观察到的,而多数的影响却可能是终身的,因而很难用某种单一的指标(如高考成绩)来及时地评价教师工作的质量和贡献。教育教学活动是一种智力劳动,因而也很难用体力劳动强度和劳动时间来测度教师劳动的质量和贡献。对教师尚且如此,对学校的办学者(校长)劳动贡献的测度就更为困难。由于白手起家,创业艰辛,这些校长们总是需要付出超出常人的努力,没有白天黑夜,没有节假日,以校为家等,这些几乎是所有创业者的共性。而要创办一所成功的民办学校,举办者不能仅有这种实干家的努力,往往还要有教育家的见识,有企业家的胆识、勇气和决策能力,需要有公关人员的外交能力,还要有某种难以捉摸的"人格魅力"。这些素质对学校发展的贡献常常是决定性的,但却也是最难以测度的。

案例 2.4 罗共和夫妇的人格魅力

罗共和夫妇 1992 年创办四川电影电视艺术进修学院时,条件非常艰苦,学校的性质是民办的、非学历的成人教育机构,凭着对艺术教育的执著热情以及本身的人文与艺术修养,他们克服了重重困难,使学校得以良性发展,在四川乃至整个西南地区产生了一定的影响。

"院长夫妇具有巨大的人格魅力",这是我们在该校期间听到的最多的话之一。我们发现,院长夫妇的人格魅力是他们办学成功的重要因素。人格魅力使他们能够凝聚支持他们办学的各种力量,从而使他们能够相对顺利地克服办学过程中的一次又一次困难;人格魅力使他们让自己的"婆家"(四川师范大学)既信赖又满意;也正是他们的人格魅力,让学生们一次次地被感动并内化成一种无形的教育力量,许多毕业后分散四处的学生取得进步、获得成功时最先与他们分享,他们身边已经凝聚了一个虽无形但有力的网络,这就是艺术教育的事业共同体。

——摘自北京大学课题组刘云杉、张莉娟等对四川师范大学影视学院的调查报告

(三) 人力资本的可流动性

人力资本最重要的特征是天然属于个人所有。校长和教师的人力资本也都是由他们"随身携带",因而这种资本是可流动的。在民办学校的发展过程中,虽然许多学校都"靠事业"、"靠机制"、"靠待遇"从社会上和公办学校吸引并稳定了一批优秀的校长和教师,但从整体上看,民办学校教师队伍还缺乏应有的稳定性。教师在感到缺乏成就感、稳定感和经济激励,或者在遇到更有吸引力的工作机会时,就有可能选择离开学校。民办学校有灵活的用人机制,这是吸引人才、保证学校质量和效率的优势,但这种机制同时也为教师的主动流出提供了可能。为此,如何稳定高水平的校长和教师,就成为民办学校发展所面临的一个重大问题。

案例 2.5　民办学校骨干教师的吸引与被吸引

T学校是湖南省著名的高收费民办学校。在办学之初,依靠优美的环境、较高的待遇、学校发展的美好设想等,学校吸引了一大批优秀教师,其中还包括近十位特级教师。经过全校师生的共同努力,学校取得了优异的成绩,连续三年高考上线率达到或接近100%,连续三年全市的高考第一名出自该校。这些业绩使学校声名远扬,学校生源非常火爆。与此同时,由于学校办学业绩突出,该校教师的水平得到了社会的承认,北京、上海、深圳的民办学校开始用更高的工资吸引该校骨干教师,长沙的一些公办重点中学也以高薪以及解决户口和公办教师身份等优厚条件反过来"挖"这些骨干教师,尤其是教高三的骨干教师。如何稳定这些教师,又不至于使学校工资成本过高、教师之间工资差距过大,已经成为使该校校长感到非常烦恼的问题。

——根据笔者2003年7月对湖南T学校的调查

此外，人力资本还有一个重要特性，即可激励性。受到的激励和动机不同，人们表现出来的行为和态度将很不一样，有效的激励措施可以使人发挥出巨大的潜能。正是人力资本的上述特性决定了对民办学校人力资本激励的极端重要性。

三、民办学校人力资本激励的政策选择

（一）自我激励和精神鼓励：目前主流的激励方式

民办学校的举办者的办学目的可能各不相同，但其中很大一部分人是为了通过从事教育事业而实现人生价值。许多老教师在退休之后从事民办教育，主要就是为了进一步发挥余热，为社会作贡献。也有一些人是因为有自己的教育理想，并希望将这种理想付诸实践而创办民办学校。当然，也不排斥有一些人是为了个人荣誉、经济利益、解决就业问题等而加入民办教育行列的。

理想和目标的实现对个人而言是一种极大的激励。正因为在办学过程中能获得自己希望得到的乐趣，才使民办学校的校长和教师心甘情愿地付出。这种激励是一种来自个人内心的"自我激励"。到目前为止，"自我激励"仍然是对民办学校人力资本的主要激励方式。

一些成功的民办学校举办者也受到了社会和政府的表彰和奖励。黄河科技学院的胡大白教授就先后被评选为国务院特殊津贴专家、河南省第九届人大代表、第三届"中国十大女杰"、全国人大代表等，还受到过胡锦涛等国家领导人的亲切接见和鼓励，《人民日报》、《光明日报》、中央电视台等众多新闻媒体都曾专题报道了她身残志坚、艰苦办学的先进事迹和成功的办学经验。这些都是对她所作贡献的一种肯定。随着民办教育事业的发展和其公益性的凸现，民办教育得到了社会越来越多的肯定，许多地方政府已经开始定期表彰民办教育的先进集体和个人。这些表彰基本上以精神鼓励为主，这也是政府倡导的对教育事业的主流激励方式。

在许多情况下，精神的力量是无穷的，但在当前这样一个物质利益价值凸显的市场经济社会，对许多人而言，精神激励的作用常常是有限的。精神力量可能会对民办学校的第一代创办者带来终身的动力，却难以保证对其后继者有同样的激励；事业的成就对民办学校的校长们而言可能具有极大的激励性，对一般教师而言，"打工者"的心态常常很难让他们分享成功的喜悦。因此，除精神激励外，还需要寻求更具持久性、普适性的激励机制。

（二）控制权回报：一种过渡性激励方式

通过本章第三节的分析可见，民办学校的投资者并不拥有学校的产权，实际拥有的是学校的控制权；滚动发展类民办学校创办人尽管不拥有学校的产权，但通常也拥有学校的控制权。这种控制权主要通过两种方式表现，即创办人"长期在位"和学校的"家族化管理"。那么，如何理解这种现象？笔者认为，这是民办学校发展过程中的一种过渡性的激励方式，而且这种激励方式有其存在的逻辑：

1. 以人力资本收益换取控制权，并通过控制权办学

滚动发展类民办学校的创办和发展是与创办人的人力资本投入密切相关的。这些人虽然也从学校领取工资，但由于对人力资本"定价"十分困难，而且，由于受"不能与一般教师差别太大"、"要起表率带头作用"等心理的影响，他们的工资数额可能远远低于其实际贡献。许多民办学校的创办者长期拿着低工资，如海淀走读大学（现北京城市学院）校长傅正泰并不从学校领工资；黄河科技学院胡大白校长的工资长期只有1000多元。[①] 正因为如此，这些创办者人力资本所创造的很大一部分价值就转换成了学校的办学积累，这部分积累相当于投资办学者的货币投资。由于这部分"投资"长期存在，创办人也就获得了长期的控制权。而且，这些人创办民办学校往往是出于对教育事业的热爱和对教育理想的追求，为了更好地实现自己办教育的理想，就有必要对学校的人、财、物等拥有充分的控制权。即使创办人办学是为了牟利，或者为了名利双收，他们也同样需要这种控制权。

2. 通过办学的成功，获得"控制权回报"

对于企业控制权的拥有者而言，除获得"经济回报"（如效益工资、分享股权、期权等）外，"控制权回报"也是一种重要的回报形式，即可以以"继续在位工作的权利"作为对工作业绩的激励和回报。[②] 对于以教育事业为目标追求的办学者而言，拥有对学校的控制权同样是一种重要的回报，而且是比经济回报更有意义的回报。一些学校创办者长期掌权，就是因为获得了这种"控制权回报"。由于这些学校以往的历史证明创办者拥有控制权可以使学校获得较好的发展，这些创办者的"长期在位"也就在实践中获得了存在的合理性。

---

① 根据2002年笔者对傅正泰、胡大白本人的访谈。
② 周其仁.产权与制度变迁——中国改革的经验研究.北京：社会科学文献出版社，2002，104.

3. 通过"家族化管理",进一步强化控制权

民办学校"家族式管理"现象的存在也是有一定合理性依据的。家庭是社会的基本组成单位,我国尤其有重视血缘和家族的传统。在民办学校创办时,需要人、财、物等各方面的支持,而家族的支持往往会起到关键的作用,许多人是倾全家之产办学。由于家庭财产归其成员共有,此时家庭成员实际上就是学校的合伙创办人,他们参与管理甚至成为管理核心成员就理所当然了。另一方面,家庭成员可能并没有参与学校的创办,而是逐渐被"吸收"为核心管理层,甚至成为学校的接班人,这一过程实际上是办学者为了获得更充分、更长久的控制权,因为"家族化管理"对学校创办者具有以下好处:

(1) 在家族成员内部可以更好地解决信任、交流和利益分配问题。由于家族成员之间有长期共同生活的经历,有共同的血缘关系为纽带,有共同的经济利益,他们彼此之间有更深入的了解,也有更多的相互交流、沟通的机会,家庭成员更有可能为了共同的利益和共同的事业而齐心协力,这是创办民办学校的有利基础,也可以有效避免与"外人"合作办学时常常出现的因利益分配不均而相互不信任问题。

(2) 家族化管理可以强化对学校的控制权。在民办学校的创办和其后的发展过程中,需要开展方方面面的工作,包括基建、人事、教务、保卫、总务、财务、外事、招生、学生管理、学生安置、党团工作,等等。家族化管理往往可以加强举办者对学校事务的控制,尤其是对财务、人事、总务等关键领域的控制。通过家族化管理,还可以在董事会等决策机构安排更多的投票席位,从而保证顺利实现举办者的意图。

(3) 家族化管理可以延续对学校的控制。人的生命是有一定的周期的,民办学校举办者的生命也一样,即使人们不断地给予他们"控制权回报",甚至允许终身在位,他们对学校的控制也是有时间限制的。由于民办学校财产权利不明晰,学校的举办者们并不能肯定自己在学校的"财产权利"是否可以被子女继承,因而安排自己的子女为"接班人",就是一种非常自然的选择。而子女接班都需要有一个对学校事务和办学实践的了解过程,需要在学校逐步"建立威信",这也就导致了举办者子女介入学校管理的现象。

案例 2.6 民办学校的家族化管理

C 学校实行校长负责制,校长由学校创办人 M 担任。M 的大儿子目前任学校的副校长,负责日常工作,已经基本内定为接班人。M 的二儿子和二儿媳妇也在学校工作,也曾经想接班,M 的做法是"给他们贷款,

把北郊的地皮也划给他们，让他们自己发展去"，M的原则是："给儿子留一份事业，决不留钱。"

C学校也设有董事会，但五个董事既不入股也不分红，更不管事，只是可以每月获得500元津贴。对这种管理体制，M的观点十分明确："要是董事会领导，肯定散伙，只有一个人做主才行。"由于他"以前也与几个人合作过，其他人都找机会从中抽钱、借钱"，因而现在M的做法是"谁也不相信，尤其是财务方面"。

——摘编自北京大学课题组郭建如、张尉萌等对C学校的调查报告

"控制权回报"尽管可以在一定程度上解决了民办学校创办者的激励问题，但这种激励也有其局限性。首先，创办者的生命是有限的，创办者不可能永远在位并控制学校。而如果失去对学校的控制，这些创办者将一无所有，这将导致他们产生各种短期行为，并经常考虑从经济上和地位上给自己"留后路"。其次，家族化管理尽管可以由家族成员延续创办人对民办学校的控制，但这些继任者不一定具备创办者的素质与威望，也不一定具有创办者对民办教育事业的热情。从学校发展的角度看，由于任人唯亲，最优秀的人才将不可能进入学校核心管理层，最终将使学校因缺乏优秀的管理团队而失去竞争力和长期发展的动力。因而，"控制权回报"只能作为我国民办教育发展过程中产权不清状况下的一种过渡性激励措施。

（三）"人力资本持股"：一种产权激励的尝试

《民办教育促进法》只规定了"出资人"可以取得合理回报，而对于"白手起家"的民办学校创办者如何给予经济回报却没有作出规定。不可否认，滚动发展的民办学校，也有大批举办者是希望从办学过程中取得经济回报的。如果不在政策上让他们"明谋"，他们就有可能通过说假话、做假账来"暗取"。那么，应该如何规定对这类人的经济回报呢？

目前企业改革中"员工持股"的做法是可资借鉴的。"对企业人力资本所有者具有有效激励作用的最佳制度安排，就是让人力资本所有者同物力资本所有者共同拥有企业的所有权"，"随着以知识为基础的知识经济形态的到来，人力资本作用得到质的提升，人力资本所有者分享企业所有权的方式越来越多，这已经成为企业制度变革的一个主要方向。"[①]在我国近期的企业改革中，员工持股、认购期权等方式已经十分常见。

在民办学校中，也已经出现了"员工持股"的案例（如案例2.7）。这

---

① 胡静林.人力资本与企业制度创新.北京：经济科学出版社版,2001,6—7.

种员工持股的做法,实际上是承认学校创办者以及其他有功人员的人力资本投入在学校资产形成过程中的作用,并明确他们在学校"产权"中所占的份额。在该体制中,创办人是以人力资本入股,即承认人力资本具有与财务资本同等的价值;作为一种激励机制,不论是学校创办人的家族成员,还是其他普通员工,都可以持有学校"股份",同时也可以通过一定的程序转让这种"财产权利"。

案例2.7　私立华联学院股份制章程(部分)

……(4)学校实质股权结构分为法人基金股、创办人股和普通股三大类。股权初始比例分别为30%、25%、45%。(5)法人基金股占全部股权比例的30%,为学校法人所拥有,为社会主义集体所有制性质公共财产。它是由全校教职工的知识入股、集体智慧、集体劳动成果与校董事会、华侨、港澳同胞及社会各界的捐资所构成。(6)创办人股占全部股权比例的25%,为在学校创办过程中作出重大贡献、有较大知识投入、成绩卓著者而设。创办人股份分为A股和B股。创办人A股主要为学校创始人及学校筹建期间参与创办者而设,也为此后对学校的发展做出较大知识投入和重大历史贡献者而设。创办人B股是为现在和今后对学校建设和发展做出较大知识投入、成绩卓著并在学校连续工作三年以上的个人而设。创办人股持股人对其股权具有占有、使用、收益权和一定年限的继承权,其股权不能折现转让,持股人可以终生受益,去世后由其配偶继承,在其配偶去世后,其子女拥有10周年的继承权。(7)普通股占全部股权比例的45%,从学校筹建之日以来以个人或团体名义集资入股者,均为普通股股东。普通股持股人对其股权具有占有、使用、收益和处理权,可以转让、继承和赠与。(8)法人基金股、创办人股和普通股,均为同股同值。上述三类股值随着学校全部资产的增值而同时升值;如发生配股或扩股时,上述三类股均按同一比例配股或扩股。

——引自高卫东:"营利性民办学校及其产权界定",《教育科学研究》2001年第3期。

通过员工持股制度,可以明确民办学校创办者及其家庭成员在学校的股权。这种安排的积极意义在于:(1)使学校创办人的价值得到明确承认。目前学校创办人都不能认定学校财产就是自己的,也不愿意承认学校财产就不属于自己。通过股权的认定,可以明确他们在学校拥有的"财产权利"。这种股权不仅是对他们已有贡献的一种承认,也可以作为他们取得"合理回报"的依据。(2)学校创办者不必"长期在位"。由于可以通过股权获得收益,学校创办者通过"控制权"获得回报的动力将减弱,当他们年老体弱、身体不适或由于其他原因需要离开学校时,他们的利益也不会受到太大损失。(3)"家族化管理"现象将逐步消解。在可以通过股权获得回报的情况下,家庭成员通过直接参与管理获得收益的动力将减弱,他们中离开学校而从事自己真正热爱的事业的人将大大增加。(4)任人唯贤的制度将可望建立。由于举办者的权益与学校业绩密切相关,他们将会尽可能地任人唯贤(而非任人唯亲),以提高学校质量和水平,促进学校发展,使自己从学校股权中获得的利益能水涨船高。(5)真正意义上的董事会制度将得到建立。在员工持股制度中,每一位员工都有可能持股,这将极大地促进他们参与管理的积极性,同时,由于每一位员工(包括学校创办人)持有的股份比例都不可能太高,这种分散的股权结构将有助于削弱少数人(如家族成员)控制学校的现象,促进更具有代表性的董事会的建立。

当然,实施这一制度还存在一定的操作上的困难,由谁来决定股权的分配就是一个难题,由此而导致"股权分配不公"并引发矛盾斗争的可能性也很大。另外,这种股权只有在产生利润进行"分红"时才具有经济意义,在不取得"合理回报"的学校中,这种人力资本股的意义也可能仅限于帮助分配学校的控制权。由于人力资本天然归个人所有,人力资本对学校的价值只能体现为占有管理学校的岗位并拥有对学校一定的决策权,因而这种人力资本股不可能通过市场交易转让给其他人,其他人也不可能因为购买到相应的股份而对学校发展发挥相应的作用,所以人力资本股只能是"有价无市"。但这些可能的问题并不能否定该制度潜在的价值。

(四)"控制权转让":一种诱致性制度变迁

尽管民办学校举办者的人力资本股不可以转让,但控制权是可以转让的。《民办教育促进法》第五十四条规定:"民办学校举办者的变更,须由举办者提出,在进行财务清算后,经学校理事会或者董事会同意,报审批机关核准。"根据这一规定,民办学校举办者可以申请变更举办者,从而合法地实现控制权从前一位举办者向后一位举办者的过渡。不过,由于《民办教育促进法》及《民办教育促进法实施条例》都没有对这种举办者的变更作更具体的规定,于是,在实践中便自发地出现了一些民办学校的"转让行为",这种转让可以分为两类:第一类是投资办学者控制权的转让。由于这类办学者在办学过程中投入了一定资金用于开发和建设学校,他们因为各种原因退出办学时往往需要得到相应的经济补偿,如果学校发展状况良好,则可能会要求一个高于其投资额的"转让价格",反之,如果学校经营和发展状况不好,也可能会以一个低于投资额的"转让价格"出手转让给后继者。也就是说,前任和继任举办者之间可以基于投资额和学校发展状况通过"讨价还价"实现举办权的转让。第二类是滚动发展的民办学校举办者控制权的转让,由于这类举办者在学校创办之初没有或只有很少的现金投入,学校发展到一定规模后并不能清晰界定学校增值部分中有多大比例属于"举办者人力资本贡献的积累"。在此情况下,后继者也可以与举办者进行讨价还价,在给出一定的价格后,让前任举办者"主动申请"更换举办者,退出学校领导岗位,从而实现"控制权的转让"。

案例 2.8 举办者控制权的转让

Y 学院是一位退休教授创办的民办高等教育机构,经过 10 多年的发展,学院已经拥有 100 多亩土地,地上建筑物价值 2 000 多万元,有 100 多位教师,近 3 000 名学生。由于该教授已经年逾七十,身体也不太好,便希望不再管理该学校,而自己子女和亲友中又没有合适的继任者,于是该教授只能决定申请变更举办者。经协商后与一家有实力的公司达成了以下协议:教授召开名义上存在的董事会,决定向学校审批机关申请变更举办者,并退出董事会和学校管理岗位;公司向教授个人支付数百万元的"补偿金",同时向学校追加 500 万元的办学投入,重新组建学校董事会和领导班子。

——根据笔者对该学院的调查。

不论是投资办学者的转换还是"滚动发展"的学校举办者的更换,所转让的实际上都是学校的控制权,而非学校资产的所有权。因为根据《民办教育促进法》第三十五条规定:"民办学校对举办者投入民办学校的资产、国有资产、受赠的财产以及办学积累,享有法人财产权。"按此规定,民办学校举办者在办学过程中不论投入的是资金还是"人力资本形成的积累",都属于学校法人所有,而不归举办者所有,即举办者没有权力交换学校财产的所有权。但在现实中又确有更换举办者的必要,于是便出现了控制权的交易。在投资办学类举办者转换过程中,双方的交易价格并不是投资额,而是拥有目前学校控制权的价值;同样,在滚动发展的民办学校,更换举办者时对创办者的"补偿金"也不是对他们的劳动补偿,而是双方认可的拥有该学校的控制权所具有的价值。

由于这些实践中的控制权转让没有明确的法律规定,导致民办学校举办权的交易过程还有很多不公开、不透明甚至不规范的地方,但这种来自民间的"诱致性制度变迁"确实具有较高的制度价值,它有效地解决了不同举办者之间的更替问题,甚至也使滚动发展的民办学校的举办者可以"届满退休",使一部分学校可以避免走入家族化管理的误区。

第三章 转制学校的试点与合法性重建

"转制"是指办学体制的转变,可以包括从"公"向"私"的转变,也可以包括由"私"向"公"的转变。后者通常是指部分民办学校由于各种原因或者被动接受政府管理、或者主动放弃办学权益由政府接管,1949年后我国原有的私立学校就经过了这种"转制"而成为公办学校。不过目前学校转制通常是指公办学校由政府办学转向全部或部分由民间办学的改革。这种转制在不同国家有不同的表现形式,美国比较典型的转制学校是"特许学校"(Charter School),在英国有脱离地方政府管理而由中央政府直接资助和管理的"自我管理学校"(Self-governing School)。不过这两个国家的转制学校"转"的都只是"管理",公共资助并不减少,即转制过程中,对于公办学校公共资助与公共管理两方面,只改革公共管理,经过一定程度放权,从原来的科层制管理转为拥有更大自主权的学校。

在我国,转制学校有时也被称为"改制学校"、"民办公助"学校或"国有民办"学校,其特点在于这些学校只是由政府建立,学校的运营和管理则是"自筹经费、自主管理",即政府不仅放权,同时也停止资助。从这个意义上说,中国的转制学校转得更彻底。不论是在中国还是在美国、英国,对公立学校的转制都有激烈的争议。对教育公平的影响是有关争议的核心之一,另外,转制学校也涉及政府在教育系统中的职责,以及转制对公办学校性质的影响等。从2006年以来,在全国范围内又一次出现了对转制学校的争论和政策调整。《民办教育促进法》明确规定义务教育阶段的公办学校不能转为民办学校;湖南、江苏等地已经提出了日程表,要限期完成对转制学校和"名校办民校"的整顿工作,使这些学校或者转回为公办学校,或者转为纯民办学校。转制学校的合法性遇到了危机。笔者早在1994年就对湖南长沙麓山国际实验学校"民办公助"办学体制改革进行专门调研;①1999年作为课题组主要成员对北京市"民办公助"办学体制改革学校进行了全面的调查分析;②2006年承担北京市教委委托课题"转制学校的管理与经营",对多所转制学校进行了案例分析。在这些调查研究过程中,笔者发现,转制学校的发展环境、合法性基础等都在发生着悄然的变化。本章将在介绍我国各种类型学校转制的基础上,重点通过对北京地区的调查数据和案例分析揭示转制学校的生存之道,探讨目前学校转制的合法性危机与重建策略。

第一节 转制学校的实践与影响

一、转制学校的兴起与类型

转制学校是我国教育改革实践的产物,公立学校在公办学校实行内部管理体制改革多年,人们发现其成效甚微,部分学校便开始尝试加大办学体制改革的力度,改变其依靠政府办学的状况,走自主经营、自我管理的民营化之路。被认为是我国最早的转制学校的北京十一学校就是这种改革尝试的产物。③ 该学校从1988年就开始了以"减员增效"为核心内容的内部管理体制改革,但四年之后仍然没有有效改变学校经费紧张、缺乏活力、质量低下等状况。1992年,在李金初校长的带领下,十一学校提出了"五自主"的办学体制改革新思路,即"自主筹集日常办学经费、自主招生、自主用人、自主工资分配、自主教育教学实验",以经费自筹的责任换取办学自主权。1993年十一学校又进一步将其改革概括为"学校国有、校长承办、经费自筹、办学自主",简称"国有民办"。这种改革并没有

---

① 文冬毛,胡凤琪. 雏鹰的起飞——麓山国际实验学校改革刍议. 现代教育研究. 1994(1).

② 相关成果见北京市教育委员会编. 中小学"民办公助"办学体制改革理论探讨与实践. 北京:人民日报出版社,2000.

③ 李金初. 论学校国有民办制. 中小学管理. 1996(9).

改变学校的所有制性质,学校依然是国有,变的只是经费筹措机制和管理机制。据笔者调查,1993年,湖南长沙等地也开始出现"公有民办"学校。1996年,北京市政府正式批准了北京十一学校等九所学校的改制试点,此后几年,上海、天津、浙江等地先后出现了大批中小学转制学校,并逐步在全国各地推广。不仅基础教育阶段出现了转制学校,高等学校和中等专业学校也出现了少数转制学校,浙江万里学院就是由原浙江农业技术师范专科学校转制而成的。2003年《民办教育促进法》明确规定"实施义务教育的公办学校不得转为民办学校",此后中小学转制现象得到了遏制。

在十多年的改革过程中,我国出现了多种学校的转制形式。这些转制现象普遍表现为:经政府批准,公办学校进行"国有民办"办学体制试点改革,学校财产仍然归国有,政府赋予学校或校长更大的办学自主权,同时停止或逐渐停止财政拨款,学校自筹经费、自负盈亏。但不同学校改制的背景、方式和目的还是有较大差别。综合北京[①]和上海[②]等地学校转制状况,转制学校至少有以下一些类型:

(一)普通中学转制

在中小学办学体制改革初期,一些有长期教育管理和教育改革经验的中小学校长不满足于体制内的改革,希望突破体制大对人事、财务、教学体制的改革力度,以促进学校发展、实现自己的教育理想,于是出现了一批普通中学、甚至重点中学校长提出进行学校"国有民办"、"校长承办"等办学体制改革。北京十一学校、二十五中、西城外国语学校等都是这类学校。

案例3.1 重点中学转制

北京市二十五中地处北京市中心的王府井地区,原为美国基督教公证会1864年创办的育英学校,是我国近代史上引进西方科学和现代教育最早的学校之一,20世纪二三十年代就成为享誉京城的一所私立学校。1952年改为公办学校并改为现名。1958年被评为北京市十所"红旗学校之一",随后被列为北京市重点中学。该校1989年开始实行以校长负责制为主要内容的内部管理体制改革,1993年开始进行"教职工聘任合同制"改革。1996年4月,经北京市教委批准,成为"民办公助"整体办学体

---

① 北京市教育委员会.中小学"民办公助"办学体制改革理论探讨与实践.北京:人民日报出版社,2000,39—41.

② 张民选.转制学校:事实、成因与前景.见丁钢主编.中国教育:研究与评论(第1集).北京:教育科学出版社,2001,97—104.

制改革实验校。①

（二）薄弱学校依托重点中学转制

由于政策不利、管理不力等多方面原因,有一部分公办学校逐渐成为办学条件较差、师资力量薄弱和办学质量较差的学校。这类学校的改制主要有两方面原因：一方面,政府发现"改造薄弱学校"的努力成效甚微后,也想到了转制,希望能通过这种釜底抽薪的方式激发学校办学活力,提高办学质量；另一方面,从1995年开始,政府为"扩大优质高中教育资源",曾经在全国试办"示范高中",而其中重要的一条就是要求这些学校的实行初、高中分离,将初中办学场所、设施用于高中教育。为安置这些学校的初中教师,一种比较普遍的做法就是利用这些重点中学原有初中的管理和师资力量,对一些薄弱学校进行改制。在北京,这些学校通常被称为某重点中学分校,以便充分利用这些重点中学的品牌资源。北京的二中、五中、十一中、十三中、十四中、十五中、实验中学、汇文中学等重点中学都先后通过这种方式举办了自己的分校。例如,北京市十三中学分校就是依托重点中学十三中,由薄弱学校106中改制而成；北京师范大学附属实验中学分校就是依托实验中学这一重点中学,对薄弱学校北京市37中进行改制而成。还有一些学校是依托重点中学,利用闲置空余的校园校舍建立的转制学校,如北京市第十中学利用长辛店第五小学撤并后腾空校舍建立了转制学校北京市第十中学分校；北京市牛栏山一中利用一所技工学校空余校舍建立了牛栏山中学分校。在这种转制过程中,实际上不仅实现了对原有薄弱学校的转制,也导致了重点中学初中部的撤销,或者说是重点中学初中部通过嫁接到薄弱学校的校园校舍这一外壳实现了转制。从所了解的情况看,这些重点中学分校与重点中学有着千丝万缕的关系,是重点中学生源和财源的重要依靠。这种"名校办民校"的做法也遭到了诸多的批评。

（三）小区新建配套学校改制

随着城市化的发展,市区面积的不断扩大,新建住宅小区也逐渐远离原来的城市中心。为解决城市新区居民子女的就学问题,政府就需要相应地新建大量学校。这也给各地政府带来了较大的财政负担。受普通中学和薄弱学校转制的启发,一些地方政府找到了一条发展城市新区学校的有效途径,即住宅小区配套学校转制。政府要求房地产开发商在大型

---

① 刘志毅.北京市第二十五中学体制改革实践.见北京市教育委员会编.中小学"民办公助"办学体制改革理论探讨与实践.北京：人民日报出版社,2000,201.

住宅小区配套建立校园校舍,或者政府出资为若干新建小区建立配套学校。学校建成之后立即转制为"民办公助"学校,政府"公助"校园校舍,但不再提供日常办学经费;学校自主办学,通过收取学费等方式自筹资金,自负盈亏。这样,政府就可以有效地"节省"出大量教育经费。北京市朝阳外国语学校就是新建慧中里小区配套学校改制而成,北京市兴涛学校则是依托企业并由北京市四中和实验二小协助,对新建兴涛小区配套学校转制而成。

案例 3.2　新建小区配套学校

杭州市源清中学是 2001 年根据杭州市教育局对全市教育布局的安排,由区政府在没有重点高中的拱墅区新建的一所寄宿制高中,区政府提供了 3 000 万元用于土地征用和拆迁,市政府出资 1 000 万元用于前期建设规划费和"三通一平"费用。学校地上部分建筑建设费用由政府担保,学校贷款 8 400 万元兴建。贷款由学校在 13 年内偿还清,利息共 2 700 万元,其中政府偿还 2 000 万元。学校收费标准为每年 9 200 元(公办学校为 2 000 元,民办学校为 12 000 元)。教师保留公办教师身份,按照公办教师工资标准统一从财政领取工资;但学校须在年终将教师所领工资全额返还财政局。①

(四)基础薄弱学校和撤并学校转制

与第三类学校一样,这类学校也是由有重大办学困难的公办学校转制而成,不同的是,这类学校不是借助其他学校而是主要靠内部力量,希望通过改变培养目标,提供特色教育,满足社会多样化的教育需求来重新获得发展机会。例如北京市徐悲鸿中学就是通过对原薄弱学校 182 中进行改制,举办美术特色学校;北京市前门外国语学校则是对原薄弱学校前门中学进行转制,举办外语特色学校。另外,在我国师范教育从三级师范向两级师范的转变过程中,中等师范学校必须重新进行功能定位,其中部分师范学校就选择了转制,例如北京市华夏女子中学就是利用宣武师范学校逐年停止招生后空出的校舍、师资举办的女子学校;湖南益阳益师艺术实验学校则是利用益阳师范闲置的部分校园、设施和师资举办的转制学校。还有一类学校是原企业举办的子弟学校转制而成,如原北京市首钢附中就转制为北京市佳汇中学,北京市电业中学、送变电子弟中学等也属于这类转制。

---

① 根据笔者 2003 年 6 月对该校的调查和访谈。

二、转制学校的改革实践与经营之道

转制学校的基本特征是自筹经费、自主管理。那么,转制学校如何才能在政府停止拨发教育经费的情况下得以继续生存和发展呢?根据调查的情况看,绝大多数转制学校的办学经费都来自于所收取的学费。因此,生源就是转制学校的财源,学生数量越多,则财源越丰富。为此,转制学校形成了一系列"经营之道",其中主要包括以下几方面:

(一)校长主导和教师选聘

校长是一所学校的最高责任人,也是管理学校的关键人。许多学校的转制往往是由有能力的校长发起和主导的,这些校长的教育教学和管理思想以及人格魅力在转制改革中具有关键性的作用。北京十一学校的李金初校长就是一个典型,他在校长岗位工作了 30 年,形成了一系列自己的办学思想,尤其是在国有民办办学体制改革方面发表了一系列论文阐述其办学思想,产生了广泛影响;华夏女子中学聘请了北京师范大学李意如教授担任校长,李意如早年从女子学校毕业,在对女性"因性施教"方面既有自己的体会,又有一整套自己的理论,正是由于有她的工作,使原宣武师范学校十分顺利地转制为华夏女子学校,并迅速形成了学校自己的文化;北京师范大学附属试验中学分校陈国才校长年富力强,思想活跃,对以人为本的教育、教学理念有独到的认识。从这些案例看,聘请和依靠有能力、有声望的校长是转制学校的普遍做法。

教师同样是学校工作的依靠力量。转制学校有比较灵活的用人制度,在师资队伍建设方面,至少采用了以下一些机制:(1)淘汰机制。在转制之初,首先面临的是对原有教师的安置和改造问题。转制学校通常是将年轻、有工作能力和可塑性的"骨干"教师留用,让水平较低、态度较差的教师离开学校或教学转岗,从而提高教师的整体素质。(2)援助机制。依托重点中学进行转制的学校,通常可以从重点中学获得一批较高水平的教师。例如,北京市十三中学分校在建校之初,就由原十三中学的校长带领了 8 位骨干教师来到分校任教,并担任年级组长和备课组长,第二年又从十三中选用了 9 位教师,从而有效地提高了原薄弱学校的师资水平。(3)流动机制。转制学校通常可以采用"老人老办法、新人新办法",从劳动力市场上根据需要自主聘用所需要的新教师,并可以在一定任期后自主解聘被认为不合格的教师,在流动中保持教师工作的压力,提高教师队伍质量。(4)激励机制。学校可以根据经费收支状况自主决定教师的工资。例如,十一学校通过高收入吸引了大批来自全国各地的优秀教师,包括十多位博士生、几十位硕士生;十一学校教师的工资收入在改制后的10年间增长了10倍;通过自筹经费,为教师建立了公寓,增加了教师的福利,学校还通过部分资助的方式鼓励教师攻读硕士学位。相对而言,公办学校在此方面的自主性较小。这也是转制学校的优势所在,是转制学校校长敢于接受转制挑战的重要原因。

(二)经费筹措和资源获取

转制学校的基本特点是转制之后政府逐渐减少并最终停止拨款,学校主要靠收取学费运转。不过,政府对这类学校的学费标准有一定的规定,通常是略低于民办学校,明显高于公办学校。按1999年的标准,北京公办学校每人每年的杂费收费标准是小学160元,初中320元,普通高中640元;民办学校每年的收费水平大致为小学7 000—11 000元,初中、高中为8 000—1 5000元。而政府有关部门为"民办公助"学校制定的学杂费标准是小学2 500元/年、初中5 000元/年、高中6 000元/年。1999年,笔者在比较35所转制学校和50所公办学校经费收支状况后发现,所有转制学校的经费都有一定节余,其日常经费和建设性经费绝对数都高于公办学校,转制学校当年生均支出6 507元,而公办学校为3 258元,由此可以看出,转制学校在当时具有一定的经费优势。调查还得出以下一些结论:第一,北京市所有转制学校收入和支出都逐年增长,并且收入均高于支出;第二,从经费来源看,转制学校中政府拨款比例逐年下降,学费所占比例逐年提高,当时所调查的学校自筹经费占学校收入的比例已经接近90%;第三,从经费支出状况看,转制学校的日常经费和建设性经费支出的绝对数和相对比例均明显高于公办学校,说明这些学校对教学工作和基本建设给予了充分的重视,这也使转制学校在与公办学校竞争中的优势地位得到了巩固;第四,从收入分配状况看,转制学校教职员工的收入明显高于公办学校,也使这类学校在争取优秀师资方面有一定的竞争优势。[①]

校园、校舍、设备场所等办学资源是办学的必要条件。一定的教学设施设备是教学活动得以顺利进行的保障,优良的办学条件也是吸引学生和教师的原因之一,校园建设也是扩大招生容量以获得更多的经费来源、取得更大"规模效益"的保障。在所调查的转制学校中,大多数都投入了大量的经费用于学校的教学设施和基础建设。在1999年的调查中发现,

---

① 文东茅,刘大立.从经费收支状况看"民办公助"学校的发展.教育科学研究.2001(11)

35所转制学校的建设性支出占学校支出比例的36.4%,而作为对比的50所公办学校该比例只有14.1%。① 尽管转制学校的产权并不清晰,但这些学校仍然投入大量资金进行基础建设,其中十一学校利用自筹资金,新建了一所气势宏大的新学校,目前学校的教学楼、图书馆、体育馆、教师公寓等都是按统一风格新建的,焕然一新,使人不由自主地产生对学校的信心和信赖感;北京市二十五中在河北廊坊大学城内新建了一个校区;北京师范大学附属实验中学分校则完全将原有校园建筑推平,在原校址上重新建设了一个校园。另外,通过合作实现资源共享是转制学校办学的经验之一。尽管转制学校与所依托的重点中学均为独立法人,且财务独立,但从调查情况看,这些学校很难做到完全的独立,转制学校大多数都依托重点中学的品牌、师资和管理甚至校园、设施。例如自从转制以来北京师范大学附属实验中学分校学生基本上一直在北京师范大学附属实验中学校园中学习,教师的待遇与实验中学教师也完全一致,"只是经费来源不同而已"(访谈教师之语),这也在很大程度上稳定了教师的情绪,增强了对教师的激励。没有依托重点中学的学校也在积极寻求其他的合作伙伴,例如北京十一学校合并了民办建华实验学校,建立了十一培训学校,并利用这两所学校为纯民办学校的诸多优势,在教师聘用、学生选拔等方面寻求政策空间和办学优势。例如政策规定转制学校不能利用考试选拔学生,十一学校则明确提出学校认定以上两所学校为生源推荐单位,大多数学生都必须经过这两所学校的培训、考试和选拔,这样不仅实现了考试选拔的目的,还为学校多增加了一份办学收入;华夏女子中学与众多国外的女校建立了联系,希望借鉴和利用国际上女校的办学经验;徐悲鸿中学则与徐悲鸿艺术学会合作,依托该学会在全国的影响,在招生、学生升学、资金筹措等方面发挥积极的影响。

(三)招生策略和生源保证

学生是学校的培养对象,也是教育的"原材料",其基础和质量将在很大程度上决定培养成本、学生成绩和学校的声誉。因此,不论是转制学校还是公办学校、民办学校,都在各尽所能地招收"最好的生源",许多学校甚至冒着违背政策的风险,也有学校自愿压低学费水平。对于转制学校而言,生源也是财源,因此转制学校通常都会尽可能扩大招生规模。

根据对北京市案例学校的调查,转制学校通常都会利用以下一些招生策略:

---

① 文东茅,刘大立.从经费收支状况看"民办公助"学校的发展.教育科学研究.2001(11)

1. 跨区招生。北京市初中基本上实行在本区范围内就近入学或电脑派位政策,但转制学校可以有一部分指标在全市范围内招生,有的转制学校甚至可以全部在全市范围招生,这就吸引了许多外区的可能被派位到较差学校的学生报考。有些学校为此建立了寄宿部,以满足跨区择校者的需求。

2. 提前招生。在各个地区,初中和高中招生考试都有一定的时间安排,例如北京市 2006 年初中学校的招生时间安排为:5 月 27—28 日为体制改革学校、外语试验学校初步录取学生时间,而 6 月 13—15 日才进行学校毕业考试,7 月中旬才公布公办学校录取结果。这种安排使转制学校可以比公办学校早半个月进行招生。实际上,转制学校通常在 4 月初就开始接受招生咨询(例如,北京十一学校每年从 4 月份开始把每个周末都设为招生咨询开放日),在 5 月底录取完毕。由于比公办学校录取时间早,吸引了一些没有把握上重点中学的学生。为此,也产生过一些争论,例如,有一所转制学校要求被录取的学生马上交 1 万元定金,并且规定违约者需交 30%违约金,部分学生之后又考上了公办学校,但不愿意交违约金,于是产生了与该学校的法律纠纷。

3. 考试招生。按照北京市的要求,公办初中不允许自行通过考试或各种竞赛招收学生,近年来对转制学校也提出了同样的要求。但一些转制学校的做法是借助社会化的培训机构进行测试(教育行政部门无法要求这类机构不进行测试),并以该测试成绩作为录取参考依据。北京十一学校的做法就是通过其民办的十一培训学校每年举办"小学生综合素质强化班",在这个培训班进行测试,录取其中成绩优秀者。还有的学校则自己举办"小学生数学竞赛"等各类比赛,并以竞赛成绩作为部分学生录取的依据。

4. 免费或减费录取。为了获得部分最好的生源,一些学校给学生减免学费,例如北京十一学校在每年录取的学生中,综合素质测试成绩最好的 80 人将免费;在北达资源中学和实验中学分校,本来都可以进一步提高学费水平,但学校考虑到目前的经费收入已经"够用",因而一直没有进一步提高学费水平,以此来吸引更好的学生。

5. 举办各种试验班。"试验班"三个字也可以吸引许多学生,音乐、体育、计算机、数学等众多名目的试验班不仅是转制学校吸引学生的做法,甚至公办学校也一样。在笔者所调查的一所重点中学分校,每年招收 10 个班,但有 7 种不同的招生分班方式。

6. 不接受派位生。北京市小学升初中的入学方式有十多种,但按被调查师生的说法,只有那些成绩不突出、没有任何特长、也没有钱和"关系"的学生才被动地接受"电脑派位"和"就近入学",因此这批学生甚至成了"差生"的代名词。许多重点中学都不接受派位生,转制学校也基本上不接受派位生。

三、转制学校的影响

学校转制是作为一种改革尝试在全国推行的,试验进行了十年之久,已经十分必要系统地分析评价其所取得的效果和达到的目标的状况。笔者认为,转制学校的影响主要包括以下几方面:

（一）对政府的影响

有关转制学校的一个主要争论是:谁想转制?谁在其中获益?对此很难作一个简单的回答。但是有一点是非常明确的,即通过转制,为政府减少了教育财政支出。由于学校转制,政府可以不再对这些学校拨款。以北京市为例,2005 年北京市生均预算内教育经费(包括事业费和基建费)为:普通初中 9 087.89 元;普通高中 14 005.66 元,中学平均为 11 175.08 元[①],若以 50 所转制学校,校均 1 000 人,共 5 万学生计算,意味着北京市各区县每年合计可以减少 5 亿元的教育拨款,或者可以说,如果这些学校都转回为公办学校,意味着政府需要每年增加拨款 5 亿元。这些经费目前主要都来自学生家长,所以这些学校的家长是转制成本的承担者。如果转制学校的质量足够高,则这些家长和学生也是学校转制的受益者。而问题在于,如果政府只是简单地减少教育经费支出,对那些没有经济能力的学生而言,一方面意味着不可能接受这些学校的教育,另一方面,可能由于近邻学校转制而不得不到更远的、较差的学校"就近入学",不仅增加了学习成本,也降低了受教育的质量。如果政府将"节省"出来的教育经费用于改造薄弱学校,将可望使薄弱学校和所有公办学校的质量得到提高,使不能到转制学校就读的学生也受益。但很难判断政府是否如此选择,因为随着经济的增长,公共教育经费总量和生均财政性教育经费都在逐年增长,难以确定这种增长多大程度上得益于部分公办学校转制。因此,对于政府批准或推动的学校转制就有两种不同的评价:一种观点认为政府是在积极改革,通过吸收社会资金发展教育,并将节省的教育经费用于改造薄弱学校;另一种观点认为是政府在推卸责任,尤其

---

① 教育部财务司,国家统计局社会和科技统计司.中国教育经费统计年鉴.北京:中国统计出版社,2007,487—492.

是推卸实施义务教育的责任。由于学校转制大多数发生在小学和初中阶段,而且其中许多学校都是重点学校的初中部,这就意味着有很大一部分优质的公办教育机会被转制为只有花钱才可以获得的非公办教育机会,使政府提供的义务教育机会减少。由于转制学校的主要特点是"收费",许多学校在校园、师资、课程、管理等方面特色并不明显,因而这类学校甚至被称为"翻牌学校"、"假民办学校",被归为"教育乱收费"的一种,不仅民办学校不满意,没有从这种学校转制改革中直接获益的老百姓也不满意。

(二)对学生和家长的影响

学生家长可以分为两类:一类是已经在转制学校就读的学生家长,另一类是没有机会在转制学校就读的学生家长。根据笔者1999年参与对北京市30所转制学校1 116位家长和15所公办学校346位家长对子女所就读学校满意度的对比调查,转制学校家长对学校整体评价"很满意"或"满意"的比例达到了85.0%,而公办学校相应的比例只有52.8%,转制学校家长对学校管理工作、教学工作、教师教学水平、教师教学态度的满意度都在80%以上,而公办学校相应的比例都在60%左右。可见,尽管需要缴纳更多的学费,并由此而导致家长提高了对学校的期望值,但转制学校家长对学校工作给予了更充分的肯定。

然而,学校转制的影响不仅限于转制学校的"顾客",转制学校家长的评价也只能代表一部分可能是既得利益者的评价。从所获得的资料看,北京市所有学校的转制,都是通过学校申请、政府批准完成的,没有一所学校的转制是经过所在学区家长投票认可的。学校的转制总会导致所在学区的部分学生失去就近入学的机会,对此他们没有发言权,也得不到任何补偿。如果转制的学校是一所比较好的学校,则意味着其附近居民子女以前有可能免费入学,现在则需要交费入学,这对于有支付能力的家长而言尽管是一种类似市场交易的"市场公平",但家长们多少会心有不甘;而对没有支付能力的家长而言则是一种教育机会的剥夺,他们的子女将因转制而失去原本可能拥有的受教育机会,是一种明显的教育不公。在此方面,政府也没有提出有力的补偿措施。如强制要求转制学校免费接收足够数量所在学区就近入学学生,自然会减少这些家长的不满。

学校转制更广泛的影响在于加剧社会的择校热和择校恐慌。由于部分学校转制,尤其是重点中学初中部转制,使得部分地区优质教育资源更为缺乏,而择校可以扩大学生选择学校的范围、可以增加被提前录取的机会,自然会导致更多的学生家长以钱择校(包括在民办学校择校,在公办学校通过赞助费等择校,在转制学校择校)。北京中小学招生程序通常是特长生和转制学校先招生,公办学校的电脑派位和就近入学最后确定,这样,学生得知自己被派到较差学校时已经没有机会到转制学校就读。为了不至于出现后一种情况而陷入完全被动状态,许多家长都想办法让子女先择校,于是出现人人恐慌、人人择校的现象,社会对教育的不满由此而加剧。

从学生家庭背景看,根据笔者1999年参与的调查,在对比北京30所转制学校1 116名学生和15所公办学校346名学生家庭背景后可以发现,在公办学校,学生父亲中具有专科及以上文化程度者占34.7%,而转制学校该比例达到50.5%;公办学校学生家庭人均年收入为7 480元,而转制学校为9 463元;在平均家庭人口数几乎相同的情况下,公办学校学生家庭平均住房面积为46.26平方米,转制学校为59.91平方米。这些数据都表明,转制学校学生家庭社会、经济状况明显强于普通公办学校。由此也说明,以收费和择校为特点的转制学校更多的是给了社会优势群体教育选择的机会。

(三)对学校系统的影响

转制学校对教育系统可能产生许多积极的影响,例如盘活闲置教育资产、节省政府教育经费、吸纳社会资金办学、促进中小学人事分配制度和教育教学改革、加速薄弱学校建设、配合高中规模的扩大,等等。例如,在1996—1999年的四年间,虽然北京市政府减少甚至停止了对35所转制学校的财政拨款,但这些学校吸纳了2.8亿元的社会资金进行校园建设,使所有转制学校的基础设施都普遍有了明显改善;由于提高了教师待遇,也吸引了一批优秀教师,学校的办学质量得到了提高。

转制学校作为公办学校改革的一种形式,自然会对其他公办学校产生影响。确实有不少转制学校通过自己的努力取得了明显的成功,如北京十一学校;还有一些学校办出了自己的特色,如北京市华夏女子中学和徐悲鸿中学。但需要思考的是:这些学校的成功是否可以推广?如果没有转制,这些学校能否取得类似的成功?对此的回答可能需要因校而异。首先,从整体上说,由于转制学校是需要收费的,这就意味着供求关系和价格因素在其中会起作用,在相同的学费水平上的需求是一定的,转制学校多了则很可能意味着有一部分学校招不到足够的学生。实际上,目前大多数转制学校之所以能比较成功,主要得益于我国公办学校办学质量参差不齐,优质教育和特色化教育需求得不到满足,而且政府对转制学校数量的控制使得已经转制的学校提供的择校机会"物以稀为贵",从而可以保证在较高收费水平下招收足够数量和质量的学生。从个案的角度看,有些学校如北京十一学校的成功取决于许多独特的因素,如有能力的校长、丰富的办学资源、独特的办学措施等,但不是每一所学校都会有这样的校长,也不是每一所学校都可以提前招生、收取赞助费、拥有足够的办学资源。另外一些学校,如北京师范大学附属实验中学分校,其成功的重要因素也在于拥有原实验中学初中部的师资,与实验中学共享教学资源等,但这些资源是不可复制、不可稀释的。因此,不论从整体上看还是从个案上看,转制学校都不具备大范围推广的可行性。转制学校的反对者甚至认为,由于转制学校中很大一部分是重点中学的初中部转制,表面上看是盘活了教育资源,改造了薄弱学校,而实际上是减少了一所好的公办学校。转制学校提前招生争夺生源、用高薪从公办学校选聘优秀教师等做法也会在一定程度上降低公办学校的办学质量。

转制学校作为一种特殊的"民办"学校,对其他民办学校也会产生直接的影响。在政策不统一、不明确的情况下,转制学校的出现对民办学校是一个致命的打击,因为转制学校拥有公共资助的校园和部分公办教师、公共经费,因而可以在较低的学费水平上运转,在生源市场中具有明显的价格优势;由于有一定的"公"的成分,有公办学校的声誉,转制学校可以获得更多的社会信任。从一定意义上说,转制是民办学校的替代物,如果没有转制学校,可以为纯民办学校留下更多的发展空间,由此也可以在一定程度上减轻政府的财政压力。而如果是由纯民办学校分担财政负担、缓解择校压力,所引发的教育不公问题和社会不满现象则可能会轻得多。

转制学校确实有利有弊,但不可否认的是,在最近几年,人们已经开始倾向于忽视转制学校可能和已经产生的正面影响,更多的转而批评、指责其带来的负面影响。转制学校办学的制度环境甚至合法性基础都已发生了重大变化。

第二节　转制学校的合法性危机与重建

一、转制学校的办学环境变化及其影响

转制学校发展过程中,外部环境曾经为其发展提供了较为有利的条件:

第一,从1995年开始,全国启动了高中示范校建设工程,旨在重点建

设一批具有试验性、示范性的高中,扩大高中优质教育资源,解决高中办学资源瓶颈问题。为此,当时就形成了一种认识:要办示范高中就必须初、高中分离。1998年11月,教育部印发《关于加强大中城市薄弱学校建设,办好义务教育阶段每一所学校的若干意见》的通知也提出:"要将是否帮助扶持薄弱学校建设,作为评估示范性高中的重要内容之一。每所重点学校和办学水平较高的学校必须承担帮、带一所或几所薄弱学校的任务,支持和帮助这些学校逐步提高办学水平。"因此,为了达到示范校评估办学资源条件的要求,许多学校都停止了其初中部的招生;同时,利用原有初中部的师资接受并通过转制的方式改造一所薄弱学校,一举多得,既扩大了举办示范校所需要的办学空间,又解决了初中部教师的安置问题,还借此承担了扶持薄弱学校的任务,有些学校甚至通过改制和收费增加了办学经费。在笔者调查过程中,多位被访者均表示,由于建立示范校过程中一大批重点中学停止招收初中生,使许多优秀生源不得不到转制学校和民办学校就读,这对改进这些学校的质量、提高其声誉起到了非常重要的作用。

第二,"就近入学"与"电脑派位"政策对转制学校的生源也具有重要的影响。由于强制性地要求学生就近入学,或者进行电脑派位,再加之公办学校资源和办学质量参差不齐,许多家长便有了以下一些选择:或者通过各种方式到重点公办学校择校,或者到高收费的优质民办学校择校;或者是到质量、声誉较好的转制学校交费上学。按照一位家长的说法:"只有既没钱没关系,又没有能力特长的学生才接受电脑派位。"北京的电脑派位政策在2000年左右执行得比较坚决,但此后遇到了很多困难,由于担心被派到薄弱学校,大多数家长不愿被动接受命运的安排;大多数重点学校也不愿意接受电脑派位的学生,认为这些学生从整体上看质量较差;由于重点中学的"派位生"指标少,就更加剧了家长的择校热,其中也包括对转制学校的选择。可见,转制学校是"电脑派位"政策的受益者之一。

第三,家长对转制学校具有强烈的需求。在教育市场,是否有足够的有付费能力的教育需求者是转制学校能否获得足够生源和办学经费的关键。在我国绝大部分地区,公办学校办学质量和办学条件参差不齐,因此,家长的选择顺序通常是:先上免费的公办重点中学;再上费用居中的转制学校或者花钱择校上公办重点中学;在经济能力许可的情况下上纯民办学校;在没有选择的情况下最后接受电脑派位上普通公办学校。一位校长认为,家长们是"在尽力为子女选择他们认为最好的教育,但却不是尽力为子女选择最合适的教育"。教育需求是一种可以支配的需求。在北京等大中城市,"如果夫妻双方都有正常的工作,每年为子女缴纳5000元左右的学费应该不构成负担"(访谈中一位校长的话)。根据李金初等人对北京市十一学校、北京师范大学附属实验中学分校、北京市五中分校353名学生家长职业的调查发现,这些学生家庭大部分属于社会工薪阶层,其中父亲职业为机关、事业单位的占42%,三资企业人员占14%,军人占12%,工人、农民合计占6%。① 如果说社会的普通工薪阶层都有能力负担转制学校学费的话,质量较好的转制学校在招生市场就处于"卖方市场",由于存在大量有支付能力的需求,它们都可以通过考试等方式选择学生。在北京师范大学附属实验中学分校,校长就认为转制收费后,学生的质量基本上没有下降。可见,大量的教育需求是转制学校发展得非常有利的外部环境因素之一。

第四,由于我国各地区社会经济发展不平衡和教师经济收入、发展机会的差异,使得北京、上海等大城市转制学校在利用灵活的用人机制高薪聘请其他地区教师时有巨大的优势,而省会城市转制学校在聘用其他县、市教师时也同样拥有巨大的优势。这也是转制学校能拥有较高水平师资的重要原因之一。

但是,近几年,外部环境中许多因素都在发生着悄然的变化,并对转制学校的经营方式提出了巨大的挑战:

首先,竞争对手在变化。在转制学校改革之初,由于有大批重点中学初中部停止招生,转制学校面临的竞争对手主要是民办学校和没有转制的公办学校。由于民办学校收费水平较高,而且历史较短,声誉也没有完全确立,因此对转制学校构成的竞争力并不强;而经过转制之后,公办学校重点初中的招生数量大大减少,拥有重点中学师资和"分校"声誉的转制学校在家长们眼中自然成了重点学校的替代品,普通公办学校也难以与之竞争。但在通过建设示范校评估之后,不少重点高中逐渐发现,不办初中对于学校发展具有重大的不利影响,举办"自己的初中"不仅可以有效获得一批优秀生源,也有利于从初中开始全面规划学生的学业,培养具有本校"个性"的学生。因此,从2002年之后,北京大多数示范高中如人大附中、北大附中、四中、八中等都陆续开始恢复或扩大了初中招生,这又使转制学校在生源上遇到严峻的挑战。

其次,公办学校的办学经费优势正在逐渐丧失。在转制学校改革之

---

① 李金初,马宏欣.公办学校体制改革的基本形式——国有民办制.见北京市教育委员会编.中小学"民办公助"办学体制改革理论探讨与实践.北京:人民日报出版社,2000,137.

初，由于政府拨付的生均教育经费较低，例如，1999年北京的初中生均为3 000元左右，而转制学校可以向学生每年收取5 000—7 000元的学费，因而转制学校的生均经费远远高于公办学校。利用这种优势，转制学校可以把更多的经费投入到基本建设中，可以用更高的工资水平聘请教师。但这种优势正在逐渐丧失。在2006年的调查中，一位校长算过另外一笔账：一所1 000名学生的学校，需要教师100人左右，按北京的工资水平，再加上各种保险等，人头费每年需要500万元，再加上各种日常性经费200万元，以及基建、修缮费等100—200万元，合计为800—900万元，即公办学校生均经费应该在8 000—9 000元之间。而转制学校仍然只能每年向每位学生收取5 000元学费，转制学校在经费上已经失去了优势。

在此情况下，部分转制学校不得不铤而走险，在不突破政府规定的学费标准的情况下，想方设法收取赞助费、共建费、捐资助学费等其他费用，使其收入来源也出现多样化趋势，并由此而继续保持对公办学校经费上的优势。例如，笔者所调查的一所转制学校，其每年学杂费为8 000元，"由于学费较低，每年收取适当赞助费"（该校招生广告用语），而这笔赞助费是每人3万至5万元，如此算来，三年当中学生每年的学费平均为1.8万元，显然高于公办学校的政府拨款，甚至高于许多民办学校。而另一所比较有影响的转制学校（重点中学分校）的做法则是与某些重点单位"共建"，接受这些单位人员子女入学，同时获得由这些单位提供的远远高于相应数量学生学费总额的"共建费"。但是随着政府对各类学校（包括转制学校）管理力度的加大，学校在收取学费、赞助费以及提前招生等方面都受到了更大的限制，上述行为随时有可能被宣布为"乱收费"而受到惩罚。因此，如果目前的招生和收费政策不变，转制学校必然会面临经营管理的危机。

二、转制学校的合法性及其危机

转制学校是在1992年邓小平"南巡"讲话之后，受经济领域进一步市场化的影响而出现的一种旨在引入市场机制办教育的民营化尝试。与世界其他国家公立学校民营化的初衷一样，我国公办学校的转制也是为了追求办学的高效率。与美国的特许学校和英国脱离地方政府管理学校不同的是，我国的改革者更大胆，转制学校所承诺的是在不接受政府财政资助的情况下将学校办得比公办学校更好。少数转制学校也确实做到了这一点。但是，即使转制学校可以在不接受政府资助的情况下生存和发展，这种以效率为基础的合法性也开始受到质疑。

(一)合法性及公办学校转制试点的合法性

合法性(legitimacy)是指某种政治统治、秩序、政策以及社会组织受到社会成员接受和认同的状况。对合法性的研究具有悠久的历史。有人认为,"自国家产生以来,统治秩序问题何以巩固,统治权力何以持久,就一直是历代统治者为之殚精竭虑的难题,也是思想家视域中的一个核心问题。这一问题在当代政治学语境中即是政治合法性";①也有人认为,"社会学理论对合法性问题的探讨,可以追溯到马基雅维利和卢梭有关公共权威起源问题的论述。"②不过,学术界公认首次明确提出合法性概念并对其进行系统研究的是德国社会学家马克思·韦伯(Max Weber,1864—1920)。韦伯主要是从政治统治的角度来论述国家的合法性。他认为统治的关键在于人们对秩序和命令的服从,而发自内心的服从需要建立在对统治者统治的信仰基础之上。因此,任何统治者都会极力标榜、宣传自己统治的合理性并形成民众对其统治的合法性的信仰,在他看来,"没有任何一种统治自愿地满足于仅仅以物质的动机或者仅仅以情绪的动机或者仅仅以价值合乎理性的动机,作为其继续存在的机会。毋宁说,任何统治都企图唤起并维持对它的'合法性'的信仰"。③他从经验研究的角度发现,"统治(权威),在具体情况下,可能建立在服从的极为不同的功能之上,从模糊的习以为常,直至纯粹的合理性的考虑。任何一种真正的统治关系都包含着一种最低限度的服从愿望。"④据此,他划分了权威的三种理想类型:第一种是"传统型"权威,主要基于相信历来适用的传统的神圣性;第二类是"魅力型"权威,又被称为卡里斯马(Charisma),是基于对领袖非凡魅力的崇拜和信任而产生的对统治的服从;第三类是建立在相信统治者制定的法律、制度和命令具有合理性并愿意遵守基础之上的"法理型"权威。在韦伯之后,许多著名社会学家如帕森斯(Talcott Parsons,1902—1979)、阿尔蒙德(G. A. Almond)、布劳(Peter Blau)、李普赛特(S. M. Lipset)等都沿循经验主义的范式对合法性问题进行了研究。而当代西方马克思主义思想家哈贝马斯(J. Habermas)则对韦伯经验主义的合法性研究提出了尖锐的批评,并从规范主义的视角发展了对合法性的研究。哈贝马斯认为,"合法性意味着,对于某种要求作为正确

---

① 张娟,习裕军.政治合法性理论研究在西方:一个文献综述.中州学刊.2007(1)
② 孙龙,邓敏.从韦伯到哈贝马斯:合法性问题在社会学视野上的变迁.社会.2002(2)
③ 马克思·韦伯.林荣远译.经济与社会.北京:商务印书馆,2004,239.
④ 同上,238.

的和公正的存在物而被认可的政治秩序来说,有着一些好的根据。一个合法的秩序应该得到承认。合法性意味着某种政治秩序被认可的价值。"①因此,政治秩序和法律规范要得到持续的信任和权威,就必须证明并公开申明其公正性和合理性。哈贝马斯的合法性理论弥补了把合法性构筑在单纯的经验分析与心理认同的经验主义合法性理论的不足,而强调政治秩序应该以本身的正义性和真理性去赢得大众的信仰、认可和忠诚,从而揭示了现代社会合法性的建构所应当具有的价值关怀和旨趣。②

转制学校作为政府批准的教育改革试点,从一开始就存在争议,为此,政府也必须为其寻求合法性的依据。在改革之初,北京市教育行政部门也看到:"一些舆论认为,'民办公助'学校不但在节约国家有限财政经费的前提下保证了教育教学质量,也给学生和家长提供了选择理想学校就学的机会。也有一些舆论认为,'民办公助'学校不应该提倡,因为这类学校在录取新生的时候,'既要分数又要交钱',违背了义务教育的原则。"③为此,政府尝试从不同方面寻找这种改革的合法性依据,以打消转制学校校长、教师和家长的疑虑,增强他们改革的信心,增进社会对改革的支持。以下以北京市教委有关表述为例,分析政府在改革之初为学校转制试点提供的合法性依据。

1. 法律和政策依据。作为地方政府,其推动和支持的改革如果能得到国家法律和中央政府的明确认可,便可以获得一种韦伯所述的"法理型"权威。北京市政府就列举了《中华人民共和国宪法》《教育法》关于国家鼓励民办教育的法律条文,更是具体引述了《国务院关于〈中国教育改革和发展纲要〉的实施意见》的精神:"基础教育主要由政府办学,同时鼓励企业事业单位和其他社会力量按国家的法律和政策多渠道、多形式办学。有条件的地方,也可以实行'民办公助'、'公办民助'等形式",还引述了国家教委《关于规范当前义务教育阶段办学行为的若干原则意见》中的表述:"各地在义务教育阶段办学体制改革中,可依实际情况实行'民办公助'、'公办民助'、社区参与、举办民办学校等多种形式。"根据这些文件,北京市教委认为,"北京市基础教育领域的'民办公助'办学体制改革实验是依据国家的法律法规及有关政策进行的。"④

---

① 哈贝马斯.交往与社会进化.重庆:重庆出版社,1989,184.
② 张娟,习裕军.政治合法性理论研究在西方:一个文献综述.中州学刊.2007(1)
③ 北京市教育委员会.中小学"民办公助"办学体制改革理论探讨与实践.北京:人民日报出版社,2000,4.
④ 北京市教育委员会.中小学"民办公助"办学体制改革理论探讨与实践.北京:人民日报出版社,2000,26—27.

2. 历史和国际经验。为佐证"民办公助"办学体制的合法性,北京市教委援引了历史和国际比较的材料作为依据:"以我们掌握的材料看,'民办公助'一词最早提出是在抗日战争时期。""后来在解放战争时期,新解放区的小学与老区一样实行'民办公助'";[1]"在其他一些国家和地区,有关办学体制改革的做法很多,诸如:公校私营、资助学校、租赁制学校、私校公助、教育凭证等等,与'民办公助'有类似之处"。[2] 通过这些表述,可以认为政府是试图获得马克思·韦伯概念中的"传统型"权威,其含义是:尽管对学校转制的评价不一,但历史上就有,国外也很普遍,现在进行"试点"总该是可以的。

3. 领导视察与认同。高层领导的言行通常具有某种类似韦伯概念中的"魅力型"权威,尤其在我国各类改革试点阶段,在社会评价和改革方向不明朗的情况下,领导人的表态是一种重要的合法性依据。在北京市教委论述改革试点的合法性时,也充分利用了这一点:"各级领导也对此项改革十分关心。仅从1998年秋季至今,市教委接待了全国人大副委员长许嘉璐率领的调研组……(多次)对北京市基础教育'民办公助'办学体制改革的调研和考察……特别是1999年10月,国务院总理朱镕基和副总理李岚清对我市'民办公助'办学体制改革作出了重要批示,这更极大地鼓舞了参与改革的同志们锐意改革、深化改革、完善改革的勇气和决心。"[3]

4. 调查显示转制学校的绩效。绩效是政府获得合法性的基础,只有更好地满足人民物质和文化的需求,才能更好地证明政府制度与政策的正确合理性,正因为如此,我们才认为"发展是硬道理"。罗斯切尔德的研究甚至发现,一个起初不具有合法性的政治体系如果能长期满足成员的需要和利益,也可以赢得统治的合法性;但一个完全拥有统治合法性的政治体系,如果长期表现得昏庸无能,也会慢慢流失与耗尽其统治的合法性。[4] 在经历了三年的改革试点之后,北京市教委曾组织力量,对转制学校改革现状和成效进行调查。从调查报告看,当时的结论重点强调了以下方面:这些学校在政府逐渐减少甚至停止财政拨款的情况下,能够有效地筹集资金促进学校发展,学校财务状况良好;没有出现国有资产流失现象;各学校都进行了不同程度、不同方式的教育教学改革,提高了教学

---

[1] 北京市教育委员会.中小学"民办公助"办学体制改革理论探讨与实践.北京:人民日报出版社,2000,55.

[2] 同上,7.

[3] 同上,41—42.

[4] 转引自张娟,习裕军.政治合法性理论研究在西方:一个文献综述.中州学刊.2007(1)

质量,学生家长和教师满意度较高;通过学校转制,成功地改造了一批薄弱学校,推动了中小学人事、分配制度的改革,配合了普通中学的结构调整和国有大中型企业的改革。①报告甚至还突出了转制学校对教育公平的促进,"在'民办公助'学校,对于家庭困难和成绩突出的学生,学校都给予了一定程度的(学费)减免。在所调查学校中,有16所提供了减免情况,共向423人减免学杂费225.1万元。"②

通过这些合法性的论证,北京市教委当时提出的进一步改革建议是:明确目标,适度发展;深化改革,分段推进;认真研究,加强规范,促进发展。而基本的观点是进一步支持改革:"市教委在制定下一步政策时应以发展为最终目标,保持政策的连续性,不宜有大的政策起伏。"③但是,政策环境的迅速变化并不是北京市教育行政部门所能控制的,转制学校的合法性很快就出现了危机。

(二)政策变化与转制学校合法性危机

合法性是对政治统治、制度和政策等的认同,这种认同的程度受特定时期社会政治经济制度的影响,也受统治者执政基础、执政能力、执政绩效的影响,还受一定时期社会价值观念的影响。如果上述条件发生变化,导致社会对特定统治或制度和政策的不信任、不支持以至于统治无法继续维持时,就出现了"合法性危机"。

转制学校的合法性危机首先来自中央政策的变化。从相关文献可以看出,在宏观政策方面,我国政府关于公办学校转制的政策有一个从支持试点到限制整顿的过程。1994年《国务院关于落实〈中国教育改革和发展纲要〉的实施意见》指出:"基础教育主要由政府办学、同时鼓励企事业单位和其他社会力量按国家的法律和政策多渠道、多形式办学。有条件的地方,也可以实行'民办公助'和'公办民助'等形式。"1996年《全国教育事业"九五"计划和2010年发展规划》也提出:"现有公办学校在条件具备时,也可酌情转为'公办民助'学校或'民办公助'学校。"但是,到1998年,国务院办公厅转发教育部《关于义务教育阶段办学体制改革试验工作若干意见的通知》,态度就已经发生了变化,其中指出:"义务教育阶段公办学校办学体制改革要从严控制……各地要抓紧治理'校中校'、'校中民办班'或'一校两制'等不规范的办学行为。"2003年《民办教育促

---

① 北京市教育委员会.中小学"民办公助"办学体制改革理论探讨与实践.北京:人民日报出版社,2000,42—44.

② 同上,36.

③ 同上,101.

进法》则更明确地规定:"实施义务教育的公办学校不得转为民办学校"。到2006年,教育部对"转制学校"的治理开始变得更直接和严厉,教育部等七部委《关于2006年治理教育乱收费工作的实施意见》明确指出,要"坚决制止以改制为名乱收费,进一步规范公办学校办学行为……加强对办学体制改革工作的领导,全面停止审批新的改制学校和新的改制学校收费标准。进一步规范义务教育办学行为,对以改制为名乱收费的学校进行全面清理。公办学校凡改制为民办学校的,必须符合'四独立'原则,否则要停止招生。严禁搞'校中校'、'一校两制'和以改制为名乱收费。"①从上述文件可以看出,中央对转制学校的认识已经从"社会力量办学"和教育体制改革的一部分,转向重点强调其可能的"乱收费"性质,要求停止试点,已经试点的学校要清理整顿。

由于失去了"法理型"权威,地方政府已经失去了继续支持学校转制的最主要的依据。因此,北京市教委提出从2006年起"将不再审批新的体制改革校,另外根据各区教育资源分布情况,逐校具体清理改制校的资产属性和办学性质,今后清理的基本思路是明确这些学校'公办'还是'民办'的身份。"②其他省(市,自治区)也采取了类似的政策:"各地纷纷采取强硬政策整顿高收费的'改制学校'。2006年初,上海市20所公办'改制学校',10所恢复为公办学校,两所撤销建制并入公办,4所改为民办,4所结束办学。从2006年秋季开始,天津市改制的小学已经全部停止招生,79所改制初中已有24所停止招生,其余在3年内停止招生。沈阳市35所民办公助中小学全部恢复为公办性质……"③由此看来,转制学校已经从"合法"改革变成了"非法""乱收费"的罪魁祸首之一。这种强烈的合法性危机便迅速导致了全国性的停止、清理整顿转制学校的浪潮。

按照哈贝马斯的观点,在现代理性社会,"合乎法律"本身并不能成为获得合法性的充分条件,只有被认为是公正合理的法律和政策才会获得社会的认同。因而,在转制学校问题上,中央的政策也必须证明有充分的合理性,否则也不会得到地方政府和社会的支持。那么,中央政策为什么会发生这种政策的转变?地方政府为什么会支持这一政策?笔者认为,可能主要是基于以下合法性的考虑:

---

① 《教育部等七部门关于2006年治理教育乱收费工作的实施意见》教监[2006]6号, http://www.edu.cn/20060511/3189539.shtml

② 罗德宏.北京部分名初中有望停止收取学费.北京晨报.2006.3.28,http://www.edu.cn/20060328/3181491_3.shtml

③ 杨东平主编.2006年:中国教育的转型与发展.北京:社会科学文献出版社,2007,7.

第一,政府在教育中的责任被重新强调,学校转制的"合法律性"受到了更高层次法律的置疑。在实践中,人们逐渐认识到了学校转制并不仅仅是通过改革提高教育质量,而是通过转制使原本应该免费或低收费的公办学校"合法"地收取高额学费。这实际上是转制学校与地方政府的"合谋":通过转制,学校可以获得高于普通公办学校生均拨款的学费收入;而地方政府可以减少教育经费支出,减轻财政压力。但是,《中华人民共和国义务教育法》明确规定:"地方各级人民政府应当合理设置小学、初级中等学校,使儿童、少年就近入学"(第九条),"国家对接受义务教育的学生免收学费"(第十条)。所以,在转制学校,家长们会认为自己被迫交纳高额学费才得以让子女到原本不需要交费的学校上学,因而并不会简单因有中央政策和国际经验支持而不加判断地认为学校转制合理,相反,家长们有理由认为学校转制实际上是地方政府在以"改革"为名推卸教育(包括义务教育)的责任。在我国这样一个有着长期政府办教育历史的国家来说,让学生交费上原本一直免费的公办学校,既违背法律,也不符合传统。当家长认识到"为政府节省财政经费"并不构成学校转制的合法性基础,而为公民提供免费就近入学机会是政府责任时,自然会对政府推动的学校转制改革产生抱怨。这会对政府形象造成极大的伤害,甚至导致社会对政府的信任危机,中央政府自然不会允许这种现象的蔓延。

第二,主流价值观从"效率"到"公平"的转变导致转制学校合法性依据的改变。从试点转制学校到现在的十余年时间内,我国政治和社会价值观已经发生了巨大的变化,在20世纪中后期,主导的价值观念是实行市场经济以提高社会效率,宣传的是"减员增效、下岗分流",因此,作为在教育领域引入市场机制改革尝试的学校转制,也得到了宏观社会环境的支持。但是,在最近几年,主导的价值观念已经转变为"科学发展观"和"建立和谐社会",教育公平因被认为是促进社会和谐的重要途径而成为相关政策强调的重点。而以"收费"为突出特征的学校转制,被认为是"以钱择生",将没有支付能力的贫困家庭子女拒之门外,是一种明显的教育不公。因此,即使转制学校确实有办学绩效,也会因人们认为其伤害了"教育公平"而被否定。

第三,转制学校的办学绩效本身受到质疑。学校办学绩效的评定是非常困难的。尽管转制学校都认为自己通过改革提高了办学效率,提高了教育质量,但家长、社会和其他学校师生则更多地看到了转制学校部分具体可观察的"不规范"办学行为,如提前招生"掐尖"、通过免费吸引优秀生源"作秀"、通过"挖墙脚"吸引其他学校的优秀教师等。这必然会冲淡对转制学校改革成效的正面评价,使转制学校"办学绩效"这一合法性基础也变得更为脆弱。

正因为学校转制改革已经出现了这些合法性的危机,地方政府也不得不接受中央政府的决定,停止或"收回"这些转制学校,并重新对其进行财政资助。当然,还有一个因素也不可忽视,即由于近年适龄儿童减少,而且随着经济快速增长,政府财力大大增强,许多地方政府已经有足够的财力承担这部分教育经费。

三、转制学校的前途与合法性重建

由于上述原因,目前全国已经停止审批新的转制学校,对于已经转制的学校如何处理,通常的做法也是"不进则退",即这些学校或者转为纯民办,或者退回为公办学校,使所有的学校被清晰地归为非此即彼的两类:"纯公办学校"和"纯民办学校"。笔者认为,从行政管理的角度看,这种政策确实可以通过简单地"消除"转制学校的方式使问题得到解决。根据这种政策,不同类型的转制学校可能会从以下处理中找到自己的归属:

第一,将没有社会资金投入的"翻牌"转制学校转为政府全额拨款的普通公办学校。不论转制之前是重点中学还是薄弱学校或者是二者的结合,对于学校而言,回归到公办学校都不会有太大的阻力,因为从经费的角度看,目前政府对公办学校拨付的人均教育经费已经达到甚至超过了转制学校的学费水平,如果不向学生收费而能得到同样的经费支持,只会减轻学校的办学压力,提高生源质量;对这些学校的教师而言,在这样一个就业竞争日趋激烈的时代,回到公办学校能让自己的"铁饭碗"更牢固,也不失为一条喜讯,自然只会支持而不会反对;对学生而言,能免交学费而接受相同的教育,就更没有反对的理由了。

第二,将主要由社会资金投入举办的学校转变为民办学校。例如,将由房地产开发商投资建设的"转制学校"按照民办学校的要求重新登记,允许这些学校按民办的标准收费,依照民办教育相关政策进行管理。其中的原公办教师可以自主选择,或者改为民办教师身份留在目前学校,或者保留公办教师身份由政府重新安排到其他公办学校。

第三,对于转制之后吸收了社会资金的学校,可以采取两种办法:一种是政府向出资方返回相应资金,并给予适当补偿,使投资方退出学校的管理和经营,学校完全公办;第二是通过合法程序,由出资方出资收购原公办学校资产,使学校资产完全民有,学校性质也变为完全民办。

但是,按照这种"不进则退"的思路,不论是"进"还是"退",其结果都是使所有转制学校走向消亡,从而宣告学校转制试点的失败。

笔者认为,学校转制的关键在于"民营"而非"收费"。转制学校当初的"收费"只是改革的工具和手段,而改革的实质和目的在于探讨政府放权的情况下通过学校自主管理激发能量、提高效率、改善质量的有效途径。这是转制学校的精髓,如果公办学校还需要这种改革探索,就应该小心呵护改革的精神,总结已有的改革成果,并让学校转制改革实践继续延续。而这就需要重新树立转制学校的合法性。为此,笔者认为:

第一,必须取消"收费",消除"转制"就是"收费"的观念,在政府拨款的情况下进行改革。如果不收费,也就不可能像现在的转制学校这样因"乱收费"而遭到取缔和制裁。从世界上其他一些国家的实践看,在接受财政拨款的同时给公办学校放权是完全可能的,美国特许学校(charter school)和英国的脱离地方政府管理的自我管理学校(Self-governing School)都是这方面的典型例证。我国也有在不收费情况下尝试改革并取得成功的案例,北京市35中初中部就是其中之一。①

案例3.3　公办学校不转制的合并和改革

北京市35中学是一所重点中学,与其他重点中学一样,在申办和建立"高中示范校"的过程中,被要求初中与高中分离,利用初中的校园校舍资源扩大高中教育。为此,北京市西城区将需要改造的薄弱学校112中初中部与35中初中部进行了合并,在原112中校址上建立了35中初中部。与许多依托重点中学转制的"重点中学分校"不同的是,35中初中部并没有采取收费的方式转制,而是在"公办体制"(接受政府拨款、接受电脑派位学生)下完成了学校的改革,包括两校原有教师的安置和新的人事分配制度的建立,使学校有效淘汰了部分教师,并在劳动力市场上根据需要自主聘用或解聘教师,根据学校收支状况决定教师工资待遇等。通过改革,学校仍然保持了较高的教学质量和生源质量,形成学校办学的"文体特色",还扩大了学校规模。

第二,必须接受"就近入学"学生,承担公办学校的义务,进一步突显政府在教育中的责任。政府利用财政经费举办教育的合法性依据主要就是为了提供更充足、更公平的受教育机会。原有的公办学校通常都承担着为附近居民提供受教育机会的使命,不能因学校"转制"而推卸这种责

---

① 根据笔者2006年12月对该学校的调查。

任,使附近学生不得不"舍近求远"上学。从笔者调查的案例看,也完全有可能在学校转制的同时"完成政府规定的任务",北京市北达资源中学的实践就具有一定的启发性。

案例 3.4 转制学校承担接受就近入学学生义务

北达资源中学是由原北京大学二附中改制而成的民办学校。1998年,经过北京大学校长办公会通过,向北京市教委申报并获得批准,由北大资源集团申办、北大附中承办,利用北大附中初中部师资和原北大二附中的校园校舍,将北大二附中转制为民办"北达资源中学"。在转制之后,由于学校利用了原北大二附中资产,因而学校免费接受北大教工子弟入学,而对于非北大子弟,则需要每年交纳 1.4 万元的学费。目前学校每年招收十个班约 450 人,北大子弟在 100—150 人之间。由于学校分享了北京大学、北大附中的声誉,且在收费、用人、管理和教学等方面拥有较大的自主权,学校取得了突出的办学业绩,在改革的第一年,学校就在中考中获得了海淀区优秀率第一、及格率第一、总平均成绩第二的好成绩。目前学校中考成绩一直保持在海淀区的前列。①

该案例的意义在于,转制之后学校因利用了公共资源而承担了免费接受一定数量就近入学学生的义务。实际上,在十多年学校转制试点中,许多学校已经形成了公共教育资源与民间教育资源结合的状况。如果能区分二者的比例,并按照比例赋予学校接受相应数量免费就近入学学生的义务,这类学校的改革实践也有一定的合理性依据,因为在此情况下,公共教育资源已经履行了应尽的义务。

第三,必须"依法办学",与其他学校公平竞争,通过正当渠道取得办学业绩,以证明改革的合法性和价值。转制学校可以通过与政府和家长签订契约等方式,合法地获得招生、教学、管理、经费使用和人员聘用等方面的自主权,可以根据自己的办学理念举办特色学校、提供多样化的教育机会,以探索教育改革的有效途径,促进公办学校以及整个教育系统的办学效益和质量。但如果由于转制而谋求某些特权(如提前招生),危害其他学校的利益(如高薪聘用其他学校骨干教师),甚至与现行的法律法规相抵触(如收取赞助费、共建费),则其改革的成效很难获得社会的认可,改革本身也失去了存续的价值基础。

所以,概括地说,转制学校合法性重建的关键在于以公正、公开的方

---

① 根据笔者 2006 年 11 月对该学校的调查整理。

式证明自身在促进教育公平、提高办学绩效、履行公共责任方面的意义。不论这种合法性最终能否得到证明，都应该给予转制学校继续证明自己的机会，而不能简单地将所有这类学校都取消，因为转制学校的合法性实际上就是以"民办"、"放权"为核心的公办学校改革的合法性，其意义是重大而深远的。

第四章 独立学院的自发设立和规范管理

独立学院是由普通本科高校(申办者)与社会力量(合作方)合作举办的、主要进行本科层次教育的高等教育机构。由于政府规定这类教育机构应具有独立法人资格、独立校园校舍、独立进行教学和财产管理、独立招生和颁发毕业证书,因此取名"独立"学院。独立学院是20世纪90年代末随着我国高等教育规模扩展和教育体制改革出现的新事物。1995年,民办四川电影电视艺术进修学院与四川师范大学合作,成立四川师大影视学院,这被认为是我国最早的独立学院;而独立学院的大规模发展则是1999年后从浙江、江苏等省开始的。根据教育部的不完全统计,到2003年4月,全国已有25个省(市,自治区)举办独立学院共300多所,其中东部地区约占70%,当年在校生约40万人,当年计划招生30万人。[①] 为达到"积极支持、规范管理"的目的,教育部于2003年4月印发了《关于规范并加强普通高校以新的机制和模式试办独立学院管理的若干意见》(教发[2003]8号,以下简称"8号文件")。此后,教育部对全国独立学院进行了重新审查登记。据统计,到2007年4月,全国共有经审查登记的独立学院318所。[②] 本章将在大量调查基础上对独立学院这一独特的办学类型的产生、发展、影响以及相关政策进行介绍和分析。

---

① 周济. 促进高校独立学院持续健康快速发展. 中国教育报. 2003.7.8.
② 见教育部网页: http://www.moe.edu.cn/edoas/website18/info7067.htm

第一节　独立学院的自发设立与初期形态

一、独立学院发展的背景

我国独立学院之所以会在20世纪末的最后几年产生并迅速发展,与当时的背景有着密切的关系。

(一)高等学校面临着巨大的扩招压力

从1999年开始,我国普通高等学校大规模扩招,当年本专科招生159.68万人,比上年增长47.4%;2000年和2001年又分别比上年增长38.2%和21.6%;普通高校在校生数由1998年的340.87万人增加到2002年的903.36万人,增加562.49万人。即使如此,我国高等教育的需求仍然没有得到充分满足,其表现有二:一是在普通高校扩招的情况下,成人高校招生不仅没有受到影响,相反,也在同步增长,1999年全国成人本专科(含电大普通班)招生115.77万人,比上年增长15.6%,2000年和2001年又分别比上年增长34.88%和25.48%;[①]二是我国高等教育毛入学率还很低,1998年仅9.8%,到2000年也只有11.5%。为此,全国教育事业"十五"计划提出了在2005年以前实现高等教育大众化(毛入学率达到15%)的目标,各地也制定了相应的目标,并积极寻求达到该目标的途径。

(二)高等教育存在外延扩展的需求

从1990年以后,我国高等教育一直是走扩大校均规模、提高资源利用效率的"内涵式发展"道路,普通高等学校数量基本上稳定在1 000至1 100所之间。扩招之后,尽管招生数和在校生数大幅增长,普通高校数却并没有相应增加,1999年全国普通高校数为1 071所,2000年反而下降到了1 041所。在此情况下,普通高等学校全日制本专科在校生平均规模迅速上升,1998年为3 335人,1999年为3 815人,2000年已经达到5 289人,2002年更是达到6 471人,其中本科院校由上年的8 730人增加到10 454人。由于高校规模迅速扩大,给学校教学、管理等方面带来各种困难,不少高校在教师、食堂、师资、教室、运动场地等方面都非常紧张。新建高校已经成为解决上述问题的一条出路。建立社区学院、中心城市办大学、建设大学城,等等都是这种外延式发展的表现。据不完全统计,

---

[①] 以上数据均来自教育部各年度教育事业统计公报。

1999—2000年,建于地、县级市的高校增加了110多所,占全国新增高校总数的50%。① 由于新建高校投入多,学科专业、教师队伍、学校品牌等的建设过程长,这种类型的高等学校通常规模较小,社会认可度也不高。而且,由于财政经费紧张,政府也不可能在短期内大量投资新建高校,这就必然要求通过其他途径新建高等学校。

(三)公办普通高校之外的其他形式高等教育机构在扩大招生方面贡献有限

我国民办高等教育已经取得较大发展,但到1998年,全国民办高校普通高等教育在校生只有2.2万人,招生数只有0.96万人,而且基本上属于专科层次,其他民办高等教育机构主要开展自学考试辅导和学历文凭考试试点,由于办学层次较低,社会认可度不高,加之受普通高校扩招"挤占效应"的影响,这部分高等教育机构在校生1999年为118.4万人,到2000年反而下降到了98.2万人。② 各种类型的成人高等教育在我国高等教育体系中具有重要地位,但由于历史的原因,我国成人高等学校的办学规模较小,办学条件、师资力量等有限,在高校扩招的背景下,成人高校已经承担了很大一部分招收应届高中毕业生的任务,其招生数也是连年大幅度增长,可供进一步挖掘利用的教育资源有限。同时,由于成人高校办学层次主要为专科,总体办学水平也明显低于普通高校,因而对考生的吸引力并不强。

(四)尽管实现了"招生并轨",但招收"自费生"的传统和实践仍然具有较大影响

20世纪80年代末和90年代初,我国高等学校曾普遍实行自费生制度和委托培养制度(后期的委培大多数是由学生承担委培费),1993年,普通高等学校招收的自费生和委培生分别为13.4万和22.6万,③二者共占国家任务招生数(56.1万)的46.3%。由于通过自费和委培的方式,可以在考分略低的情况下进入高等学校,而且可以获得同样的教育和文凭,这种招生方式受到了一部分经济状况较好的家庭的欢迎。但考虑到这一制度可能导致教育机会不公平,而且由于受教育者学习基础不同给高等学校教学组织过程带来了一定的影响,在1996年后,我国高等学校招生实行了收费"并轨"制度,取消了自费生制度,代之以对所有学生普遍收费

---

① 上海市教科院发展研究中心.中国高校三年扩招大盘点.教育发展研究.2002(9)
② 教育部发展规划司,上海市教育科学研究所编著.2002年中国民办教育绿皮书.上海:上海教育出版社,2003,249.
③ 中国教育事业统计年鉴·1993.北京:人民教育出版社,1994,21.

(低于以往自费生收费水平)的制度。但"高收费学生"在中等教育和初等教育阶段仍然存在,也仍然有一部分家庭有通过缴纳高额学费接受高等教育的愿望,这为"独立学院"的出现提供了一定的社会基础。

二、独立学院发展的动因

独立学院的发展是政府、普通高校、举办者、求学者四方面力量共同作用的结果。

(一)从政府角度看,独立学院的发展可以在较少甚至不增加财政投入的情况下发展高等教育

为配合高等学校扩招,我国中央政府在1999年决定,从用于国家基本建设的长期国债中抽取70多亿元,用于高校基本建设;在中央本级财政支出中提高教育投入比例,每年增长一个百分点,也主要用于高等教育的发展;在中央政策的指导下,地方政府也制定了相应政策,增加了对高等教育的投入。1998年,我国高等教育财政性教育经费收入342.6亿元,到2001年已经增加到613.3亿元。尽管政府采用非常规政策,尽了极大的努力,但由于同期普通高校在校生由340.88万人增加到719.07万人,普通高校生均财政性教育经费拨款还是从10 050元下降到了8 529元。即使按2001年的拨款标准,如果高等教育规模再扩大300万人,就意味着政府需要每年再增加250亿元以上的拨款。由于农村税费改革导致教育经费来源减少,普及义务教育、发展基础教育、建设一流大学等对政府经费需求增加,各级政府维持目前这一庞大的高等教育体系已经非常困难,在大规模新建高校或继续增加高等教育投入方面则更显得力不从心。按照"独立学院"的发展模式,政府不需要提供财政拨款,却可以扩大高等教育入学机会,提高各地高等教育毛入学率(这是不少地方衡量政绩的指标之一),所以各地政府对独立学院的发展都普遍采取大力支持的政策。

另外,由于举办高等学校对地方经济、社会发展具有一定的带动作用,不少地方政府在进行城市发展规划时都愿意划拨土地或提供十分优惠的条件,吸引大学到本地举办独立学院。例如,在浙江宁波,由于经济发展快,基础教育发展好,当地政府就希望能在本地建立一所高水平的大学,为当地群众接受高质量高等教育创造条件,为经济发展提供人才和技术支撑,并带动地方经济和社会发展。由于以宁波本地高校的实力显然难以达到这些目标,因此宁波市政府决定与浙江大学合作举办独立学院,

由市政府投资8.4亿元兴建一所新的高校,在完成校园、校舍各项基本建设之后实行"交钥匙"工程,由浙江大学负责办学与管理,这种合作便诞生了现在的浙江大学宁波理工学院。为吸引高水平大学在本地办学,沿海经济发展较快的新兴城市如深圳、珠海、青岛、大连等也都有各自不同的优惠政策。

(二)从高等学校的角度看,可以解决扩招后带来的多种问题

1. 扩大办学规模,满足扩招要求

通过举办独立学院,举办高校不仅可以完成政府下达的扩招指标,还可以提高学校的规模效益,可以扩大学校的影响。独立学院的建立可以扩大学校规模,增加学校收入。高等学校达到一定规模之后,可以产生规模效益,而且,办学规模常常被视为学校地位和实力的象征,在扩招的压力下,通过举办独立学院也便于高校完成扩招的计划任务。从经济角度看,由于各种基础设施和办学条件已经基本具备,如果通过"校中校"的方式举办独立学院,高等学校只需要增加"边际成本",却可以按独立学院标准收取远远高于边际成本的学杂费(通常可以达到每年8 000—15 000元);如果与企业合作举办独立学院,高校通常也可以收取学费的20%—30%,作为"管理费"或"资源补偿费"。这两种方式都可以增加高校办学收入,这是高校举办独立学院的普遍动因。

2. 增加办学经费

20世纪80年代初,我国高校实行的是"基数加发展"的拨款方式,由于基数难以准确公正,同时该方式也不利于高校扩大规模、提高效益,于是从1986年以后逐渐采用综合定额加专项发展的拨款方式,以生均教育经费定额为基础,依据学生数确定对高校的拨款,有效激励了各高等学校扩大办学规模,促进了高等教育发展。在20世纪90年代后期,尽管高校扩招使得在校生规模迅速扩大,但部分地方由于财政经费增长缓慢,政府无力继续根据学生数向高校拨款,使得高校实际上获得的事业费拨款没有明显增加。根据笔者2004年8月的调查,从1997年开始,沈阳市政府给沈阳大学的拨款就一直为4 800万元左右,只不过每年增加一点调资费(2002年有400万元专项补贴),这种拨款基本上不与学校招生数挂钩。这种类似于"基数加专项补助"的方式产生的影响是:学校如果已经达到了一定的规模,就不会有积极性继续扩招,即如果学生的学费等于高校因增加学生而发生的边际成本时,高校就会停止扩大规模。在政府不断给高校施加扩招压力的情况下,不少高校就采取"校中校"独立学院的方式,通过收取高学费来平衡学校支出。沈阳大学2003年共计划招生

3 660人,其中一半以上(1 900人)划分给了其独立学院沈阳大学科技学院及和田国际商学院。

3. 进行资源整合利用

对部分高校而言,通过举办独立学院,可以变相地使之前并入的中专、专科(高职)学校升格为本科,也可以充分利用这些院校的办学资源进行本科教学,还能有效地解决部分人员的使用问题。

4. 进行教育教学改革尝试

有部分高校希望通过办独立学院的形式,在不影响高校原有学科专业结构和利益格局的前提下,利用发展的增量开展教育、教学改革实验,设置一些跨学科、与市场联系密切的专业,以促进高校的改革和发展。

(三)从投资办学的企业角度看,举办独立学院有可能带来丰厚的经济回报

企业投资举办独立学院自然具有经济方面的动因。投资者们发现此前已经有不少企业独立举办民办高校,即使在办学层次、学校品牌方面受到诸多制约的情况下,这些企业仍然"有利可图"。这就使投资者们有理由相信,与名牌公办大学合作举办本科层次独立学院更容易取得成功;还有一些企业参与高校后勤社会化并取得了成功,这也为他们承担整个独立学院的基础设施建设增添了信心和经验。此外,由于举办高等教育机构可以利用政府优惠政策进行房地产开发,并可能带动周边房地产市场,这种商机也是一些公司参与举办独立学院的重要原因。

(四)从求学者的角度看,接受独立学院的教育是"合算"的

对独立学院的求学者而言,接受独立学院的教育尽管一共需要多缴纳2万—3万元的学杂费,但是可以在高考成绩低50—80分的情况下进入本科院校甚至重点大学接受本科层次的教育,并且,按建立之初绝大多数独立学院的招生宣传,学生毕业时可以获得与校本部毕业生同样的文凭;从另一方面看,参加高考补习并延迟一年就业所需要的直接成本和机会成本也至少需要2万—3万元,还要承担高考再次失利的风险。因而,从学生和家长的角度看,选择上独立学院是一种理性的行为。

由于有政府的支持,有高等学校和企业愿意提供供给,有学生和家长的需求,独立学院的产生和发展便水到渠成了。

三、独立学院自发设立阶段的主要模式

根据笔者主持的课题组2003年8月对吉林、辽宁、浙江、江苏、湖南、

云南六省独立学院的调查,①按照举办者的构成和办学资源构成情况,可以大体上将2003年教育部通过"8号文件"对独立学院进行规范治理之前独立学院的举办类型划分为如下几类:

（一）公司、企业与高校合作举办

这类独立学院办学的基本模式是：企业提供资金、基础设施和后勤服务,高校提供教师、设计专业、负责招生、组织教学、颁发文凭。吉林省批准的11所独立学院基本上属于这种模式,到2002年底,这些独立学院共有校园面积100万平方米,校舍建筑总面积43万平方米,总投资7.7亿元。华中科技大学武昌分校、苏州大学文正学院、云南大学滇池学院等也属于这一类型。

案例 4.1 吉林艺术学院动画学院

2000年由吉林教育集团与吉林艺术学院合作兴建,校园位于长春市高新技术产业开发区大学城内,学院占地12万平方米,计划投资2.5亿元,全部由企业投入,2003年8月笔者调查时已经投资1.5亿元,建有4.5万平方米的教学楼,1.2万平方米的图书馆和5.5万平方米的学生公寓及餐厅。到2003年,已经开设有动画、艺术设计、广告学三个本科专业,每个专业下又分别设有3—5个研究方向,在校学生有1800余人,学校设计规模为4500人。在办学过程中,吉林艺术学院负责管理教学,包括专业设置、教学体制、招生工作等的宏观管理,并在动画学院发展初期,在师资上给予支持。

案例 4.2 云南大学滇池学院

2001年由云南大学与云南锡业股份有限公司和云南鸿宇集团合作建立。学院一期建设占地240亩,投入1.9亿元,建筑面积8万余平方米；二期建设规划占地将达300亩,建筑面积12万余平方米。到2003年,滇池学院设有8个专业,在校学生2200人。学院共有管理人员25人,主要教学管理人员由云南大学委派。学校资产属于投资方,云南大学每年从滇池学院的学费收入中按比例提取管理费(具体比例不详)。学院的收费标准为：文科专业每人每学年9500元,理科专业每人每学年1万元；住宿费3至4人间每人每学年1200元,6人间每人每学年800元。

---

① 2003年,笔者受财政部教科文司委托,主持了"独立学院的发展与相关财政政策研究"课题,对六省独立学院状况进行了调查,本节引用的案例材料除注明的外,均来自本次调查。需要说明的是,这些材料均为2003年调查时这些学院还没有按教育部"8号文件"进行整顿之前的情况,以反映独立学院自发设立之初的原貌。

(二) 政府与高校合作举办

这类独立学院的基本模式是：地方政府提供土地甚至全部办学基础设施，由高校全面管理独立学院，政府不从办学中获得经济回报。政府的主要目的在于扩大本地高等教育机会、增加本地人才和科技的供给、提升本地社会影响力。浙江大学城市学院、浙江大学宁波理工学院都属于该类型。这种模式实际上是"公办民营"。

案例4.3 浙江大学城市学院

浙江大学城市学院是1999年由杭州市人民政府、浙江大学、浙江省邮电管理局共同举办，其中杭州市人民政府出资6 000万元人民币用于学院的筹建和办学，浙江省邮电管理局以土地和建筑方式出资5 000万元人民币，浙江大学则以无形资产（折合6 000万元人民币）入股。学院具有完全独立的校园，学院总体规划用地1 080亩，设计规模将达到在校生10 000人。至2003年初，学院设有14个系28个专业，在校生近7 000人，有教学和管理人员300多人，其中专职教师和技术人员约180名，专职管理人员80—90名。学院的师资力量主要由浙江大学提供。学生入学成绩与浙江大学的统招生相比平均低70—80分，学费为每人每年1.2万—1.5万元。学生毕业获得由"浙江大学城市学院"颁发的毕业文凭；符合浙江大学学士学位授予要求者，可以获得浙江大学授予的学士学位。

案例4.4 浙江大学宁波理工学院

浙江大学宁波理工学院是由宁波市人民政府投资8.4亿元建设，由浙江大学负责办学与管理的独立学院。学院位于宁波市高教园区，按照10 000名学生的规模设计，占地面积1 200亩（由于学院周围没有围墙，1 200亩中包括了部分公共用地，学院实际占地大约700亩），总建筑面积33万平方米。学院面向宁波市和浙江省招生，2002年共有在校生约4 000人。学费为每人每年1.5万元人民币。学生毕业后，颁发浙江大学宁波理工学院毕业证书，符合浙江大学学士学位授予条件的，颁发浙江大学学士学位证书。到2002年底，学院共有教职工217人，其中大部分由浙江大学派出。学院的教学工作被纳入浙江大学的整体教学计划中，教学内容、教材由浙江大学根据学院特点确定，并由浙江大学选派教学经验丰富的教授、副教授直接担任相关课程的任课教师；基础课程实行首席主讲教授制，由浙江大学著名教授担任；各系主任和各专业责任教授，也由浙大相关学院的领导和教授担任；学院每年可以推荐一定数量的优秀毕业生进入浙江大学攻读硕士学位。

(三) 校办企业举办

这一模式的基本做法是：公办高校利用已有的校办公司、企业举办独立学院，公司和高校均为独立法人，双方签署协议合作办学。由于公司属于校办产业，高校对公司有较大的控制权，甚至主要管理人员都由学校选派，高校通过与公司的协议可以很顺畅地获得办学收入；由于高校拥有公司绝大部分的股份，由公司举办的独立学院的产权实际上也归高校所有。

案例 4.5 吉首大学张家界学院[①]

吉首大学张家界学院由吉首大学和新时代教育发展有限责任公司投资举办，新时代公司持有吉首大学张家界学院 80% 的股权，另外 20% 的股权是吉首大学以无形资产注入的。新时代公司成立于 2002 年 8 月，是一家注册地在湖南张家界、主要经营教育投资、咨询和开发服务的公司，其注册资本为 1.2 亿元人民币。主要股东为吉首大学、国家教育发展研究中心和启恩信息科技有限公司。其中吉首大学以其张家界校区（被并入吉首大学前为武陵高专）等校产为基础，出资 1.1760 亿元人民币，持有新时代公司 98% 股权，启恩信息科技（北京）有限公司和国家教育发展研究中心分别出资 120 万元，各持有新时代公司 1% 的股权。学院将按照独立法人资格、独立校园、独立师资和独立教学与管理的模式进行办学。学院规划占地 153 公顷，设置 45 个专业，到 2005 底在校学生规模达 1.2 万人。为筹集办学经费，新时代教育发展有限责任公司还准备借壳上市。

(四) 高校举办"校外校"

这类独立学院的特点是：举办者为公办高校，教师、设备、招生、教学、文凭等均由公办高校负责，教学场所相对独立，财务方面则通常都不独立，独立学院的收入往往统一上交母体高校。在高等学校办学体制改革过程中，许多高校并入了一些高职、高专学校、成人高校或中专学校，这些高校在举办独立学院时往往以这些被并入院校的校舍为初期教学场所。被调查的湖南师范大学树达学院、湖南商学院北津学院、衡阳师范学院南岳学院等都属于这种模式。

案例 4.6 湖南师范大学树达学院

湖南师范大学树达学院是以湖南师范大学桃花坪校区（原湖南省教

[①] 参见冉学东.5000 万人主 ST 吉轻工，吉首大学志忑借壳上市.经济观察报.2003.5.19（A27）

育学院)为基础建立的独立学院。学院实行董事会领导下的院长负责制,院长、副院长由学院董事会任命,学院董事长为湖南师范大学校长。到2003年8月,学院拥有校园面积150亩,建筑面积8万多平方米,藏书32万册,校园总资产5 000余万元(主要为原教育学院资产);学院有职工33人,主要为行政管理人员,一部分为湖南师大正式职工,一部分来自社会招聘;学院没有自己的专任教师,所有教师都从其他专业学院聘请。学院办学经费主要来源于学生收费,其中包括三部分:一次性办学经费,每年10 000元;学费补偿费,每年4 500元;学费与同专业统招学生相同,一般为每年4 000元左右。学院实行财务独立核算,湖南师大派驻专门财务人员负责。所收取的学费和办学经费中,一次性办学经费和学费补贴费由湖南师大集中管理,用于湖南师大和树达学院的发展,当年学费作为树达学院的教学和管理费用。

案例4.7 湖南衡阳师范学院南岳学院

衡阳师范学院南岳学院是衡阳师范学院以整体并入的原湖南省第三师范学校校区为基础建立的独立学院。衡阳师范学院把原湖南三师资产(经衡阳市教委审计确定为3 000万元)投入南岳学院的发展中,由南岳学院采用资产置换方式分三年将资金付给衡阳师范学院(第一年付40%,第二、三年各付30%)。按申报时制定的章程,独立学院所需办学资金自筹,实行独立核算;利用衡阳师院现有的有形和无形资产应给予经济补偿。实际上,2002年招收的首届学生所缴纳的全部费用都进入了衡阳师范学院财务系统。到2003年8月调查时为止,南岳学院没有专职的管理人员,也没有专任教师;432名2002级在校生大部分在衡阳师院各院系独立编班就读,也有部分招生规模较小的专业的学生在相关院系插班就读。

(五)高校举办"校中校"

与上一种模式相似,这类独立学院也是完全由公办高校举办,并承担全部责任。不同的是,这类学院并没有自己相对独立的校园,学生只是独立编班开展教学活动,但教学场所、教师安排、课外活动、考试考核、文凭发放等与举办高校统招学生都完全一样。由于缺乏独立的资源和办学活动,这些学院缺乏独立的财务、独立的师资,甚至缺乏独立的管理人员。这种学院实际上是在实行收费的双轨制,并没有增加办学资源,也没有改变办学机制,个别高校甚至有意控制统招计划,将扩招指标用于独立学院,以图收取更多的学费。

案例 4.8　东南大学中大学院

该学院由江苏省教育委员会批准,由东南大学举办。学院1999年正式开始招生,实行"独立编班,混班上课",即学生入学后,名义上独立编班,实际上是被安排到东南大学各院系相同专业、班级一起上课。该院并没有相对独立的校区,只是在住宿方面将这些学生统一安排在东南大学浦口校区。学院也没有独立的师资队伍。该学院只在1999年招收了一届学生400余人,录取成绩平均比东南大学统招分低60—70分。学生学费每人每年8 500元,住宿费1 500元。明确规定其中8 500元学费,5 000元上交东南大学,余下3 500元,东南大学资源占用和管理费15%、中大学院基金和管理费8%、主办院系补贴24%、教学业务53%;住宿费1 500元中,1 000元上缴东南大学,500元划拨后勤管理部门。学生毕业时获得"东南大学"文凭和学位。由于这种办学模式属于教育部严厉制止的范围,在2003年调查时,中大学院表示完成1999级的培养任务后,将不会以这种方式举办下去,也不再继续招生。

(六)高校租赁校园举办

该模式的主要特点是:公办高校为解决办学基础设施不足的问题,也为符合"独立校园"的要求,以租借的方式,利用社会资源举办独立学院,其他所有教育教学活动都由公办高校负责。从以下两个案例可以看出,这种租赁还有外部租赁与内部租赁之分。

案例 4.9　沈阳建筑工程学院城市建设学院

沈阳有一所占地135亩、资产达8 000万元的民办学校——华联学校,因各种原因宣布破产,其土地及地面建筑物作为抵押物交由当地8家银行支配。在没有买家的情况下,这些土地和建筑长期处于闲置状态。由于该校园距离沈阳建筑工程学院新校区只有约一千米,于是经政府牵线,沈阳建筑工程学院与银行签订租赁协议,以每年300万元的价格租用该校区举办独立学院,其中100万元给银行,200万元用于退还原华联学校学生学费等。该学院自2000年开始招生,到2003年共有三个年级在校生1 470人。

案例 4.10　湘潭大学兴湘学院

该学院是以租赁的方式,将湘潭大学原第二、第三教学区作为办学场所(租赁时间、租赁费用标准不详)。学院实行财务独立核算,学院的全部收入以及固定资产归兴湘学院所有。学生的一次性建校费(人均10 000元)全部列入学院的发展基金,学费补贴(人均每年4 500元)和学费(与统招学生相同）实行按比例留成，湘潭大学提成30%，相关专业院系20%，其余50%作为办学经费，包括行政经费、行政人员工资、津贴、教师工资、课酬、临时工工资、年度发展基金等。盈余部分列入下一年度的发展基金。

（七）民办学校依附发展

这种模式的基本特征是：民办学校与公办高校联合举办独立学院，民办学校提供办学场所，公办高校负责招生、教学、文凭发放等事项。由于各方面原因，我国现有的1000多所民办高等教育机构中，到2003年初只有115所具有独立颁发学历文凭的资格，而且绝大部分为专科层次。由于办学层次不高，社会影响不大，品牌和声誉不佳，有不少民办教育机构都面临着招生困难的问题。而通过与公办高校合作举办独立学院的方式，可以直接将办学层次提高为本科，从而提高招生吸引力，加速学校的发展。四川师大影视学院、西安石油学院亚太分院、西南师范大学商学院、兰州商学院陇桥学院等都属于该模式。

案例4.11 四川师范大学影视学院[①]

该学院的前身是建立于1992年的四川电影电视艺术进修学院，创办者为罗共和与黄元文夫妇，为了在招生、师资等方面寻求更好的发展，学院于1995年与四川师范大学合作，成为后者的二级学院之一。学院在成都市西郊独立建院，占地260余亩，建筑面积近6万平方米。到2003年调查时为止，设播音主持、表演、摄影编导、影视化妆四个系；聘请全国及省内知名教授或演艺界资深人士80余人做专职或兼职教师；全日制本科生、专科生、外国留学生共800余人。影视学院具有比其他二级学院更大的自主权，主要工作仍然由罗、黄夫妇主持，四川师大主要负责三方面工作：招生指标的制定、学籍管理和公共基础课的统一考试。根据合同，影视学院将学生学费的30%上交给四川师范大学。

案例4.12 云南师范大学商学院

该学院于2000年经云南省教育厅批准，由云南师范大学与云南南方青年进修学院合作举办。南方青年进修学院在此前有在校生4300人，其中高考自学助考学生400人，中专生3900人，占地60亩，有建筑面积2万平方米。与云南师大合作后，改名为云南师范大学商学院，实行董事会领导下的院长负责制。董事会成员7人：云南师范大学3人，南方青

[①] 参考北京大学教育学院课题组张丽娟等.四川师范大学电影电视学院个案调查报告.

年进修学院4人。南方青年进修学院负责学院建设资金的筹集和偿还，拥有学校资产所有权；云南师范大学负责教学工作，每年可以从商学院的学费收入中提取20%的管理费。商学院校区规划用地400亩，到2003年初已建成投入使用115亩，已建成投入使用的建筑6万平方米，累计已经投入1.304亿元，分别来自南方青年进修学院4 000万元、银行贷款3 000万元、民间借款500万元、农民土地入股3 540万元、教工集资400万元、后勤社会化引资1 000万元、建筑方垫资600万元。2003年学院有7个本科专业和6个专科专业，在校学生2 300多人。

四、独立学院自发设立阶段的产权关系

根据笔者2003年8月的调查，当时有关独立学院资产和回报的规定在各地、各学校之间差别非常大：在不少"合作举办"的独立学院，资产和回报等事项几乎完全由合作双方协商确定，而双方协议的依据也不明确，造成了不少混乱和不合理现象；在各种"高校自办"类型的独立学院，学院财务不独立，关于资产和回报的规定也往往不明确。经粗略概括，当时独立学院资产归属和办学回报方式主要有以下类型：

（一）资产全部归合作方所有，举办高校每年收取学费的20%—30%作为管理费和资源占用费。吉林农业大学发展学院、长春理工大学光机信息学院、云南师范大学商学院、东北大学大连艺术学院、华中科技大学文华学院、四川师大影视学院等都属于此类。在这些学院，由于合作方可能还要抽取学费的20%—30%作为办学回报，所以学院的生均事业费将只有学费的50%左右。这种在办学之前按比例提取学费的做法既不符合《民办教育促进法》的规定，也无法反映办学效益与回报之间的关系。

（二）合作各方按投入比例占有独立学院股份。公办高校以无形资产入股，常常为20%—30%之间，如浙江大学城市学院、浙江大学宁波理工学院、南开大学伯苓学院。在此情况下，如果有办学节余，各方在节余中按比例取得回报。由于办学成本往往可以通过预算控制，也有部分学院将学费预先切块用于办学回报。

（三）学院资产归举办高校的校办企业所有。如吉首大学张家界学院。此时，高校的回报可能来自公司根据经营状况上交的"利润"。通过这种模式，独立学院的办学责任将由校办企业这一责任有限公司承担，高校可以不承担连带责任。

（四）资产归独立学院所有。举办高校通过获取"租借费"或出售已

有校产的方式获益，如湖南衡阳师范学院南岳分院和湘潭大学兴湘学院。通过这种方式，可以逐渐使独立学院与校本部资产独立。其问题在于公办高校是否有权进行这种"租借"和交易，因为这部分具有国有资产性质的资产本应用于公办教育，如果可以出让和出租，将使公办教育资源减少（或者说国有资产流失），而且可能会诱使一些高校通过免费并入校园再高价出售的方式获得巨大收益。

（五）独立学院无独立资产，办学收入主要归举办高校。如东南大学中大学院生均8 500元学费中，明确规定5 000元上交东南大学，余下3 500元中还要有15%属于校本部资源占用和管理费，24%用于主办院系补贴。在此情况下，独立学院无法获得进一步发展的经费支持。

根据《民办教育促进法》，民办学校只能在办学结余即"扣除办学成本等形成的年度净收益，扣除社会捐助、国家资助的资产，并依照本条例的规定预留发展基金以及按照国家有关规定提取其他必须的费用后的余额"中按一定比例取得回报。而从以上的调查情况看，许多独立学院都是直接从学费中直接扣除一定比例作为回报，显然不符合法律的规定，也不利于独立学院的质量保证和长远发展，其治理也是势在必行。

第二节　独立学院的规范和治理

作为伴随我国高等教育规模扩张和体制改革而出现的新生事物，独立学院因其独特性、试验性，引起了政府的高度关注，但是从1999年独立学院的大量出现直到2003年之前，教育部对各地举办独立学院都一直采取一种放任、观望的态度，这也就导致了不同省（市，自治区）独立学院发展政策、发展状况不同的局面。2003年4月，教育部经过较长时间的调查研究，并在反复征求各方面意见的基础上，制定了《关于规范并加强普通高校以新的机制和模式试办独立学院管理的若干意见》，其总的指导思想是：积极发展，规范管理，改革创新。这一政策首先从正面肯定了发展独立学院的必要性，表明了教育部对试办独立学院的支持态度。根据教育部部长周济的讲话，独立学院的试办"不但对高等教育办学机制进行了大胆探索，而且在扩大高等教育资源和高校办学规模方面起到了积极的作用"，[1]由于独立学院具有"优"的特征和优势，可以有效结合"优质高等

---

[1] 周济.促进高校独立学院持续健康快速发展——在'普通高等学校以新的机制和模式试办独立学院工作会议'上的讲话.中国教育报.2003.07.08.

教育资源"和社会力量办学在资金、机制方面的优势,因而应该成为一定时期内高等教育发展的一个重要方面。这种明确的态度结束了对是否应该允许独立学院存在和发展的争论,打消了一些地方和举办者对建立独立学院的疑虑。

教育部同时也看到,在独立学院试办过程中也出现了不少问题和矛盾,主要表现在:"一是相当一部分高校在校内举办了所谓'二级学院',这种'校中校',本质上是变相地在搞收费'双轨制'。这不仅违反国家现行高校收费政策,而且有悖于教育公平,容易引发不同类别学生之间的矛盾……二是颁发学历证书的政策不统一,有的学校以独立学院的名义颁发,有的学校则以校本部的名义颁发,招生宣传不明确,容易在社会上造成混乱,影响教育公平……三是法人、产权等重大法律关系问题不明确,合作办学各方面临一定的法律和政策风险,一旦发生民事责任和债权债务纠纷,将给普通高校带来很大的麻烦。"[①]这些问题如果不及时加以规范,矛盾就会愈积愈深,最终积重难返,导致改革失败。教育部也认为,试办独立学院是对高等教育办学机制的重大改革,势必对现行的体制和制度产生强烈的冲击,也会对相关利益主体造成剧烈的碰撞。因此,在前一阶段试验的基础上,必须从思想上统一认识、从制度上加以规范。2003年4月制定的"8号文件"集中强调了独立学院的"独立"政策,要求"独立文凭"、"独立校园"、"独立法人"、"独立招生"。此后还制定了一系列规定,对独立学院的发展进行了管理和规范。

(一)"独立"政策

在2003年4月教育部印发"8号文件"之前,不少地方政府已经根据本地实际制定了相关管理规定,例如吉林省教育厅曾经于2001年4月颁布了《关于加强普通高校与社会力量合作举办新制二级学院管理的意见》,湖南省教育厅也于2002年9月制定了《关于加强普通高等学校合作举办民办学院管理工作的意见》。"8号文件"的颁布则开始了全国范围内对独立学院的管理和规范。"8号文件"总的指导思想之一是:"规范管理,突出一个'独'字"。其中要求:"独立学院应具有独立的校园和基本办学设施,实施相对独立的教学组织和管理,独立进行招生,独立颁发学历证书,独立进行财务核算,应该具有独立法人资格,能独立承担民事责任。"

从调查情况看,绝大多数独立学院都不能完全做到以上方面的独立,

---

① 周济.促进高校独立学院持续健康快速发展——在'普通高等学校以新的机制和模式试办独立学院工作会议'上的讲话.中国教育报.2003.07.08.

不同地区独立学院的"独立"程度和内容也不一样。在 2003 年 8 月以前，全国除浙江大学城市学院等个别学院外，绝大多数独立学院都没有实行独立文凭政策；辽宁省 27 所独立学院中，没有一所具备独立法人资格，都不颁发独立文凭；湖南省 17 所独立学院也都不颁发独立文凭，其中具有独立法人资格、独立校园、独立教学的分别为 10 所、8 所、12 所。因此，这些"独立"政策对独立学院的影响是非常强烈的。

1. 独立法人

"独立法人"的规定要求独立学院必须是普通高校(申请者)与企业、事业单位、社会团体或个人(合作者)合作，成立独立于二者的法人实体，以明确申请方、合作方以及独立学院各自的法律地位、权利、义务和责任。

在"独立法人"政策出台之初，独立学院的利益相关者对该政策显然有一定的抵触情绪。从公办高校角度看，自办独立学院的高校可能担心民办性质的独立学院成为独立法人后造成国有资产流失；合作举办独立学院的高校也会担心独立法人将削弱自己在教学和管理上的控制权，从而影响独立学院的发展。而在投资者当中，也有不少人担心独立学院成为独立法人后会割裂独立学院与其举办高校之间的联系，不利于利用公办高校的资源，也将影响到独立学院的招生和办学，而非独立法人则可以增强举办者和合作者的办学责任，并加强二者之间的联系和合作。

但是，独立法人是独立承担民事责任、享有民事权利的前提条件，也是实现独立财务、独立校园、独立教学等的重要措施。独立法人也可以有效减少举办高校和企业在办学过程中的连带责任，降低举办者和合作者的办学风险。从更长远的角度看，独立法人是独立学院成为独立高校的必要条件。因此，政府坚持和强调"独立法人"的必要性是非常明智的。至于办学责任，完全可以在不同法人之间通过明确、细致的合作协议来实现，根据各方合作协议承担责任和义务。

关于独立法人的另一争议是法人性质问题。目前我国主要有四种法人，即事业法人、企业法人、社团法人、民办非企业法人。根据有关规定："事业单位，是指国家为了社会公益目的，由国家机关举办或者其他组织利用国有资产举办的，从事教育、科技、文化、卫生等活动的社会服务组织。"[①]而教育类民办非企业单位是指"经县级以上人民政府或县级以上地方人民政府教育行政部门审批设立的，由企业事业组织、社会团体及其他组织和公民个人，利用非国家财政性教育经费，面向社会举办的学校及

---

① 《事业单位登记管理暂行条例》第二条。

其他教育机构。"①从这些规定可以看出，高校自办的和与政府合办的独立学院可以是事业法人；公司与高校合作的独立学院可以是民办非企业法人。因此，湖南省教育厅就曾规定独立学院可以选择依照《事业单位登记管理暂行条例》或《民办非企业单位登记管理暂行条例》进行登记。②实际上，当时已经登记的独立学院为避免"民营性"，都登记为事业法人。而按照《高等教育法》第三十条的规定："高等学校自批准之日起取得法人资格"，因此独立学院只要被批准为独立的事业单位，就自然取得法人资格，不需要另行登记。为了更进一步规范独立学院的发展，"8号文件"要求所有独立学院都在文件下达之后重新审核登记，并统一将其归为"民办非企业法人"。通过这种规定，有效地减少了"校中校"等不规范行为，并区分了公办高校和独立学院的性质。

2. 独立文凭

在"8号文件"下达之后，反响最大的是"独立文凭"政策。许多高校以及一些地方政府对此都持保留态度，认为颁发校本部文凭是吸引生源的重要措施，缓期执行独立文凭政策将是对独立学院的最大政策支持。此外，由于政府只规定了独立学历证书，而没有规定"独立学位"，因此，许多独立学院采取的策略是：颁发独立学院毕业证书，颁发举办高校学位证书。

由于独立学院招生分数线普遍低于校本部50—80分，而且多数独立学院都不可能做到与校本部在专业设置、教师队伍、教学场所、教学计划、考试内容、毕业标准等方面基本一致，因而独立学院颁发校本部文凭对统招学生来说是不公平的。而且，学历文凭是劳动力市场的重要信号，如果独立学院不独立颁发文凭，就必然会导致雇主雇佣劳动力时难辨真伪，造成劳动力市场信号失灵。如果独立学院与校本部质量差异悬殊，将可能导致公办高校毕业生文凭贬值。另一方面，独立学院也应该通过独立文凭（包括学历和学位），向社会展示自己真实的办学水平，并以此接受社会的选择。因此，出于更广泛的社会利益和社会公平考虑，也为了维护独立学院和公办高校的长远利益，政府坚持了"独立文凭"政策。尽管"独立文凭"政策引起了部分在校学生的不满，在个别院校，学生在毕业前甚至因此而有过激行为，但通过明确的招生宣传等途径，该政策已经得到了社会和独立学院师生的认可。

---

① 《教育类民办非企业单位登记办法》（试行），第二条。
② 湖南省教育厅文件（湘教计字[2002]14号）.关于加强普通高等学校举办民办学院管理工作的意见。

3. 独立财务

独立财务是独立学院"独立"的重要标志。对高校自办的独立学院而言，财务的独立可以使之有效区分与校本部的办学收支，促进其按新的机制提高办学效率，便于对其办学业绩进行单独考核。对于高校与公司、政府合办的独立学院而言，独立财务可以区分不同的经营活动，并分类管理。只有坚持独立财务才有可能使独立法人独立承担民事责任。对于某些由公司投入、明确申明需要取得合理回报的独立学院而言，独立财务也是获得合理回报的前提条件。从调研情况看，多数地方财政部门均未对独立学院的财务制度和会计制度作出明确规定。有相当一部分学院未能做到独立核算财务，未能清晰反映学院真实的财务状况。在会计制度方面，虽然有部分学院已按照《高校会计制度》独立核算，但在具体做法上还缺乏统一、明确的规定，例如，对学院收取的学杂费收入，有的纳入财政预算外资金管理，有的自行收取自行管理；对资产折旧问题，有的按事业单位会计制度不计算折旧，有的则按企业会计制度计算折旧，而这又直接关系到学院的年终结余及其分配。因而，要真正做到"财务独立"，独立学院还有大量工作要做。

4. 独立校园

"8号文件"明确要求独立学院要有相对独立的校园，这主要是针对"校中校"提出的，希望通过这一规定，使独立学院在办学空间上独立，同时扩大教育资源。此外，"8号文件"还对办学条件进行了具体的规定，如初期校园占地面积不少于150亩、教学行政用房建筑面积不少于4万平方米、教学仪器设备总值不少于1000万元、图书不少于4万册、专任教师不少于100人等。通过这些规定，总的目标是要使独立学院更像一所真正独立的高等教育机构。尽管独立校园可能导致独立学院难以有效、便利地利用公办高校的师资、教学资源，可能割裂独立学院与校本部在办学传统、风气、师生活动等方面的联系，但政府支持独立学院的基本出发点在于扩大高等教育办学资源，而独立校园是实现该目标的基本途径。只有拥有独立的校园，独立学院才可能真正拥有自己的教学场所、教学设施，才可以相对独立地从事教育、教学活动。因此，应该鼓励独立学院向独立校园的方向发展。不过，独立学院的校园与举办高校的距离应该在一定范围之内，至少应该在同一个城市之内，并且应该以交通便利、能满足必要的师生交流为前提，否则就难以真正有效发挥举办高校的作用。

(二) 审核登记

"8号文件"明确指出："申请者申请试办的独立学院，因属于本科层次,按《高等教育法》规定,现阶段仍由教育部负责审批。"由于此前试办的独立学院多数为省级教育行政部门所批准,为此,教育部于2003年8月发出了《关于对各地批准试办的独立学院进行检查清理和重新报批工作的通知》,要求对已经由省级人民政府或省级教育行政部门批准试办的独立学院进行检查清理和重新报批工作,区别不同情况,对这些学院提出不同的处理意见,对不符合"8号文件"要求的学校,要坚决停办;对暂不符合要求的学校,要提出限期整改的明确意见和具体措施,使其尽快达到标准,并按要求逐校填写《暂缓报批的民办二级学院登记表》;对符合要求的独立学院,也按要求逐校填写《独立学院重新报批表》,连同申办报告、专家评审报告、省级教育行政部门的初审意见等有关材料,一并报教育部审批确认。

在该政策出台之前,已经举办的独立学院主要是由各地政府审批的,根据教育部2003年2月的统计,当时只有11所独立学院是经教育部批准由直属高校举办的。① 各地政府对举办独立学院的要求很不一样,例如,吉林省控制得比较严格,通常要求有合作举办方,并且需要经过有关行政部门对其进行资质考核,所以该省只批准9所院校建立了11所独立学院,这些独立学院基本上有新建的独立校园。浙江、江苏、湖南、辽宁的省属本科高等学校基本上都举办了独立学院,这些独立学院之间办学条件差别很大,有的如浙江大学城市学院投入的资金达几亿元,而有些独立学院则根本没有自己的校园和资产。鉴于以上情况,教育部"8号文件"规定,独立学院在审核登记时一般还必须具备以下条件:校园占地面积不少于150亩,教学行政用房建筑面积不少于4万平方米,教学仪器设备总值不少于1 000万元,图书不少于4万册。根据2001年全国普通高校的平均水平,这些办学条件大体上可以容纳在校生1 000—2 000人。② 这显然提高了独立学院的准入标准,也有助于独立学院在符合规定要求的前提下能达到一定规模,提高规模效益。

独立学院在成立之初,大多没有自己独立的师资队伍,教师主要是从举办高校选派或者聘请,而此时的普通高等学校中,师资力量相对比较充足,有能力支持独立学院的教学工作。但是随着普通高校的扩招,学生数量连年大幅度增加,公办高校的师资力量也开始出现不足。据统计,全国

---

① 教育部办公厅.关于普通高校以新的模式和机制举办二级学院的调研报告。
② 2001年全国普通高校校园面积90.6万亩,在校生约760万人(本专科719万,研究生39万),生均0.119亩,以此估计,150亩可以容纳约1 200人;2001年普通高校生均仪器设备费5 498元,以此估计1 000万元可以容纳约1 800人。

普通高等学校生师比1999年为13.4∶1,三年之后的2002年已经达到19.0∶1,①每位教师负担的学生数已经比1997年(9.81∶1)增加了将近一倍。在此情况下,有些学校认为教师在校本部的授课负担已经很重,如果再在独立学院负责较多的教学任务,就会使得教师疲于奔命,影响教学质量,妨碍教师科研工作。为此,"8号文件"要求独立学院应具备不少于100人、聘期在一年以上相对固定的专任教师队伍,专任教师中具有副高级以上职称的比例应不低于30%。师资队伍的相对独立也是独立学院走向独立的必要条件之一。但这一政策使独立学院师资队伍建设面临很大的挑战:一方面,聘任专职教师将增加办学成本;另一方面,在聘任教师时,在人事指标、级别待遇、档案关系等方面,还存在着政策上的不明确,在许多学校,教师只能属于投资方所在企业的"企业编制"人员,导致独立学院在招聘人才时的吸引力下降;还有一些应用型人才由于没有教师资格证书,按规定独立学院也不能聘用。从调查情况看,不少独立学院的基本设施建设已经或可以很快完成,许多独立学院的设计规模在5 000人以上,按师生比1∶15计算,就需要300名以上的专职教师。可见师资队伍建设是独立学院长期的任务。

教育部1999年颁布的《高等学校本科专业设置规定》对高等学校本科专业设置的程序、条件、权限等都有明确的规定,而独立学院设立之初,基本上是依托母体高校开设本科专业,没有按照单独高校的要求重新进行专业设置的审批,许多独立学院更是在明显不符合条件的情况下开设相关专业。为此,教育部在2004年9月发出了《关于做好独立学院本科专业清理备案工作的通知》,要求独立学院将已招生的本科专业,按照《高等学校本科专业设置规定》的有关要求,填报《高等学校增设本科专业申请表》,经申请举办独立学院的普通高校同意后,报所在地的省级教育行政部门审批,再报教育部备案。对已招生但办学条件尚需完备的专业,要求提出专业建设规划,力争在短期内达到本科专业的开办条件。通过这一工作,不仅使独立学院的专业设置在程序上合法化,也有效地督促了独立学院改善办学条件,提高办学质量。

2004年2月,教育部通过互联网、《中国教育报》等渠道公布了首批经审批确认的全国独立学院名单,此后,该名单不断更新,截至2007年4月4日,经教育部确认的独立学院共318所,分布在全国除内蒙古、西藏

---

① 教育部1999、2002年度教育事业统计公报。

之外的29个省(市、自治区)。从这份名单可以看出,北京、上海分别只有4所和5所,最多的是湖北、江苏、辽宁、浙江,都在20所以上。对比2003年8月笔者调查时各省独立学院数量与2004年12月教育部公布的经审查批准的独立学院数据可以发现,在吉林、辽宁、江苏、浙江、湖南、云南审批前后独立学院数分别为11(11)、27(22)、37(9)、25(19)、17(15)、8(5)所(括号前为审批前的数据,括号内为审批后的数据),可见审批前后还是有一定的变化,除江苏省外,其他省份都只有少数独立学院没有通过审批,但大部分即使原来不合格的独立学院经过努力也已经逐渐达标。江苏的独立学院在2005年10月也达到了26所,当时全国共有独立学院295所,此后一年半的时间内只增加了23所,增加的独立学院主要分布在广东(8所)、四川(3所)、陕西(3所)等省,大部分省(市,自治区)独立学院数量没有变化,说明此后教育部对新增独立学院的审批变得更为严格了。

表4-1 截止2007年4月各地独立学院数量

省(市、自治区)	学院数	省(市、自治区)	学院数	省(市、自治区)	学院数
北京	4	安徽	10	重庆	7
天津	10	福建	9	四川	12
河北	17	江西	13	贵州	8
山西	8	山东	12	云南	7
辽宁	23	河南	10	陕西	12
吉林	11	湖北	31	甘肃	5
黑龙江	9	湖南	15	青海	1
上海	5	广东	17	宁夏	1
江苏	26	广西	9	新疆	5
浙江	20	海南	1	合计	318

数据来源:根据教育部公布的独立学院名单(截止2007年4月4日)整理。名单见http://www.moe.edu.cn/edoas/website18/info7067.htm

(三)检查评估

由于以上的审核登记工作主要是基于各独立学院自己填报的文字材料,为进一步核实各独立学院的办学状况,教育部于2004年11月又发出了《关于对独立学院办学条件和教学工作开展专项检查的通知》,决定从2004年12月起到2005年2月,分期分批对试办的独立学院办学条件和教学工作进行专项检查,重点检查独立学院的基本办学条件、招生情况和教学工作。从2005年3月22日教育部高等教育教学评估中心主任刘凤泰的讲话[①]中可以得知，教育部在此前聘请了300多位教学和管理经验丰富的专家，组成了95个检查组，对当时已经申报并审核的249所独立学院办学条件和教学工作进行了检查，通过检查，专家组总体评价是比较好的，但问题也不少。其中成绩主要包括：

1．事业发展迅速。在短短几年内，独立学院发展到249所。2004年独立学院共有注册学生人数68万多，其中本科生55万多人，在校生规模超过8 000人的学校有11所。

2．办学条件有所改善。2004年独立学院共吸纳民间教育资本共约人民币395.7亿元，校园用地近12万亩，专职教师3万余人，教学仪器设备总值42亿元，校舍及教学行政用房1 160万平方米，语音教室1 448间，多媒体教室3 746间，图书3 462万册，开通校园网的独立学院有232所。

3．初步形成了灵活多样的办学模式。

4．办学比较规范。大部分独立学院招生比较规范，有独立校园，办理了法人证书，财务与收费规范。几乎所有的独立学院都建立了教育教学管理制度。

5．教育教学质量基本得到保证。

6．办学思路比较清晰，特色初步显现。

存在的问题主要表现在以下三个方面：

1．办学有待进一步规范。2004年，个别地区仍然存在违规招生现象。少数独立学院的招生宣传不准确，存在误导考生的现象。有少数独立学院还没有自己的独立校园，没有独立法人资格和独立财务。

2．办学条件有待进一步提高。有的独立学院校园占地面积还达不到要求，一些独立学院的教学仪器设备和图书资料明显不足。

3．教学工作有待进一步抓紧。部分独立学院培养目标不明确、定位不清晰，有些独立学院的教学管理不够规范，大多数独立学院的师资力量存在明显不足。

从总体上看，在所检查的249所独立学院中，获得较好评价的有100所左右，其余多数为合格，少数为较差(不合格)。

为进一步加强对独立学院教学水平的评估，教育部高等教育教学评估中心组织了多次相关专家会议，研究制定专门针对于独立学院的教学

[①] 刘凤泰.关于独立学院办学条件和教学工作专项检查情况的介绍.2005.3.22.见http://www.pgzx.edu.cn/main/webShowDoc? channel = zxdt _ ldjh&docID = 2005/03/23/1111587660785.xml

水平评估方案,以期"以评估为契机,力促独立学院提高办学质量"。[①]

(四) 招生治理

在独立学院设立之初,不同省(市,自治区)的招生政策不同。在招生计划方面,多数省(市,自治区)都是由教育主管部门直接将招生计划下达给独立学院,也有部分是先下达给举办高校,由高校切分计划给独立学院;在招生过程方面,有的省份是独立学院独立招生,多数省份是由举办高校统一招生;在录取批次方面,各地独立学院基本上安排在一般公办本科院校之后、专科和高职之前招生;在录取分数线方面,各地各独立学院执行的标准也不同,通常是低于一般本科、高于高职和高专,与举办高校的录取分数相差50—80分不等。在独立学院招生过程中,质量与数量是一对矛盾。一方面,从组织教学、提高教学质量、形成学院品牌和声誉的需要出发,需要控制一定的分数线;另一方面,由于独立学院处于初创期,学生数量意味着学校办学收入和办学效益,因而需要尽快使招生数和在校生数达到一定规模。但是,由于受收费水平、"独立文凭"等的影响,加之独立学院数量大大增加,到2003年,独立学院招生困难已明显增加,为此,一些省份的独立学院不得不降分录取。从湖南的情况看,2003年湖南省教育考试院原定独立学院最低控制分数线为:重点院校独立学院文科485分,理科422分;一般院校独立学院文科460分,理科397分。但由于生源不足,该分数线普遍下降,实际上,属于重点院校独立学院的湘潭大学兴湘学院和湖南师大树达学院录取分数线文科分别为463分和482分,理科分别为387分和398分;属于一般大学独立学院的吉首大学张家界学院和衡阳师院南岳学院录取分数线文科分别为454分、432分,理科分别为366分和367分。许多独立学院为扩大招生数量也只能不断降低录取分数线。即使如此,由于学费高昂等原因,许多独立学院仍然难以招收到足够的学生,有些高校为了获得更多的经济利益而不顾办学条件和招生指标限制盲目扩大招生,甚至在专科录取分数线上录取学生,并向学生承诺入学之后可以"专升本"或者"专本连读"等。此外,还出现了收费不规范、招生代理行为以及由此引发的学生上当受骗等社会影响极坏的现象。

针对独立学院招生过程中出现的问题,教育部于2005年2月28日发出了《关于加强独立学院招生工作管理的通知》,提出要"加强领导、明

---

① 吴启迪.以评估为契机,力促独立学院提高办学质量——在评估中心召开的制订高校独立学院教育工作水平评估方案研讨会上的讲话. 2005.7.23. 见 http://www.pgzx.edu.cn/main/webShowDoc? channel=syxw_syxwnr&docID=2005/08/24/1124876873235.xml.

确职责"、"合理安排招生计划"、"规范招生宣传"、"强化录取工作管理"、"严格实行责任追究制度",并提出独立学院必须严格执行国家下达的年度招生计划,遵循五个"不得":不得擅自超计划招生;不得委托任何中介机构组织生源或进行录取工作;不得向学生收取国家规定的收费项目和标准以外的任何费用;不得违规降低标准录取考生;不得以专科录取、按"专本连读"培养。① 之后,又于 2005 年 3 月 15 日发出了《关于独立学院办学条件教学工作专项检查情况及有关问题的通报》,其中点名批评了湖北省的中南民族大学工商学院、华中师范大学汉口分校、武汉大学东湖分校、湖北工业大学商贸学院、武汉工业学院工商学院、中南财经政法大学武汉学院、华中师范大学武汉影视工程学院等 7 所独立学院,认为他们在 2004 年的招生工作中违反国家有关规定,擅自举办"学分制本科试点班"、违规招生、乱收费,甚至不通过招生管理部门委托中介机构进行招生活动,严重扰乱了招生工作的正常秩序,在社会上造成了极坏的影响,败坏了高等教育的声誉。《通报》还责成湖北省教育厅督促上述 7 所独立学院采取有效措施进行整改,减少上述 7 所独立学院 2005 年招生计划。② 为此,湖北省专门制定并颁布了《关于普通高校独立学院违规招生乱收费行为的纪律责任追究暂行规定》。从以上文件和采取的措施看,独立学院招生中的混乱和违规现象已经非常严重。而在严厉的打击和进一步的规范之后,独立学院的招生也开始按"第三批本科"的标准和程序逐渐走向正轨。

第三节 独立学院的影响与前途

由于独立学院的发展模式差异很大,不同类型独立学院对高等教育和社会发展的意义和影响不同,例如企业与高校合作模式可以扩大教育资源,而高校举办"校中校"则并没有增加有形的教育教学设施;是否独立颁发文凭、是否成为独立法人等对毕业生和高等学校的影响也不一样。因此,尽管有教育部对独立学院在高等教育发展和办学体制改革中的作用的积极肯定,有教育部"积极支持"的态度,仍然有必要区

---

① 教育部.关于加强独立学院招生工作管理的通知.教学[2005]3 号,见 http://www.edu.cn/20050308/3130468.shtml

② 教育部.关于独立学院办学条件教学工作专项检查情况及有关问题的通报.教发[2005]5 号,见 http://www.edu.cn/20051122/3162150.shtml

分不同情况,对独立学院的影响和发展前景作更细致的分析。在此基础上,笔者还将提出通过股份制实现独立学院真正"独立"和非营利化的途径。

一、独立学院发展的影响

(一)对高等教育规模的影响

传统上,高等教育规模扩展的道路主要有两条:一是以扩大高校规模为主的"内涵式"发展道路;二是以增加高等学校数量为主的"外延式"发展道路。外延式发展道路,可以是以政府公办为主,也可以是以民间私立为主。由于"独立学院"借助了公办高校的资源而又与之相对独立,按民办机制运行而又不完全是社会力量举办,通过建立独立学院来扩大高等教育规模既不属于"外延式"发展,也不属于"内涵式"发展;既不属于公办道路,也不属于民办道路,因而,可以称之为"第三条道路"。

目前全国已举办"独立学院"300 多所,如果能在全国 600 多所本科院校基础上,使"独立学院"进一步发展到 400—500 所(部分院校可以举办 1 所以上),按每所独立学院每年招生 1 500 人计算,每年一共可以招收 60 万—75 万人,这将极大地缓解普通高校的招生压力;这些"独立学院"连续招生四年后平均规模将达到 6 000 人,相当于一所大学的规模,其总在校生可达 240 万—300 万人,可占 2002 年普通高校在校生 903 万人(其中含 40 万左右独立学院在校生)的 1/4 至 1/3。当然,这是一种非常乐观的估计,实际上,由于实行"独立文凭"等政策,到 2003 年已经有部分独立学院难以完成招生计划,因而在独立学院对高等教育规模扩展的贡献方面,还不能过分乐观。

对独立学院作为高等教育规模扩展的第三条道路只能保持谨慎乐观的另一原因是,独立学院的发展还将很可能对其他类型高等教育发展产生"挤占效应":一方面,由于独立学院与公办高校联合并颁发本科文凭,将可能"挤占"纯民办高校以及公办高专、高职和成人高校的生源,使这些院校招生数量和质量都受到影响,并且有可能打击社会力量举办"纯"民办高校的积极性;另一方面,由于独立学院分享了公办高校的师资、设备、场所等办学资源,也就会在一定程度上影响到公办高校规模的扩大、质量的进一步提高。因此,按照原有的政策和发展模式,公办高校、民办高校、独立学院这三条道路之间还难以做到"道并行而不相悖"。

(二) 对高等教育质量和效益的影响

高等教育质量受多方面因素的影响,但生源质量、教师水平、办学条件和投入等都是其中关键的因素。独立学院学生高考成绩普遍比举办高校统招学生低几十分;教师的平均水平即使不低于校本部,至少也不会高于校本部;从办学投入看,2001 年全国普通高校生均经费支出(含事业费和基建费)达到 15 445.23 元,生均事业费达到 12 390.48 元,[①]而且普通高等学校通常都有几十甚至上百年办学资源的积累,而独立学院基本上靠学费运转,而且大多数独立学院学费需要被校本部提成,举办方还要提取"合理回报",真正能用于教育教学的通常只有学费的 50% 左右,即生均每年只有大约 5 000 元。由于在生源、教师、投入等方面存在以上巨大差距,即使独立学院有可能通过严格管理提高学生努力程度、提高资金使用效率,但仍然难以让人对独立学院达到校本部的办学水平产生足够的信心。与一些"纯民办"高校和成人高校相比,由于纯民办高校具有自主办学特色,而独立学校受公办学校的影响,办学自主性会受到不同程度的制约,且在经费投入和资源积累方面并无优势,也很难保证独立学院教育质量会高于民办院校。

根据 2002 年的统计,全国 629 所本科院校本专科在校生平均规模为 10 454 人,即共有在校生 657.6 万人(其中包括部分本科院校招收的专科在校生),占普通高校在校生(包括研究生约 50 万人)903.36 万人的 72.8%,而 767 所高职高专院校的平均规模只有 2 523 人(仅比 2001 年平均增加 186 人),在校生数合计只有 193.5 万人,占全国普通高校在校生的 21.4%。[②] 这种本、专科院校在校生数的比例结构显然不够合理。目前我国独立学院的办学层次主要为本科层次,只有少部分为专科层次,这就势必进一步加剧我国高等教育层次结构的不合理。在高等教育的类型结构方面,尽管不少独立学院都力求与校本部在培养目标方面有所区别,努力培养高层次应用型人才,但由于大多数独立学院在专业设置、教学计划、教材使用、教师队伍甚至考试标准和方式等方面都与举办高校基本相同,因而至少在近期内还不能对独立学院在改变我国人才培养结构方面抱有过高的期望。

目前各地独立学院的收费政策基本上是"按成本收费",收费标准为每年 6 000 元至 15 000 元不等。根据湖南省物价局规定的标准,其独立

---

① 中国教育与人力资源问题报告课题组.从人口大国迈向人力资源强国.北京:高等教育出版社,2003,578、582。

② 根据各年度教育事业统计数据相关计算。

学院收费分三部分：新生一次性收费 10 000 元，学费补贴每年 3 500—4 500 元，学费按公办高校标准每年约 5 000 元，① 每年学费平均为 11 000—12 000 元。吉林省 2000 年，专门对二级学院（独立学院）收费进行了规定：一般专业类本科 7 500—9 000 元，专科（高职）5 500—8 000 元；医学、外语等专业本科可以达到 11 000—13 000 元；艺术类专业本科可以达到 12 500—15 000 元。② 浙江大学的两所独立学院收费标准都为 12 000—15 000 元。云南大学滇池学院文科为 9 500 元，理科为 10 000 元。

独立学院对不同利益主体将产生不同的效益。对部分公办高校而言，在不需要增加经费投入也不增加风险的情况下，可以获得占学费 20%—30%甚至更高的管理费，而且可以为教师提供获得讲课酬金的机会，当然是有"效益"的。对企业而言，如果独立学院的规模足够大，而办学成本又可以得到有效控制，也有可能获得政策允许的"合理回报"。对政府而言，由于不增加财政收入，却可以扩大高等教育事业，当然也是"合算"的。而对考生而言，其效益则还需要在其毕业之后经劳动力市场检验才能看出。

如果将社会作为一个整体来看，独立学院的经济效益主要体现在以下几方面：第一，扩大了高等教育供给，满足了社会对高等教育的一部分需求，将可以扩大社会的人力资本，为社会培养更多的接受过高等教育的人才；第二，调动了普通高校、社会力量办高等教育的积极性，充分利用了一部分社会资金和闲置的办学资源，并进一步挖掘了高等学校师资、场地、仪器设备等的潜力；第三，有效地推动了普通高等学校在人事制度、学科设置、后勤管理等方面的改革；第四，扩大包括纯民办高校和独立学院在内的民办高等教育的比例，提高了民办高等教育的地位和社会影响，并有可能进一步推动高等教育办学体制的改革。独立学院也有可能带来负面的社会影响，其中包括：有可能加剧社会的"过度教育"现象；对纯民办高校、成人高校等其他类型高等教育机构发展产生"挤压效应"；增加公办高校教师负担而影响其教学和科研工作等。

（三）对教育公平的影响

独立学院发展对社会公平的影响可以从以下两方面进行分析：

1. 对高等教育机会公平的影响。从考生的角度看，对已经被录取的

---

① 根据湖南调查组的调查以及湖南省教育厅文件（湘教[2003]87号）："关于规范和加强我省普通高等学校民办独立学院管理的报告"。

② 吉林省教育厅，物价局，财政厅文件（吉教计字[2000]68号）。关于2000年吉林省高等学校招生收费等问题的若干规定。

学生而言,独立学院政策是一种"市场公平",而从整体上看,则可能影响高等教育机会公平。独立学院可以在高收费的情况下录取高考成绩较低的学生,这一政策对所有考生都是公开、公平的,在录取程序和录取标准上都不存在不公平问题。对被独立学院录取的考生而言,他们实际上是"自费"上学,并且还承担了一部分建校的费用,只要他们是自愿的,就不能说对他们不公平。

但是,由于独立学院普遍采取高收费政策,必然导致一部分上了"三本"分数线的考生由于家庭经济困难而只能选择上公办高职、专科学,另一方面,一些成绩较差的考生却可以通过交钱接受本科教育、甚至是重点大学的教育,造成富人上本科、受好教育,穷人上专科、受差教育的状况。在2003年,湘潭大学兴湘学院录取分数线文科为463分,理科为387分,但湘潭大学校本部高职文、理科分数线分别为496分、434分,专科分数线比本科高几十分;衡阳师院南岳学院文科录取分数线为454分,而其高职分数线达到了505分,比其独立学院本科最低分数线高50分。① 显然,其中有一批上线的考生由于各种原因(包括对独立学院缺乏认可,也包括经济原因)没有选择属于本科的独立学院,而是进入了公办高职、高专。长此以往,显然不符合教育公平的要求,也不利于"和谐社会"的建设。

2. 对劳动力市场信号的影响。从毕业生的角度看,如果独立学院实行"独立文凭"政策,而且在劳动力市场可以较好地区分独立学院和其举办高校毕业生文凭差异的情况下,独立学院文凭不会导致劳动力市场文凭信号的混乱。但如果独立学院发放与举办高校毕业生完全相同的毕业证书,即使是在"不同起点、相同过程、相同终点"(招生成绩不同,考试和毕业标准相同)的情况下,也会对劳动力市场信号产生一定的影响,因为这将使用人单位难以获得有关毕业生高考成绩和学习经历的真实信息。

(三)对其他高校发展的影响

从统计数据看,在2007年5月全国1909所普通高等学校中,独立学院有318所,民办高校有295所,结合表4-1和表4-2可以看出在全国绝大部分省(市,自治区),都呈现出公办、民办、独立学院三类高校并存的局面。

---

① 数据来源:湖南教育考试院网页(http://www.hneao.edu.cn/)。

表 4-2　截至 2007 年 5 月各地高校数量

省(市、自治区)	合计(民办)	省(市、自治区)	合计(民办)	省(市、自治区)	合计(民办)
北京	80(10)	安徽	89(13)	四川	76(9)
天津	46(1)	福建	72(22)	贵州	37(1)
河北	88(14)	江西	66(10)	云南	51(7)
山西	59(6)	山东	110(24)	陕西	76(17)
内蒙古	37(5)	河南	82(10)	西藏	6(0)
辽宁	79(10)	湖北	86(11)	甘肃	34(1)
吉林	44(4)	湖南	99(13)	青海	11(0)
黑龙江	68(7)	广东	109(38)	宁夏	13(2)
上海	60(16)	广西	56(9)	新疆	31(3)
江苏	118(21)	海南	15(3)		
浙江	73(11)	重庆	38(6)	合计	1909(295)

资料来源：高校总数和民办高校数分别见 http://www.moe.edu.cn/edoas/website18/level3.jsp?tablename=322&infoid=28364
http://www.moe.edu.cn/edoas/website18/level3.jsp?tablename=322&infoid=28372

如果三条道路能并行不悖,显然是我国高等教育的福音,也可以反映出独立学院这种办学体制改革的成功。但是,如果不高度重视并采取有效措施,独立学院发展将有可能引起各种不和谐现象：

首先,在"8 号文件"出台之前,独立学院不论办学条件如何均可以举办本科层次的教育,而许多具有多年办学历史和较强办学实力的"纯民办"高校和高职高专学校却长期难以实现"升本"愿望,这其中显然存在办学标准和办学申报审批程序方面的不公平问题。不仅如此,由于独立学院的大量出现,使这些高等教育机构的生源质量和数量都受到了很大的影响。这已经引起了民办高校和部分高职高专院校的普遍不满。不仅如此,由于短期内新增 300 多所本科层次独立学院,为避免高等学校学历层次结构的不合理,政府有可能进一步加强对专科院校"升本"的控制,使民办高校和部分公办高职高专院校提高办学层次的前景更为灰暗,如果不能在政策上真正向这类院校倾斜,这些院校中的抱怨和不满情绪将会持续存在。

其次,由于独立学院的大量出现,有可能影响其他类型高等教育的发展。一方面,由于独立学院分享了举办者(普通高校)的师资、设备、场所等办学资源,也就会在一定程度上影响这些高校规模的进一步扩大和质量的进一步提高。更严重的是,由于独立学院属于"第三批本科",不仅有学历文凭方面的优势,而且有相对于专科院校的招生优先权,必然会"挤占"纯民办高校以及公办高专、高职和成人高校的生源,使这些院校招生数量和质量都受到影响。例如,从2005年湖南高校招生文、理科投档分数线看,地处湘西的吉首大学举办的张家界学院分别为494、451分,新"升本"的衡阳师院举办的南岳学院分别为486、445分,而历史悠久的湖南第一师范学校(专科学校)只有491、432分,湖南公安专科学校分别为375、313分,邵阳医学高等专科学校就更是只有383、294分。[1] 在没有学历优势、也不包分配的情况下,公办专科学校已经没有吸引生源的优势了,收费更高的民办专科寻求更多的学校生源就更困难。如果独立学院"挤垮"了专科、高职院校,其得与失谁能评判?

二、独立学院的发展前景

对于独立学院的发展及其前景,怀疑者有之、批评者有之、观望者有之、充满信心者亦有之。而基于对独立学院多样性、复杂性的认识,笔者认为,在政策环境一定的情况下,不同独立学院的前景会各不相同。如果将申办者(普通高校)视为母亲,将合作方(投资方)视为父亲,独立学院视为儿子,那么,不同父母生养的儿子将会有不同的命运:

(一)"强母亲、强父亲:强儿子"

在此情况下,普通高校具有较高的声誉,能为独立学院提供较强大的管理、师资支持,合作方具有强大的经济实力,而且合作双方都没有急功近利的强烈营利动机,二者合作举办的独立学院通常可望有良好的前景。例如浙江大学城市学院的健康发展,其原因除管理体制和自身努力外,肯定与有浙江大学这样全国著名大学的品牌、又有杭州市政府等单位的强大经济支持、且二者都不期望从城市学院获得经济回报有关。其他著名高校举办的独立学院如南京大学金陵学院、华中科技大学文华学院、南开大学滨海学院等都呈现较好的发展势头,其原因就在于这些著名高校都有较好的声誉且注重自身声誉的维护,同时在选择合作方时也比较慎重。可见,这类独立学院发展的决定性因素是其"母亲"的"天赋"(现有声誉)、"智慧"(对合作方的选择)及"母爱"(各种投入及其无私程度)。

(二)"强母亲、弱父亲:后劲不足的儿子"

部分历史比较悠久的本科院校、尤其是进入"211工程"的重点大学,

---

[1] 数据来源:湖南教育考试院网页(http://www.hneao.edu.cn/),"湖南省2005年普通高校招生第四批院校一志愿第一次投档分数线","湖南省2005年普通高校招生第三批院校一志愿投档分数线"。

它们在社会上有较高的知名度,在短期内可以帮助独立学院获得较好的生源,但这类高校举办的独立学院差异也较大。在不断扩招的情况下,部分高校自身都存在师资、基础设施条件紧张的状况,它们能给独立学院的实质性支持有限,甚至有些高校还想从举办独立学院中获利;有些高校没有真正找合作伙伴,或者只是象征性地找个校办企业、小公司以应付检查,使独立学院不能真正从外部获得经费、办学条件支持,也缺乏运用新的机制进行改革创新的动力。在这种模式下试办的独立学院既没有办学体制的优势、也没有资源优势,如果没有改观而仅靠一纸文凭显然难以持续发展。

(三)"弱母亲、强父亲:先天不足的儿子"

有部分本身实力并不强的普通高校却因其提供了比较优惠的条件而吸引到了有实力的合作伙伴,这些合作方(主要是公司、企业)希望通过建立独立学院的形式达到举办本科层次民办高校的目的。在此情况下,合作方实际上只是"借鸡下蛋",在付给普通高校一定的管理费后,将会牢牢把握独立学院的资产控制权和办学方向。由于这类独立学院在试办初期没有品牌优势,在生源、师资、管理等方面都会遇到一定困难,但如果能充分利用新院校、新机制的优势,仍然可望通过后天的努力逐渐成长壮大。这类独立学院的前途取决于其"父亲"的经济实力、经营能力和"爱心"——将子女当摇钱树的父亲是不会真正关心子女成长的。

(四)"弱母亲、弱父亲:病弱的儿子"

有些普通高校办本科的历史不长、声誉也不好,由于办学条件差、资金紧张,自己都举步维艰,却另辟战场举办"独立学院",希望通过高收费来扩大财源。在此情况下,这类高校自然难以吸引到有实力的合作方。这类高校举办的独立学院从一出生就营养不良。更可悲的是,其"父母"还企图靠独立学院羸弱的身体"养家糊口"。这类独立学院幼年夭折几乎是必然的事。由于全国独立学院大规模、迅速发展,达到"三本"分数线且其家庭具有支付能力的考生数量有限,这类独立学院在激烈竞争中难以获得足够的生源,常常会出现"降分录取"、"代理招生"、"虚假宣传"等违规行为;由于办学条件有限、没有持续投入的动力,这些院校也将会质量低下,得不到社会的承认。因此,这类院校即使不自生自灭,也该被政府的取缔。

三、股份制与独立学院的"独立"和非营利化发展

不论何种类型的独立学院,"独立"将是其长远发展的必然要求,这种

"独立"要求它在校园、财政、管理、师资、教学等方面既不依赖、也不受制于举办方和合作方。但这种"独立"也并不意味着完全脱离。美国不少高校的附属学院就是一种"独立而不脱离"的例子,例如美国哥伦比亚大学(Columbia University)与其教师学院(Teachers College)就是这种关系,二者曾经是两所不同的高校,合并之后在财务、教学、管理、人事上都相对独立,教师学院有自己的董事会,有独立的运行体系,甚至其行政负责人的称谓都不是"院长"(Dean),而是"校长"(President)。这种模式也可供我国独立学院借鉴。

笔者认为,从理论上看,完全可以通过股份制实现独立学院的真正"独立"和非盈利化的发展。具体设想如下:

在独立学院举办之初,其资产主要来自两部分:举办高校和合作方,只不过在不同的独立学院,这两部分的构成比例不同,与企业合办的独立学院的基本建设经费由合作方提供,举办高校只提供无形资产;高校自办的独立学院的建设资金和无形资产均来自举办高校。根据注入的资产的比例不同,可以确定合作各方对独立学院资产拥有的比例,企业和公司投入的资产越多,占有的股份比例越大;举办高校的品牌越好、承担的义务越多,占有的股份也越大;而高校自办的独立学院则可以视为举办高校完全持股,根据这种理解,纯民办高校则属于社会力量完全持股。

独立学院建立之后,与其有关的将有三个独立法人:举办高校、合作单位、独立学院,与之相对应,独立学院的资产将可以分为三部分:(1)举办高校股:包括举办高校投入的无形资产和有形资产以及随后可能追加的投入;(2)社会力量股:包括各种社会力量投入的资产以及随后可能追加的投入;(3)独立学院股:包括独立学院办学过程中获得的社会捐赠、政府拨款以及以独立学院名义贷款而形成的资产等。

独立学院的股本结构也将随着三方累计投入资产的变化以及是否每年提取"合理回报"而变化。在通常情况下,独立学院的三类持股者中,社会力量股和举办高校股实际上是要逐年取得合理回报的,而独立学院股则不取得合理回报,其应获得的"回报"将被保留下来,作为独立学院股追加的资产。因此,在没有新投入的情况下,社会力量股和举办高校股的股本数量不变,而独立学院股的股本将增加,其占有的股份也将逐年增加。如果有政府的拨款,这种增加的速度将更快。通过这种方式,在若干年之后,独立学院股将有可能占独立学院资产的绝大部分,这样,独立学院也就近似于非营利性机构了。

这种股份制结构有以下优势:(1)举办高校、合作单位、独立学院将作为平等的独立法人参与民事活动,可以有效保证独立学院的"独立"和发展;(2)可以明确区分举办高校、社会力量及独立学院的财产、权利和责任,各方将按照各自投入的资产占有独立学院的股份、承担相应的义务和责任,如果合作办学方希望取得"合理回报",通过股份制也可以限定其获得回报的比例和数额;(3)可以便于各方面逐渐追加资产,也可以便于新的投资方不断进入,并可以通过转让的方式减少资产投入和拥有的股份;(4)在这种制度安排下,政府的拨款将注入"独立学院股份"之中,政府可以直接向属于民办教育的独立学院拨款,突破财政经费不能用于直接资助民办机构的制度限制。

第五章 高校收费并轨与资助配套

传统公办教育体系的一个重要特点是由公共财政经费支持。如果教育经费的提供逐渐从政府转向非政府的学生个人或民间机构,就可以视为一种民营化过程。计划经济时期,我国政府负担了绝大部分教育经费,不仅包括义务教育,也包括非义务教育阶段的学前教育、高中阶段(包括普通高中、职业高中、中专、技校)教育以及普通高等教育,[①]学生上学基本上不需要缴纳学费。在20世纪80年代中期之后,我国各级各类公办学校逐渐通过不同方式向学生收费,到20世纪90年代中期,非义务教育阶段的幼儿园已经基本上实行"准成本收费",高中阶段和高等教育阶段的公办学校学费水平也逐年提高,学费占生均培养成本和学校办学经费的比例也逐渐扩大。这显然是我国教育民营化的重要形式之一。本章将以高校收费为例,在介绍、分析国际、国内高校收费实践及其影响的基础上,对高校学生资助这一应对政策措施进行分析。

第一节 高校收费的国际趋势、动因和争议

一、各国高校收费的实践及趋势

关于是否向学生收费,历史上,不同国家、不同时期

[①] 在此期间,农村通过民办教师提供教育和企业子弟学校教育尽管经费不直接来源于财政经费,但也被视为公办教育。

的高等学校有着不同的实践,美国、加拿大、日本、印度、韩国、菲律宾、澳大利亚等国的高校是向学生收费的,欧洲大多数国家的高校都不收费。但这种状况从20世纪90年代以后发生了明显的变化,一个共同的趋势是,越来越多的国家不论在私立高校还是公立高校都开始向学生收费。

美国不论私立高校还是公立高校都一直是收费的,只是私立高校收费较高,公立高校在20世纪80年代以前的经费来源都主要靠政府拨款,学费较低。但近二十年,不论公立高校还是私立高校,学费水平都明显上升,从1980年到1995年,美国高校学费增长了一倍多,涨幅高于物价指数的增长;20世纪80年代,在考虑通货膨胀因素之后美国私立高校的学费年度上涨率达到3%—4%,公立高校为1%—2%;到20世纪90年代,私立高校的学费上涨幅度基本不变,而公立高校学费的年度上涨率则迅速提高到7%—9%。①

日本、韩国和我国台湾的高等教育中,私立高等教育占有非常高的比重(均占70%以上)。"二战"后这些国家和地区高等教育的大发展,主要归功于收费的私立高等教育。据日本私立学校振兴会对419所私立大学的调查,这些高校学费、注册费、考试报名费等收入占整个学校财政收入的81%,政府补贴约占10%,其他不足10%;②而在日本的国立大学,政府的拨款所占比例也逐年减少,学费比例逐年增加,在20世纪60年代,日本国立大学财政收入中,国家教育财政拨款比例高达80%以上,到20世纪70年代下降到70%左右,在90年代进一步下降为50%左右,相反,学生缴纳的学杂费等自筹资金由20%上升到50%。③

在欧洲,传统上高校是实行免费教育的,他们认为高等教育培养的是社会精英,这些精英肩负着将高等教育成果还原给社会的使命,学生进入大学学习的目的不是为了个人的私利,而是为了社会的公共利益,所以社会负担高等教育成本是理所当然的。但随着高等教育的大众化、市场化,从20世纪90年代之后,这种理念开始动摇。据欧洲经济合作开发组织(OECD)对15个成员国的调查,几乎所有国家都承认,仅靠公共支出来维持庞大的高等教育是根本不可能的。于是,一些国家开始采取收取学费、降低对学生的援助标准等措施。④ 在"二战"后的40多年中,英国作为一个福利国家,其高等教育一直不收费,实行的是"免费加助学金"的政

---

① 杨明,杨健华.论美国高等学校收费偏高的现状、成因和后果.国外教育研究.2006(2)
② 李守福.主要发达国家高校收费实践与理论的评析.比较教育研究.2001(2)
③ 马陆亭.高等教育学费和学生资助政策.高校教育管理.2007(2)
④ 李守福.主要发达国家高校收费实践与理论的评析.比较教育研究.2001(2)

策,但到 1988 年,英国通过了《教育改革法》,提出对高等教育财政体制进行改革,并于 1990 年正式开始实行"缴学费上大学,贫困学生贷款加补助"的政策;1998 年开始又进一步调整为"先上学,后付费"的收费和资助政策,规定所有高校每年可以收取的学费额度为 1 000 英镑,贫困学生可以贷款支付,学生毕业后年收入达到 10 000 英镑时必须开始还贷。到 2006 年,英国政府批准各个高校可以自行确定学费水平,额度在每年 1 000 英镑至 3 000 英镑之间。[①] 有趣的是,在政府颁布该政策之后,绝大多数高校都选择了将学费水平定为最高限额的每年 3 000 英镑。[②] 一直实行免费高等教育的法国也开始向学生收取注册费,并且注册费在逐年增加。[③] 到 2002 年,英国、法国、德国的第三级教育机构支出中私人资金的比例已经分别达到 28.0%、14.3%、8.4%。[④]

美国学者约翰斯通在观察美国以及国际上多个国家的实践后,发现各国高校实行"成本分担"的收费政策通常会有以下过程和方式:(1) 开始缴纳学费;(2) 学费快速上涨;(3) 强迫交使用费或杂费(住宿费等);(4) 增加学生贷款的有效回收,如减少贷款补贴、提高贷款利率、缩短还款期限、减少贷款数额、减少拖欠等;(5) 学生助学金或奖学金减少,例如在严重通货膨胀情况下"冻结"助学金或奖学金水平;(6) 官方鼓励并补助靠学费维持的私立高等教育机构,许多国家,尤其是日本、韩国、菲律宾、印尼、巴西以及其他拉丁美洲国家,通过举办数量有限的公立高等学校(通常是精英型、选择性的)来避免政府对高等教育的过多投入,将扩大高等教育参与的负担转嫁给家长和学生。[⑤]

二、高校收费的现实和理论动因

1. 高等教育规模迅速扩大,对经费需求迅速提高

在 20 世纪后半叶,从发达国家开始,世界上许多国家都经历了一个高等教育从精英阶段向大众化阶段甚至普及化阶段转变的过程。高等教育规模的扩大受很多因素影响,例如,战后复员军人的安置导致了美国高

[①] 张民选.英国大学生资助政策的演进与启示.比较教育研究.2007(5)
[②] Hubert Ertle. Higher Education in England: Current Issues in Teaching and Research. 2007 年 6 月 5 日在北京大学教育学院的演讲.
[③] 杨玲.中法公立高校收费与成本分担的比较和反思.教育与经济.2007(2)
[④] 马陆亭.高等教育学费和学生资助政策.高校教育管理.2007(2)
[⑤] 约翰斯通著.沈红、李红桃译.高等教育财政:问题与出路.北京:人民教育出版社,2004,174—175.

等教育的扩张;战后直到20世纪60年代世界上很多国家出现的生育高峰导致七八十年代高等教育适龄人口的急剧增加;受人力资本理论的影响,尤其是在现实中高学历人群相对收入的提高,使得越来越多的人选择接受高等教育;教育普及化和民主化程度提高,各阶层子女在普及义务教育之后,自然会对接受高等教育提出进一步的要求;社会生产和组织的复杂性提高,对从业人员文化素质和能力水平要求提高,等等。不论因为何种原因,世界各国高等教育规模的迅速扩大是一个事实,而且这种高等教育规模扩大和普及化程度提高的趋势还在持续。

与高等教育规模扩大同步发生的是高等教育成本的上升。其主要原因可能包括:第一,在本专科教育扩大的同时,研究生教育规模同步扩大,后者的生均成本更高;高等教育是一个"劳动密集型"的领域,受工资刚性等因素的影响,在教师工资不断上涨的过程中,高等教育的成本不断增加;由于缺乏有效衡量教育质量的指标,为了吸引更多的学生(同时也减轻教师的工作量),许多高校采用了用以反映其"高质量"的小班教学和各种实验、实践教学,这也进一步增加了高等教育的生均成本。"高等教育长期以来缺乏降低价格'自然'增长的措施,因而相对普通商品和服务价格的平均增长率来说,价格增长更高,其结果是高等教育的成本和价格(如学费)增长一般要超过通货膨胀率。这就是最早由鲍莫尔和鲍恩提出的著名的'成本病':在劳动密集型、大型非生产性经济行业,如健康保健、教育、多数服务行业及艺术界等都存在的相对成本上升之势。"[①]在精英高等教育阶段,由于高等教育规模小,高等教育在教育经费总额中占有的比例较低,因此,用公共财政支持高等教育不仅在财政能力上具备可能性,在政治上也不会遭受太大的抵制。但在高等教育规模迅速扩大、对经费需求急剧增加的情况下,原有的财政体系就开始显得力不从心了,即使在经济最发达的国家也是如此。

2. 政府财政日益紧张,高等教育财政投入不足

在高等教育规模扩大和对经费需求增加的同时,世界各国都普遍面临着财政日益紧张的问题。其原因也是多方面的:第一,在20世纪70年代之后,由于石油危机等因素的影响,出现了世界性的经济衰退,经济增长的变缓,使得政府税收能力下降,除石油输出国之外的大多数国家政府财政收入都急剧萎缩,同时医疗、教育、安全、养老保险、社会福利等政府支出急剧增加,许多政府都负债累累。第二,从20世纪80年代开始,

---

① 约翰斯通著.沈红、李红桃译.高等教育财政:问题与出路.北京:人民教育出版社,2004,151—152.

受新自由主义思想的影响,以美国、英国等为代表的主要资本主义国家都推行"小政府、大社会"的政府治理理念,政府在收税方面的合法性和社会支持都受到影响,政府财政收入占国民生产总值的比例逐渐下降;第三,受经济全球化的影响,资本、信息、技术的国际流动加快,为了吸引跨国公司和企业,保持经济发展,增加就业机会,各国政府普遍采取的策略是降低对企业的税收,税收的下降必然导致政府财政收入的下降和政府支付能力的下降。在公共财政能力下降的情况下,公共财政资源变得越发稀缺,各种公共项目对财政经费的争夺日益激烈。在这种争夺过程中,高等教育的优先地位不升反降,这是因为:第一,与初等教育和中等教育,公共医疗,公共基础设施,住房,对穷困老人、儿童和无依无靠者的扶助等相比,高等教育不属于生存的基本需求;第二,与上述任务相比,高等教育在政治权利中的砝码不重,著名研究性大学仍然被认为是与政府或社区无关的精英教育机构;第三,高等教育因表现出了自助能力而失去了政府的投入,即高等教育因表现出具有一定通过教学服务、收取学费、出租大学资产而获得收入的能力而成为失去政府支持的理由。[①] 以美国为例,1980—2000年,美国有学位授予权的公立高校经费中,来自联邦、州、地方三级政府的经费比例从63%下降到41%;2001—2004年美国生均高教政府拨款下降了650美元;学费占公立高校教育经费收入的比例从12%上升到19%。[②]

3. 关于高等教育提供和学生资助观念的变化

随着高等教育的大众化和普及化,人们关于高等教育的观念也开始发生变化。在精英高等教育阶段,人们不仅认为接受高等教育的"社会精英"是为社会谋取公共利益的"公共物品",而且认为"公共物品"只能通过政府来提供,因而政府提供免费高等教育的方式被普遍接受。随着高等教育规模的扩大,政府不再仅仅把高等教育视为社会的公共物品,而是更多地看到接受高等教育对个人带来的经济和非经济价值,更倾向于将高等教育看成"私人物品",并减少对其资助。随着新公共管理思想的传播,一些国家政府看到,即使是"公共物品",也可以通过民间方式提供。因而在高等教育财政政策上提出了"受益原则"和"成本分担原则",即谁从高等教育中受益,谁就应该为高等教育付费;在政府财政能力有限的情况下,接受高等教育的学生应该通过缴纳学费的方式承担一定比例的高等

[①] 约翰斯通著.沈红、李红桃译.高等教育财政:问题与出路.北京:人民教育出版社,2004,153—155.

[②] 杨明,杨健华.论美国高等学校收费偏高的现状、成因和后果.国外教育研究.2006(2)

教育成本。

三、高校收费的争议和影响

向学生收费是在政府财政投入不足的情况下高校的一种被动选择。尽管政府为这种收费提供了政策支持和理论解释,但对高校收费政策从一开始就存在激烈争议,这一政策的推行也并非一帆风顺,在一些欧洲国家,甚至遭到了学生和社会团体的强烈抵制,[1]即使在美国,学费的迅速提高也受到了社会各界的猛烈批评,1988年教育部部长贝内特公开批评美国高等教育学费政策为"贪婪的定价政策",1992年美国总统顾问委员会的报告也指出"民众对大学教育的信心在失去,学费及相关费用上涨过快越来越引起人们的关注。"[2]关于高校收费的争论主要涉及三方面:是否应该收费?收多少费?收费之后该有哪些配套措施?其中争论的核心在于高校收费对教育公平和效率的影响。

关于高校收费,不论是政府部门还是理论界,都有"赞成派"和"反对派"。有趣的是,反对高校收费者的主要理由是收费将影响教育公平和教育效率,而赞成高校收费者恰恰认为收费是促进教育公平和效率的有效途径。赞成高等教育收费的人认为,接受高等教育的人大部分都来自社会的上层和富裕家庭,用公共财政来支持这些本来可以自己负担得起学费的学生,实际上是用许多不可能从高等教育中受益的中下层家庭和贫困家庭的纳税供富裕家庭子女接受高等教育,显然是不公平的。如果取消政府对高校的财政拨款,代之以按成本收费:一方面,因为富裕家庭有足够的支付能力而不会使高等教育规模明显减少,另一方面,政府因此可以节省大量财政经费,这些经费可以用于资助公共医疗、公共设施、基础教育,也可以资助贫困大学生,从而增加社会福利,扩大教育公平。此外,采取收费政策,不仅可以提高学生的成本意识,从而促使他们更努力地学习,也可以提高高校的成本意识和竞争意识,从而提高高等教育的质量和办学效率。在政府财政能力不足的情况下,高校收费可以有效扩大高等教育的供给,从而为更多人、尤其是传统上没有或很少有机会进入高等学校的人提供接受高等教育的机会,此举可以同时扩大教育公平和社会经济效率。

而反对高等教育收费的人认为:(1)高等学校的高额学费将使许多

---

[1] 李守福.主要发达国家高校收费实践与理论的评析.比较教育研究.2001(2)
[2] 杨明,杨健华.论美国高等学校收费偏高的现状、成因和后果.国外教育研究.2006(2)

学生、尤其是贫困家庭学生对高等教育望而却步,即使可以获得助学贷款等经济资助时也是如此;(2)向学生收费将降低公立高等教育的质量,因为这将使中上层家庭的学生和教育经费从公立高校转到私立高校,公立高校将缺乏价格优势,而私立学校有大量的捐赠基金,有富裕的校友,有慈善系统的支持,有高选择性和精英主义的光环;(3)高学费并不能保证有高资助,在财政经费不足,并有众多其他公共项目与高等教育竞争公共资源的情况下,"'高学费高资助'政策带来的必然结果是高学费、低财政收入、资助不足、入学机会减少、公立高等学校状况恶化,而不会是预想中的提高效率与公平。"[1]

尽管存在争议,但高校收费政策还是在世界各国逐步推行。在高校收费政策实行一段时间之后,人们原本有机会实证地检验高校收费产生的影响以及不同观点的正确性。但是,由于各国社会经济结构不同,对学生收费的额度不一样,在收费的同时对学生资助等配套政策不同,高校收费对教育公平和效率影响显然会不一样,在研究中很难将这种影响有效地剥离出来。从美国和澳大利亚的经验看,不论由于何种原因,在高校收费或提高收费标准后,并没有看到高等教育萎缩的迹象,相反,高等教育的规模在继续扩大,而且不同社会阶层的人都从这种扩张中不同程度地获益。根据澳大利亚的统计,1988年高、中、低收入阶层子女接受高等教育的比例分别是26%、18%和14%;到1999年分别提高到41%、34%和27%。[2] 1980年,美国处于低收入、中低收入、中高收入、高收入四个层次家庭子女进入大学的比例分别为42%、53%、64%、69%,到2000年,分别提高到52%、64%、75%、86%,分别提高10、11、11、17个百分点,相对而言,高收入家庭子女接受高等教育的比例增长更快。[3] 美国学者约翰斯通等认为,一般而言,如果高等教育入学率越低、高等教育中优势阶层的比例越大,则高校收费可能带来的积极影响越大;而在高等教育入学率很高、高等教育参与程度与学生家长的经济收入和社会地位不相关联,而且税收又采取累进税率征收的情况下,加之这些国家通常都有建立在经济状况调查基础上的助学金,又有一般可以获得的学生贷款,所谓成本分担中的公平问题就不会太突出。[4]

---

[1] 约翰斯通著.沈红、李红桃译.高等教育财政:问题与出路.北京:人民教育出版社,2004,45—46.
[2] 陈宪.澳大利亚的HECS经验.比较教育研究.2001(2)
[3] 杨明,杨健华.论美国高等学校收费偏高的现状、成因和后果.国外教育研究.2006(2)
[4] 约翰斯通.沈红、李红桃译.高等教育财政:问题与出路.北京:人民教育出版社,2004,178.

第二节　我国高校收费和资助的政策变迁

一、我国高校收费政策的历史演变

从新中国成立直到20世纪80年代初,我国高等学校实行的是"统一招生、统一分配"的政策,大学生一律免交学费,还可以获得一定数额的人民助学金和奖学金,学生毕业后的工作安置需要服从统一分配,并获得政府规定的相对较低的工资。这样一种免费和资助的政策是基于以下逻辑:"青年学生是国家的财富,青年学生为国家上大学,国家为学生提供资助,学生毕业后服从国家分配,毕业生与其他人都为国家作贡献,因此也与其他人一样,获得同样的收入分配。"①在恢复高考之后,随着我国改革开放进程的深入,人们逐渐放弃了这一逻辑,高校收费和资助政策的改革也在摸索中逐渐开展。

实际上,从1978年开始我国就出现了"走读生",当年3月,国家计委和教育部联合发出通知:"为充分利用学校的办学能力,在普通高校招收走读生。走读的学生,在校期间和毕业后的待遇,与住校生相同。"②由于是走读,这些学生不仅不能在学校住宿,还需要向高校交纳一定数额的学费,由此出现了"自费走读生"。1980年,"仅上海交大、复旦、上外等22所高校就招收了自费走读生3000名。对于这批学生的办学经费来源,除向学生收取少量学费外,每年还将由上海市人民政府补贴50万元。"③

在改革之初,即使实行统一分配制度,也导致了一些边远地区和艰苦行业出现学生"招不来、分不下、留不住"的现象。为此,教育部在《关于1983年全国全日制高等学校招生工作会议的报告》中提出了"定向招生、定向分配"的政策,规定中央部门或国防科工委系统的某些院校,可按一定比例实行面向农村或农场、牧场、矿区、油田等艰苦行业的定向招生。1984年6月,教育部、国家纪委、财政部颁发了《高等学校接受委托培养学生的试行办法》,此后,1986年教育部又颁布了《普通高等学校接受委托培养学生管理工作暂行规定》,进一步完善了高校招收委培生的办法。

---

① 张民选.理想与抉择——大学生资助政策的国际比较.北京:人民教育出版社,1997,378.
② 高等学校试招走读生增加招生名额.人民日报.1978.3.4.
③ 上海高校招收三千走读生.人民日报.1980.8.1.

按这些规定,用人单位需与高等学校签订人才委托培养合同,并缴纳一定的委托培养费用;委托单位同时还要与学生签订合同,明确委托单位与学生各自的权利与义务,学生毕业后需按合同到委托单位工作。1985年《中共中央关于教育体制改革的决定》中提出:"要改革大学招生的计划制度和毕业生分配制度。改变高等学校全部按国家计划统一招生,毕业生全部由国家包下来分配的办法",除实行"国家计划招生"和"用人单位委托招生"外,"还可以在国家计划外招收少数自费生。学生应缴纳一定数量的培养费,毕业后可以由学校推荐就业,也可以自谋职业。"至此,我国高校招生制度形成了不收费的国家计划招生和自费、委培等收费的国家调节招生同时并存的"双轨制"。

由于自费、委培、定向等方式招生时录取分数线都较低,在后期的许多委培生实际上也都是由学生自己而不是委托单位交费,因而自费、委培政策为许多学生付费上学提供了机会,也为增加高校收入、节省政府教育财政支出提供了渠道。正因为如此,自费、委培生的招生数量和比例迅速增加。1986年,全国委培生、自费生在招生总数中的比例不足1%,而到1990年已经超过20%,1993年更是接近40%(见表5-1)。在许多高校,自费、委培学生的比例甚至超过50%。

表5-1 1992—1995年普通高校本专科生招生来源结构

年份	招生数(人)			比例(%)		
	总数	委托培养	自费生	委托培养	自费生	自费、委培合计
1992	754192	114967	86260	15.2	11.4	26.7
1993	923952	226231	134007	24.5	14.5	39.0
1994	899846	184339	131452	20.5	14.6	35.1
1995	925940	175526	121840	19.0	13.2	32.1

数据来源:《中国教育事业统计年鉴》1992、1993、1994、1995年,北京:人民教育出版社。

在招收和扩大委培生、自费生的同时,政府对计划内学生的资助政策也在逐渐变化。早在1983年,教育部和财政部就发出了《关于颁发〈普通高等学校本、专科学生人民助学金暂行办法〉和〈普通高等学校本、专科学生人民奖学金试行办法〉的通知》,将原来非师范学生助学金的发放比例由75%降为60%,同时向10%—15%的学生发放不同等级的奖学金。1986年后逐渐废除了助学金制,增加了奖学金的种类和资助比例。1989年,国家教委、国家物价局和财政部联合发布《关于普通高等学校收取学杂费和住宿费的规定》,决定从当年开始,对新入学的本、专科学生实行收取学杂费制度,当年的学杂费标准是每年100元,住宿费是每学年20元。由于各地社会经济发展不平衡,1992年后,我国高校收费实行属地化,不同省(市,自治区)分别制定标准,此后,学费水平逐渐提高。1992年,学杂费占高校经常性开支的比例为4.34%,1993年已经跃升为12.12%。①

这样,我国高校形成了收费的"双轨制":一种是对"国家计划招生"的较低收费,另一种是对自费生和委培生的高收费。由于自费、委培生比例的不断扩大,而且其招生录取单独划线、降分录取(按照相关规定应该在20分以内,实际上部分高校远远突破该限制),因而被认为是"以钱买分"和"教育腐败"。又由于"双轨制"招收的学生在同一教室上课、毕业时获得同样的文凭,不仅影响教育质量,也违背了教育公平。而与此同时,对国家计划招收的学生也开始全面收费,而且学费数额也迅速提高,因此,教育部在1994年发布的《关于进一步改革普通高等学校招生和毕业生就业制度的试点意见》中提出实行"招生并轨",当年在全国40多所高校试点,在招生录取分数上,取消国家计划招生与自费、委培生的分数差距,同时所有学生要缴纳一定数额的学费。到1996年,全国高校实行招生并轨的已经达到661所,占高校总数的64%,到2000年,包括师范院校在内的全国普通高校都完成了招生"并轨"。

二、我国高校收费的现状和特点

我国高校收费的现状和特点大体上可以从以下几个方面得到体现:

(一)高校收费属地化,不同省(市,自治区)高校学费水平不同

目前我国高等学校收费实行的是中央宏观控制下的属地化政策,由教育部、财政部、国家发展与改革委员会等提出高校收费的基本政策,各省(市,自治区)负责分别制定和调整属地高校(包括中央部委高校)学杂费标准。由于收费标准的放权,我国一度出现高校学费直线上升的局面。1989年公立高校的学费只有象征性的每年100元,到1992年大多数省(市,自治区)高校的学费标准都在400元以内,到1995年已经提高到1 200元。据统计,1991年到1995年,全国普通高校生均缴纳的学杂费分别是89.4、208、610、888、1 124元。② 1998年高校学费提高到3 500元左右,2000年达到5 000元左右。为了控制学费的过度增长,国家教委、国家计委和财政部在1996年联合制定并下发了《高等学校收费管理暂行办法》,规定高校学费比例不得超过培养成本的25%。尽管"高校培养成

---

① 张民选.理想与抉择——大学生资助政策的国际比较.北京:人民教育出版社,1997,381.

② 蒋鸣和.中国教育经费头日的'八五'回顾与'九五'展望.教育研究信息.1996(9)

本"的计算标准并不清晰,但在稳定学费水平的宏观政策影响下,从2000年以后,我国高校学费的上涨势头得到了有效控制,尽管高校学费水平已经体现出了一定的地区差异,在北京、上海、广东等地,高校学费水平都在每学年5 000元左右,而在云南、贵州、河南、山西、内蒙古等地,学费标准都在每学年4 000元以下,但全国高校普通专业的学费标准最高也只是在5 500元左右。这并不意味着高校学费没有上涨的压力。从高校的角度看,由于政府财政拨款明显不足,其他筹资渠道获得的资金有限,尤其是由于大规模扩招、扩建而导致大批高校大量贷款和负债,因此,提高学费水平被许多高校视为增加收入的主要途径。可以肯定的是,只要政府放开管制,或者提出一个高于目前标准的"上限",高校都有可能纷纷提高学费水平。

表5-2 2006年我国部分省(市,自治区)高校平均学费(元/每学年)

地区	平均学费	省(市,自治区)	平均学费	省(市,自治区)	平均学费
北京	4200—5500	上海	5000	贵州	2500—4000
天津	4200—5000	河南	2700—3100	陕西	3500—4500
湖北	3600—5000	吉林	3500—4500	青海	2800—3300
江苏	4000—4600	海南	3800—4200	新疆	3500
广东	4560—5200	河北	3500—5000	广西	3200—4500
浙江	4000—4800	辽宁	4200—5000	四川	4000—4600
黑龙江	500—4800	安徽	3500—5000	云南	2800—3400
福建	3900—5200	湖南	4000—5000	甘肃	4200—5000
山东	3600—5000	山西	2800—3800	宁夏	3000
内蒙古	3000—3500	重庆	3200—4500		

资料来源:http://edu.people.com.cn/GB/8216/4460073.html

(二)不同体制高校收费标准不同,形成公办高校和民办高校、独立学院收费的"新双轨制"

改革开放之后,在公办高校系统之外,民办高校系统一直在迅速发展。民办高校基本上没有获得政府的财政拨款,而是主要依靠收取学费运行和发展。民办高校的学费标准一般由高校自主确定,报当地物价部门和教育主管部门备案即可,因而不同高校之间学费差别比较大,但可以肯定的是,在各个时期,民办高校的学费标准都明显高于同期同类公办高校。尽管1994年开始的公办高校招生收费"并轨"取消了"委培生"、"自费生"与国家计划招生的区别,但由于民办高校的存在,可以说,我国高等教育体系中一直存在着"自费生"。由于有巨大的需求,在全国还没有完全实现招生"并轨"的1999年,在浙江、江苏等地的公办高校就开始举办了较高收费的"独立学院"(当时每年的学费就达到12 000—15 000元),因而,公办高校也以举办独立学院的方式延续着招收自费生的历史。随着民办高校和独立学院数量的增加和招生规模的扩大,我国高等学校实际上又出现了新的学费"双轨制":"公办高校学费"和"自费生学费"。这种"双轨制"的不良影响之一是,部分高校没有积极性扩大校本部的招生规模,却有更大的动力扩大其举办的独立学院,因为前者是低收费,后者是高收费,前者收取的学费(每年5 000元左右)加政府生均拨款(各地标准不同,大多数省份不到5 000元)远远低于后者收取的学费(每人每学年15 000元左右)。这种经济利益的驱动导致我国高等教育中"自费生"比例进一步提高。在这种"双轨制"体制下,决定学生分流结果的主要因素是高考成绩,高考成绩较高者只需要通过缴纳相对较低的学费进入总体质量相对较高的公办高校;高考成绩较低者只能进入"独立学院"或高职高专院校。但经济因素同样起着重要作用,当学生的高考成绩在一般本科分数线以下、"第三批本科分数线"(即独立学院录取分数线)之上时,如果家庭经济条件允许,学生就可以选择到独立学院接受本科教育,否则就只能接受高职高专教育。可见,在没有任何干预措施的情况下,这种收费政策必然会导致一定程度的教育机会不公平。

(三)高校不同专业收费标准不同,高收费专业成为高校发展的重点

我国同一省(市,自治区)公办高校之间学费标准尽管有一定差别,但同一层次类型之间学费差别并不大。而在同一高校不同专业之间,学费标准却有较大差别。以复旦大学2006年学费标准为例,其"普通专业"每年学费为5 000元,而其艺术设计专业收费为10 000元,国际合作项目每年学费可以达到40 000元。由于不同专业收费标准不同,也促使高校优先发展高收费的专业以及一些"国际合作"项目。这很可能导致相对富裕家庭子女在同等情况下选择就业状况更好、收费也更高的热门专业,而家庭经济状况较差的学生只能选择收费相对较低的"普通专业"。而且,在现行体制下,由于同一高校不同专业录取分数线不同、收费标准不同,学生在校内转系、转专业的自由度减小,也导致许多对所学专业缺乏兴趣的学生无法顺利地转学其他专业,影响学生学习积极性和学习成效。

(四)研究生教育招收自费生比例逐渐扩大,"全面收费加奖学金"的培养机制改革开始试点

与本科生阶段收费一样,研究生教育在恢复高考之初实行的是"免费加助学金"的政策。从20世纪80年代中期之后,研究生教育开始招收少

量"自费生"、"委培生",此后,高校招收自筹经费研究生的比例逐渐扩大。目前,部分高校自筹经费研究生的比例已经超过50%。根据北京大学教育学院2007年1月对北京高校进行的高等教育质量调查数据,在参加调查的16所高校1930名研究生中,自筹经费研究生比例达到46%。而且,与本、专科招生一样,在高等学校也普遍"优先"发展按成本收费的"专业学位"项目,如MBA、MPA、法律硕士、软件硕士等项目,这些项目每年的学费都达到数万元,EMBA项目的学费甚至达到30万元。通过并扩大这些项目,高校通常可以获得可观的办学节余(实际上,高校通常从这些项目的学费中直接扣除30%—40%的"管理费",剩余部分由各学院支配,包括支付项目运行成本)。但是,这也势必在一定程度上影响其他基础学科的发展。更重要的是,如果这些高收费项目不采取一定的资助手段扩大学生来源的多样性,就可能使这些专业成为富裕阶层子女的自留地,与这些学科相关的高收入行业(如工商管理)也会被这些家庭子女独占,不仅会导致社会发展的不公平,也很可能会因为这些从业人员来源单一而影响相关政策制定的合理性,影响社会的和谐和可持续发展。

尽管本科"招生并轨"已经实行了十多年,关于研究生招生收费改革的探讨也进行了多年,但政府并没有批准全国范围的研究生教育"收费"或"招生并轨"。不过,从2007年开始,北京大学、清华大学等高校已经在进行"研究生培养机制改革",基本做法是实行研究生教育的成本分担,每一位研究生都应该为所接受的教育缴纳一定的学费;同时,根据研究生入学阶段的成绩以及研究生教育阶段的表现,不同学生可以获得不同数额的奖学金:优秀学生获得高额的奖学金,在足额缴纳学费之后可以有高于以往助学金数额的节余;部分学生的奖学金只够用于缴纳学费;少部分学生则不能获得任何奖学金,他们不仅需要自己承担全部生活费用,还需要自己出钱缴纳学费。2007年北京大学的政策是人文学科各专业所有研究生都至少可以获得等同于学费水平的奖学金;在社会科学领域,有20%的学生不能获得奖学金,这些学生在第一年必须自筹经费缴纳10 000元的学费,第二年的奖学金将重新分配,能否获得奖学金主要依据第一年的学业状况进行评定。在目前没有制定相关"资助性奖学金"(Need Based Scholarship)的状况下,这种典型的"奖优性"奖学金(Merit Based Scholarship)将很可能导致一部分贫困家庭学生失去就读研究生的机会。在北京大学招收免试推荐研究生的过程中就已经可以发现这样的现象:当被告知不能获得奖学金时,家庭困难的学生可能放弃在北京大学学习的机会,转而申请其他高校,而排名靠后的家庭经济状况较好的学生则可以通过"递补"获得研究生阶段学习机会。在通过考试招收学生的过程中,由于没有选择其他高校的机会,学生不论能否获得奖学金都只能接受录取安排。笔者曾遇到以下个案:一位贫困学生通过努力考上了北京大学,但根据成绩排名不能获得奖学金,由于该生在本科阶段已经申请了助学贷款,银行拒绝对在本科阶段借贷未还的学生继续贷款,导致该生无力承担第一年 10 000 元的学费以及相应的住宿费、生活费,只能成为"欠费生"。可见,研究生教育阶段收费的公平性问题同样应该引起高度重视,并提早研究制定相关配套措施。

除以上特点外,我国高等教育还普遍实行了"后勤社会化"。在 20 世纪 80 年代,大学生在学校住宿是免费的,90 年代以后,高校逐渐向学生收取一定数额的住宿费。目前高校住宿费标准根据住宿条件不同(如四人间和二人间)而有所区别,一般不超过每年 1 500 元。学生公费医疗制度改革、高校餐饮等后勤服务的"社会化"也都在一定程度上降低了学生资助和福利,增加了学生的学习成本。

三、我国现行高校学生资助政策

伴随着收费政策的变化,我国高校学生资助方式也经历了几次重大变化,其中主要包括 1983 年改"免费加人民助学金"制度为"免费加人民奖学金"制度;1986 年开始设立学生奖学金和贷学金(无息贷款);1989 年开始推行高校收费政策后,实行了师范生免费的政策,该政策一直持续到 2000 年;此外,我国也一直实行国防定向、地区定向等定向培养学生的学费减免和资助政策。1999 年,我国开始推行国家助学贷款政策,2004 年教育部、财政部、人民银行、银监会发布了《关于进一步完善国家助学贷款工作的若干意见》,对国家助学贷款政策进行了重大调整。通过长期的实践和探索,我国已经形成了多种方式并存的高校学生资助体系。根据 2007 年 5 月《国务院关于建立健全普通本科高校、高等职业学校和中等职业学校家庭困难学生资助政策体系的意见》[1]和此后财政部教科文司、教育部财务司、全国学生资助管理中心提供的"高等学校学生资助政策简介",[2]目前我国在高等教育阶段已经建立了国家奖学金、国家励志奖学

---

[1] 国务院关于建立健全普通本科高校、高等职业学校和中等职业学校家庭困难学生资助政策体系的意见,http://www.edu.cn/zi_zhu_819/20070524/t20070524_234218.shtml。

[2] 财政部教科文司,教育部财务司,全国学生资助管理中心.高等学校学生资助政策简介.2007.7.

金、国家助学金、师范生免费教育、国家助学贷款、勤工俭学、学费减免等多种形式的高校家庭困难学生资助政策体系，通过以国家助学金为主、以勤工俭学等为辅解决学生生活费问题；以国家助学贷款为主、国家励志奖学金等为辅解决学生的学费、住宿费问题。

（一）国家助学贷款

国家助学贷款是由政府主导、财政贴息、财政和高校共同给予银行一定风险补偿金，银行、教育行政部门与高校共同操作的，帮助高校家庭经济困难学生支付在校期间所需学费、住宿费及生活费的一种银行信用贷款。其政策要点主要包括以下内容：

1. 资助方式。获得资助的学生原则上每学年可以获得6 000元银行贷款，政府通过对学生贷款贴息的方式给予资助，借款学生在校期间的贷款利息全部由财政补贴，毕业后全部由自己负担，借款学生毕业后开始计付利息。之前的资助方式是政府对学生贷款利息给予50%的财政补贴。新方案的优势在于补贴期限明确、数额易于估算，学生毕业后全额自付利息的方式也有利于加速还贷进程。

2. 资助对象。原则上按各高校全日制普通本专科学生（含高职学生）、研究生以及第二学士学位在校生总数的20%、每人每年6 000元的标准进行资助。这样，将资助范围扩大到所有普通高校，20%左右的在校生可以获得贷款，将能保证大多数贫困生获得资助。

3. 资助管理。建立国家助学贷款管理中心、各省级国家助学贷款管理中心、普通高校、贷款银行等机构组成的资助管理体系。按照规定，国家助学贷款实行对普通高校借款总额包干的办法，各高校按照在校生数的20%、人均每年6 000元的标准获得借款总额，在此额度内，负责组织经济困难学生的贷款申请，并向经办银行提出本校借款学生名单和学生申请贷款相关材料，对申请借款学生的资格及申请材料的完整性、真实性进行审查。通过这种安排，可以充分发挥各高校在资助对象的确定、信息审核、贷款后的管理等方面的作用，银行不需要以学生个人为单位发放贷款，大大减轻了银行的放贷工作量，降低了放贷的风险，从而提高银行向学生贷款的积极性。

在资助管理方面，2007年8月财政部、教育部、国家开发银行发出了《关于在部分地区开展生源地信用助学贷款试点的通知》（财教[2007]135号），在全国五个省开始试点进行生源地信用贷款，即学生或其合法监护人可以向家庭所在地农村信用社、银行等金融机构申请无需担保或抵押的助学贷款。这一方式再次扩大了学生助学贷款的渠道，通过发挥生源地政府的作用,提高了贫困学生资格审核、信用管理等方面的作用。

4. 还贷管理。借款学生毕业后视就业情况,在1至2年后开始还贷,6年内还清。如果借款学生继续攻读学位,财政部门按在校生继续实施贴息资助。为降低还贷风险,按照"风险分担"的原则,由财政和普通高校各承担50%的原则成立国家助学贷款风险补偿专项资金;同时,每所高校获得的贷款总额与以往借款学生还贷违约情况挂钩,从而促使高校积极发挥自身在学生还贷方面的作用。

5. 免还贷政策。对毕业后自愿到国家需要的艰苦地区、艰苦行业工作,服务期达到三年的借款学生,经批准可以以奖学金方式偿还其贷款本息,相关经费由中央财政提供。这就实现了政府定向奖学金与贷款政策的有机结合,可以更有效地发挥相关奖励政策在引导学生合理流动方面的作用。

根据国家学生资助管理中心的统计,从1999年到2007年6月,全国普通高校已经累计审批贷款学生达317万多人,累计审批合同金额达到278亿,其中2004年6月实行新的国家助学贷款政策以后,全国审批贷款高校学生231万人,新增审批合同金额208亿,后两年贷款合同金额是2004年之前5年总和的3倍。可见,新的政策取得了更为理想的效果。到2007年初,全国高校在校生中获得贷款的学生比例达到了10.82%。[①]

(二)其他资助方式

1. 国家助学金

国家助学金是由中央和地方政府共同出资设立,用于资助家庭经济困难的全日制普通高校在校生的助学金,资助标准为平均每人每学年2000元,资助面占全国普通高校在校生总数的20%。所需资金由中央与地方分担,具体办法与国家励志奖学金(见下文)资金分担办法一致。同时,中央还鼓励有条件的地方试行运用教育券发放国家助学金。

2. 国家奖学金

为鼓励学生勤奋学习、努力进取,我国不仅有各高校自行设立的优秀学生奖学金,国家也专门设立了"国家奖学金",对全日制普通高等学校(含高职、第二学士学位)在校生中特别优秀的学生进行奖励,奖励人数为每年5万人,每人每年奖励8000元,所需资金由中央财政负担。这种奖学金是一种对优秀学生的奖励,不论家庭经济是否困难,只要符合条件均可获得,获奖者将获得国家统一印制的奖励证书,并记入学生学籍档案。

---

① 全国学生资助管理中心副主任马文华做客中国网谈资助贫困学生的政策和成果,http://www.moe.edu.cn/edoas/website18/info32840.htm。

3. 国家励志奖学金

国家励志奖学金是由中央与地方共同设立的，用于资助高校品学兼优、家庭经济困难学生的奖学金，资助面平均占全国高校在校生的3%，资助标准为每人每年5 000元。在评定励志奖学金过程中，实行向国家最需要的农学、水利、地质、矿产、石油、核能等学科专业学生倾斜的政策。所需资金由中央和地方共同分担，其中西部高校学生和在东部、中部高校就读的西部生源学生资助资金按中央和地方8∶2的比例分担；对其他学生进行该项资助的经费按中央和地方6∶4的比例分担。

与励志奖学金类似的是"师范生免费教育"政策，从2007年秋季入学开始，国家对六所教育部直属大学师范生实行免学费、住宿费并提供部分生活补助的政策。资助对象为愿意与生源所在地省级教育行政部门签订协议、毕业后从事中小学教育十年以上的师范专业学生。

4. 勤工助学

勤工助学是特指由高校组织学生参加各种校内的劳动并付给学生相应报酬的资助方式。勤工俭学活动主要包括当助教、助研、助管，从事实验室、后勤、产业等方面的辅助工作，工作时间通常要求每周不超过8小时，每月不超过40小时，每小时报酬原则上不少于8元。为能持续支付这些工作的报酬，国家教委在1994年曾发出《关于普通高等学校设立勤工助学基金的通知》，要求各高校设立勤工助学基金，由中央拨出专款作为启动资金，高校可以从每年收取的学费中抽取10%作为每年用于支付学生勤工俭学的费用。这一政策保证了高校学生勤工俭学的资助面，提高了高校学生通过自己劳动获得报酬的意识和能力，也可以在一定程度上促进高校用人制度和学生培养（尤其是研究生培养）制度的改革。

5. 特困补助和学费减免

特殊困难补助是我国政府一贯推行的困难学生资助政策。根据1995年教育部印发的《关于对普通高等学校经济困难学生减免学杂费有关事项的通知》，要求对部分经济特别困难的学生实行学费减免。这一受助群体不仅包括烈属子女、孤儿、优抚家庭子女，也包括家庭特别困难的边远地区、农村学生和城市无业、失业家庭学生和因自然灾害、偶然事故、疾病等而导致的家庭经济困难学生。资助的经费因资助原因不同而不同，有的可能只是用于日常生活费资助，有的可能包括学费、医疗费、甚至家庭成员的救助费。针对不断出现各种偶然事故和重大疾病的现象，许多高校也开始推行部分资助性质的学生意外伤害保险和大病医疗保险。

此外，为了保证被高校录取的经济困难学生能顺利入学，教育部要求各高校建立了"绿色通道",让这些学生先入学后办理各种缴费或贷款缴费手续,以确保每一位新生不会因为经济困难而失学。

值得一提的是,这些高校学生资助政策实施的范围不仅包括公办高校,也包括按照国家有关规定办学、从事业收入中足额提取4%—6%的经费用来资助家庭困难学生的民办高校和独立学院。

第三节　高校收费和资助政策的影响及对策

一、高校收费和资助对高等教育机会公平影响的调查分析

由于高校收费与资助是同时进行的,很难分别考察收费和资助的影响,高等教育机会分配所反映的实际上是二者以及其他多种因素共同作用的结果。在高等教育机会分配的研究方面,我国学者有长期的关注。早在1980年就有人曾对北京8所高校新生家庭背景进行了抽样调查,发现父亲职业为农民者占20%,工人占25%,干部占15.5%,专业技术人员占39.3%;1982年胡建华对南京大学、南京师范大学在校生的调查表明,两校学生中父亲为农民者占22.7%,包括工人在内的体力劳动者共占40%。[①] 高校实行收费和扩招政策后,人们对高等教育机会分配的调查研究逐渐增多,这些研究得出的结论基本一致:从总体上看,我国相对弱势群体获得了更多的高等教育机会,但不同群体学生获得重点高校、热门专业入学机会的比例仍然差异显著。

1998年谢维和等对全国37所高校69 528名学生的调查发现,学生中来自大中城市的占33.5%,来自农村的占35.6%,但大中城市生源在国家重点高校就读的比例则达到了42.3%,在地方高校就读的只有22.0%,而来自农村的学生中有48.2%在地方高校就读,在国家重点高校的只有26.8%,而且该比例在1994级学生中占28.7%,在1997级学生中下降为25.2%。[②]

丁小浩利用1991年和2000年全国城镇居民家庭入户调查数据以及2004年北京大学教育学院"高校在校生调查"数据分析发现,随着高等教育规模的扩大,城镇居民高等教育入学机会均等化程度有明显提高,高校

[①] 杨东平.中国教育公平的理想与现实.北京:北京大学出版社,2006,205.
[②] 谢维和,李雪莲.高等教育公平性的调查与研究报告.见曾满超主编.教育政策的经济分析.北京:人民教育出版社,2000,264.

在校生中户主具有大专以上文化程度者从44.8%下降到30.8%,而户主文化程度为初中及以下者从25.4%上升到37.0%;而在考虑质量因素后,优质高等教育机会分配并没有出现均等化的趋势,社会弱势群体高等教育机会的扩大主要归功于非精英型高等学校的扩招。[1]

钟宇平、陆根书1998年对14所高校13 511名大学生的调查发现,高收入家庭子女(占调查样本比例为62.7%)在综合性大学和第一层次大学(重点高校)的比例明显更高(分别占20.1%、24.4%),而低收入家庭子女在农林地质类高校的比例达到88.4%,在第三层次高校(高职、专科院校)的比例占74.9%;这种差异在学科专业领域表现得更为明显,高收入家庭子女在外语、新闻传播、艺术、经济、管理、法律等学科的比例明显更高,而在农、林、地质、工程等学科的相对比例明显更低(合计仅占3.7%),而低收入家庭子女学习外语专业的只有29.9%,在农、林、地质、工程类学科的比例达到91.2%。[2]

谢作栩、陈小伟对全国51所高校11 776名学生的调查发现,不同高校学费标准差异悬殊,在公办高校,重点本科院校平均学费为每学年4 616.5元,一般本科院校为4 069.9元,高职高专为5 228.5元;在民办高校中,民办本科院校为每学年14 980.0元,独立学院为11 233.1元,高职高专为8 031.3元。该调查同时发现,"优势地位阶层"和"基础阶层"子女就读各类高校的比例不同,优势地位阶层样本中,有31.4%的人就读各类民办院校,而基础阶层样本中该比例只有13.4%,作者认为,这是因为优势地位阶层有更强的支付能力缴纳民办高校较高的学费,而基础阶层则较难逾越民办高校高学费的门槛。[3]

除高等教育机会分配的调查外,我国学者也对高校收费和资助的具体数额及其对不同家庭的影响进行了研究。钟宇平、占盛丽的分析发现,在1990年,全国城镇和农村居民人均年纯收入分别是1 510元、686元,当时全国高校平均收费约200元,学费占城镇和农村人均纯收入的比例分别为13%和29%,到1999年,城乡居民人均可支配收入已经分别增长到5 854元和2 210元,但由于全国高校平均学费增加到3 200元,学费占城镇居民年纯收入的比例提高到55%,占农村居民年收入的比例更是增

---

[1] 丁小浩.规模扩大与高等教育入学机会均等化.北京大学教育评论.2006(2)
[2] 钟宇平,陆根书.收费条件下学生选择高校影响因素分析.高等教育研究.1999(2)
[3] 谢作栩,陈小伟.中国大陆高校学费对不同社会阶层子女的影响——实证调查与分析.教育与经济.2007(2)

加到265%。①

  李文利利用2004年对18所高校15 284名在校本科大学生的调查发现,在控制其他因素的情况下,父亲文化程度越高、家庭收入越高,学生到学术声望更高的"985高校"和"211高校"就读的机会更大;该研究还对高校收费与学生资助的综合影响进行了分析,与谢作栩等的调查结果不同,该调查发现高校学术声望越高,学费越低,在"985高校"、"211高校"和一般本科院校平均年学费分别为4 885.93元、5 066.46元和6 106.59元,但高校学术声望越高,学生获得的奖学金、助学金、贷款、勤工俭学收入等各类资助越多,净支出越低,在上述三类高校,学生的净支出分别为2 872.28元、3 720.53元、6 199.67元;在这三类高校,学生净支出占家庭总收入的比例分别为10.07%、15.28%、29.90%,即在考虑资助政策后,收费政策对学术声望越高的高校学生的影响越小;研究还发现,不同收入组学生获得的资助数额不同,家庭收入越低,获得的各类资助越多,在获得资助之后,按家庭收入从低到高的五个组群(最低、中低、中等、中高、最高)学生的净支付分别为1 407.64元、3 076.51元、4 391.62元、5 005.79元、5 416.82元,尽管如此,由于家庭收入差异悬殊,仍然存在收入越低,净支出对家庭经济的负担越重的现象,在这五个组,学生净支出占家庭收入的比例分别是42.82%、36.92%、29.60%、19.34%、7.23%,②即尽管最低收入组学生净支出只有最高收入组的28%左右,但给家庭带来的负担却是最高收入组学生的6倍。

  由于上述调查所利用的数据绝大部分都是2004年以前获得,2004年之后,我国高校学生资助政策、尤其是高校助学贷款政策进行了重大调整,新的收费加资助政策的影响还有待进一步调查分析。为全面了解北京高等教育质量及其相关问题,在北京市教委、北京市高教学会的支持下,由笔者负责,以北京大学教育学院师生为主,北京多所高校和北京教科院相关研究人员参与,于2006年12月至2007年1月底对在京高校学生和教师进行了一次大规模的调查。调查实际返回有效学生问卷16 591份,来自24所高校,其中专科生占17.2%,本科生占71.1%,硕士生占10.9%,博士生占0.7%;北京生源占46.0%,非北京生源占54.0%;中央部委属院校占43.3%,市属市管院校占56.7%。本节以下部分将以该调

---

① 钟宇平,占盛丽.从公平视角看公立高校收费——成本回收理论在中国内地的实践.高等教育研究.2003(11)
② 李文利.高等教育财政政策对入学机会和资源分配公平的促进.北京大学教育评论.2006(2)

查相关数据为基础,对实行收费和资助政策背景下高等教育机会分配问题进行分析。

(一)高校生源构成及其变化

高校生源结构可以从学生的城乡来源和家庭背景两方面进行分析。在城乡结构方面,本次调查中,来自县镇和农村的学生比例合计为42%(该比例在北京生源和非北京生源中分别为33.6%和48.6%);从历年的变化趋势看,该比例在2003—2006年分别为36.7%、39.7%、39.3%、45.3%;在非北京生源中,从2003年到2006年,来自农村(不包括县镇)的学生比例从18.7%增加到29.2%,增加了近10个百分点。由此说明首都高校大学生中来自县及县以下地区者占相当高的比例,并且该比例有逐步提高的趋势,如果考虑到这些年城市化过程导致农村人口比例的下降,来自农村的学生比例提高幅度更大。

在学生家庭社会阶层结构方面,本次调查用三个相关指标进行了考察:父母的文化程度、职业和收入。从调查数据看,被调查的大学生中,父亲文化程度在初中及以下的占29.5%,高中及中专、技校的占37.6%,大专及以上者占33.0%;从2003—2006级学生的变化情况看,总的趋势是:父亲文化程度较低者上大学的相对比例在逐年增加,2003年父亲文化程度在初中及以下者仅占25.1%,2006年占到32.1%(在北京生源中,该比例从21.1%提高到31.5%,在非北京生源中该比例从26.6%提高到32.6%),而父亲文化程度为大专及以上者的比例由2003年的41.2%下降到了31.0%(在北京生源中,该比例从39.2%下降到27.1%,在非北京生源中该比例从42.6%下降到34.8%)。从父亲的收入状况看,2003级学生中,父亲月收入在1 500元以下的占51.2%,在2006级学生中该比例提高到56.1%(在北京生源中,该比例从39.4%增加到49.1%,在非北京生源中,该比例从55.0%提高到62.7%);在2003级学生中,父亲月收入在3000元以上者占18.4%,到2006年该比例下降到14.3%(在北京生源中,该比例从26.4%下降到18.8%,在非北京生源中,该比例从15.9%下降到9.8%)。说明高校接受的学生中来自低收入家庭子女比例在增加,来自高收入家庭子女的相对比例有一定程度的下降。从父亲的职业看,2003级学生中,父亲为行政管理人员、企业管理人员和专业技术人员者的比例为47.2%,到2006年,该比例下降为34.6%,与此同时,父亲职业为技术辅助人员、服务人员、一线工人、农民者的所占的相对比例均有一定的提高。

表 5-3 北京高校 2003—2006 级在校生城乡来源和家庭背景构成(%)

来源和家庭背景		2003 级	2004 级	2005 级	2006 级
家庭来源	直辖市/省会城市	36.7	36.4	40.7	34.1
	其他城市和县镇	45.1	42.0	38.5	40.1
	农村	18.1	20.7	20.9	25.8
父亲文化	初中及以下	25.1	26.4	28.2	32.1
	中专、技校和高中	33.7	38.5	38.6	36.9
	大专及以上	41.2	35.1	33.2	31.0
父亲月收入	1 500 元以下	51.2	53.1	52.7	56.1
	1 501—3 000 元	30.4	28.9	30.7	29.6
	3 001 元以上	18.4	18.0	16.5	14.3

根据上述结果可以认为,在高校扩招、收费、资助等因素的共同作用下,我国相对弱势群体获得高等教育的机会在逐步增加,高等教育机会在城乡之间、不同社会阶层之间的分配也更为公平。这一结果与前文丁小浩(2006)等的调查结果是一致的。

(二)不同院校学生家庭社会经济状况分析

由于高等教育系统内部存在不同类型的高等学校,不同高校的学术声誉以及对学生职业发展和收入的影响不同,因此有必要对不同类型高校高等教育机会在不同人群中的分配状况进行分析。由于北京不同类型院校招收的非北京生源比例差别很大,高职院校和市属市管本科院校主要招收北京生源,为控制生源结构对调查结果的影响,在此仅对调查中的北京生源进行分析(有效样本为 7 413 人)。从表 5-4 可以看出,在不同类型高校,学生的构成差异非常显著。从城乡来源看,在"985 高校"就读的学生中,来自城区的占 78.3%,来自农村的只有 8.6%,而一般本科院校中,二者分别为 65.3% 和 17.5%,在高职院校中,来自城区的只有 43.5%,来自农村的占 24.8%。从父亲文化程度看,在"985 高校",父亲文化程度为初中及以下者只有 14.7%,在一般本科院校,该比例增加一倍,达到 28.0%,在高职院校更是达到 36.0%;另一方面,父亲文化程度为大专及以上者的比例,在"985 高校"达到 59.2%,在一般本科院校只有 27.9%,在高职院校只有 17.6%。从父亲收入状况看,在"985 高校",父亲月收入为 1 500 元以下者只有 26.8%,在高职院校该比例则达到 52.7%;在"985 高校",父亲月收入在 3 000 元以上者占 44.0%,在高职院校该比例则只有 14.4%。从父亲职业状况看,在"985 高校",父亲职业为行政管理人员、企业管理人员以及专业技术人员的比例占 58.6%,在一般本科院校和高职院校,该比例分别只有31.6%和24.0%;在"985高校",父亲职业为一线工人、农民者的比例只有13.5%,在一般本科院校和高职院校,该比例则分别达到23.2%和29.4%。由此可以清楚地发现,在所调查高校的北京生源中,高校学术声誉越高,学生家庭社会经济状况越好,在重点高校,来自城市、高收入、高学历家庭的学生比例明显更高,而高职院校来自较低收入和低文化程度家庭的学生更多。

表5-4 不同类型高校北京生源的城乡结构和家庭背景(%)

来源和家庭背景		"985高校"	"211高校"	一般本科	高职高专
家庭来源	北京城区	78.3	69.3	65.3	43.5
	县镇	13.1	17.1	17.2	32.0
	农村	8.6	13.6	17.5	24.5
父亲文化	初中及以下	14.7	20.1	28.0	36.0
	中专、技校和高中	26.1	37.1	44.1	46.4
	大专及以上	59.2	42.8	27.9	17.6
父亲月收入	1500元以下	26.8	38.8	47.1	52.7
	1501—3000元	29.2	34.1	33.3	33.0
	3001元以上	44.0	27.0	19.6	14.4

(三)不同学科学生家庭社会经济状况分析

为了比较不同学科学生的构成状况,以下选择四所院校进行分析,这四所院校均为中央部委属院校,面向全国招生,且学科比较集中。之所以以院校为单位而不是以学科专业为分析单位,是考虑到我国的国家助学贷款是以高校为单位确定贷款总额。从表5-5可以看出,在外语院校和艺术院校,学生中来自直辖市和省会城市的比例明显更高,来自农村的学生比例非常低,在中央音乐学院,来自农村的学生的比例甚至不到1%;而在石油大学和北京化工大学,来自农村的学生的比例都在30%左右,来自直辖市和省会城市的分别只有13.5%和21.0%。从学生家长的文化程度看,在北京外国语大学和中央音乐学院,家长中具有大专及以上文化者的比例分别为59.3%和66.2%,家长中初中及以下文化者的比例只有10%左右,而在中国石油大学和北京化工大学,家长中具有大学以上文化程度者只有30%甚至更少,而初中及以下文化者的比例都在1/3以上。从父亲的收入看,在北京外国语大学和中央音乐学院,父亲月收入在1500元以下者只有1/3甚至更少,在中国石油大学和北京化工大学,相应比例都在2/3左右,而父亲月收入在3000元以上者都只有10%。由此看来,在北京外国语大学和中央音乐学院等外语和艺术院校,家庭社会经济背景较好的学生比例明显更高,而在中国石油大学和北京化工大学这类相对艰苦的工科院校,家庭社会经济背景较差的贫困学生比例明显更高。这一方面反映了由于不同高校收费和资助状况不同而导致的学生分流和高等教育机会的分配状况,也反映了不同高校在困难学生资助方面面临困难的差异,如果农、林、地、矿等学科高校与其他高校一样,都只是按在校生数的20%获得国家助学贷款,显然难以充分满足学生资助的需求。

表5-5 四所不同学科特色高校生源的城乡结构和家庭背景(%)

来源和家庭背景		北京外国语大学	中央音乐学院	中国石油大学	北京化工大学
家庭来源	直辖市/省会城市	39.0	55.3	13.5	21.0
	其他城市和县镇	52.6	44.2	52.8	50.1
	农村	8.4	0.6	33.7	28.9
父亲文化	初中及以下	13.7	7.5	34.7	34.1
	中专、技校和高中	27.0	26.3	34.8	37.2
	大专及以上	59.3	66.2	30.5	28.7
父亲月收入	1 500元以下	34.2	28.0	64.8	66.6
	1 501—3 000元	37.7	39.4	25.2	23.4
	3 001元以上	28.1	32.6	10.0	10.0

(四)高考成绩与高等教育入学机会分配

从上述统计数据看,来自城乡和不同社会阶层的学生进入不同高校和不同学科专业的机会不同,造成这种状况的原因何在?在以往的研究中,有人通过比较北京某高校2003级不同家庭子女的高考录取分数发现,低阶层家庭子女的平均录取分数普遍高于高阶层子女,其中高级管理技术人员阶层子女的平均分最低,比农民子女的平均分低38.8分,比工人子女低26.2分,比下岗失业人员子女低35分,由此而认为在高校招生过程中存在明显的不公平,从而导致不同院校和学科教育机会分配不公平。[①] 但笔者认为,以上结果的出现很可能是由于北京生源(父母为高级管理人员和专业技术人员比例较高,为工人、农民者较少)高考录取分数线更低导致,如果能有效控制样本结构和样本数量,则可以消除以上差异。

为此,以下选择本次调查中样本较多的北京工业大学和北京京北职业技术学院(分别为"211大学"和高职院校)为例,对不同性别、不同家庭背景和城乡来源的北京生源(以剔除不同省份高考成绩不同可能产生的影响)的2006级学生高考入学成绩进行比较分析,其结果如表5-6所示。从中可以

---

① 杨东平.高等教育入学机会——扩大中的阶层差距.清华大学教育研究.2006(1)

看出,不论是男女之间,还是在不同家庭背景和城乡来源的学生之间,高考成绩在统计上都没有明显的差异,甚至相对弱势的女性、农村学生、无业失业人员子女的高考平均分数还略低。这一发现显然与杨东平(2006)等的结论完全相反。由此说明,在现行高校招生体制下,高校招生对学生基本上是遵循"分数面前人人平等"的原则,考生性别、城乡来源、家庭背景等因素对录取结果基本上没有产生影响。事实上,各高校在进行计算机网上录取时,在录取程序上也基本上只能依据高考成绩,不可能过多考虑性别、城乡来源等因素,甚至根本看不到考生的家庭背景信息。这种录取制度有效地保证了以高考成绩为标准的招生过程的公平。

表 5-6 两所高校 2006 级北京生源中不同群体学生高考成绩比较

学生群体		北京工业大学		京北职业技术学院	
		考分	样本	考分	样本
性别	男	568.0	300	377.7	223
	女	566.9	191	382.1	344
父亲学历	初中及以下	567.7	117	380.6	257
	中专、技校和高中	562.4	171	381.6	249
	大专及以上	571.8	201	372.9	73
父亲职业	行政管理、企业管理、专业技术人员	570.9	197	371.7	115
	行政辅助人员、服务人员	565.4	97	386.4	143
	一线工人、农民	569.5	109	378.3	189
	无业、失业、下岗人员	554.7	37	381.6	61
	退休及其他	562.5	33	386.2	55
城乡来源	直辖市	569.3	323	386.9	155
	县镇	564.7	64	372.0	192
	农村	562.5	86	383.8	170

高校招生既然遵循"分数面前人人平等"的原则,为什么不同高校和不同学科中学生家庭背景会差异显著?对此,笔者认为,主要是不同家庭背景学生高考成绩不同,从整体上看,相对弱势群体的高考成绩较低。利用北京大学教育学院 2003 年对全国大学生就业状况调查数据,笔者分析发现,家庭背景对子女高考成绩和入学机会有直接的影响。[①] 从直观的描述统计看,在以原始分为记分方式的样本组,父亲具有研究生、本科、专

---

① 文东茅.家庭背景对我国高等教育机会及毕业生就业的影响.北京大学教育评论.2004(3)

科学历者的平均分分别为 557、545、535 分,而父亲为初中、小学、文盲半文盲者的平均分则分别只有 528、517、501 分;在以标准分为记分方式的样本组中也可以发现类似的结果,父亲为本科毕业者的平均分为 666 分,而父亲为小学文化者的平均分只有 647 分。在控制大学生性别、民族、地区来源后的线性回归结果显示,父亲受教育年限对大学生高考成绩具有显著影响,父亲受教育年限每增加一年,大学生的高考成绩在原始分组和标准分组分别提高 1.9 分和 2.227 分(见表 5-7)。以此推算,父亲为本科学历(接受 16 年教育)者比父亲为小学学历(接受 6 年教育)者高考成绩平均要高 20 分左右。在 2007 年北京高校调查中,如果选择 2006 级北京生源的高考成绩进行分析也可以发现,父亲月收入在 1 500 元以下者的高考成绩平均为451.8分,而父亲月收入在 3 000 元以上者的高考成绩平均为479.6分,比前者平均高 28 分;父亲文化程度为初中及以下者高考平均成绩为 445.1 分,而父亲文化程度为大专及以上者高考平均成绩为 484.2 分,比前者平均高近 40 分。这种差距足以对学生的高考录取结果产生极其显著的影响。这就是从总体上看高层次院校和热门专业学生家庭背景更好的主要原因之一。

表 5-7 父亲受教育年限对本科生高考成绩影响的回归结果

	原始分样本		标准分样本	
	B	T	B	T
常数项	514.309	101.540**	586.531	77.861**
父亲受教育年限	1.900	7.035**	2.227	6.206**
来源于中部省(市,自治区)	−0.176	−0.074	33.110	6.355**
来源于西部省(市,自治区)	−71.087	−28.727**	−22.293	−6.348**
性别(男性)	12.813	6.404**	10.635	4.129**
民族(汉族)	14.985	4.482**	33.952	5.653**
R^2	0.317		0.043	

注:* 表示达到 0.05 的显著性水平;** 表示达到 0.01 的显著性水平。

至于为什么不同家庭背景学生高考成绩会有悬殊差异,笔者认为,是由于不同家庭的社会、经济背景不同,导致子女接受的家庭教育和基础教育的条件不同,最终导致学生高考成绩出现差异,家庭条件越好,高考成绩越好。而在"分数面前人人平等"的高考招生体制下,这些家庭子女进入高校的可能性更大;在进入高校的学生中,家庭背景好的学生进入重点高校的可能性更大。从这个意义上说,如果不同社会经济背景的家庭子女接受的基础教育不同这一状况不能改变,在高考招生录取过程中坚持

"分数面前人人平等"这种形式上的平等,只可能导致最终结果的不平等。这种教育机会的不平等尽管不是高校招生制度本身的责任,但今后高考招生制度改革中也应该充分考虑这种现实,并采取相应措施促进高等教育机会公平。

(五)高校学生资助状况及其对入学机会分配的影响

如前文所述,我国已经形成了"奖、助、贷、勤、补、减"等多种资助方式并存的高校学生资助体系,那么这些资助体系目前发挥的效果如何呢?本次对北京高校学生的调查没有对学生获得资助的具体数额进行调查,只调查了获得资助的项目。调查中获得各项资助的学生比例如表5-8所示。从总体上看,资助面比较大的是奖学金(28.1%)、助学金(11.5%)和国家助学贷款(10.2%),获得勤工俭学机会的也有9.0%。在这些资助方式中,获得一项资助的有34.0%,同时获得两项资助的有8.8%,获得三项及以上资助的有6.7%,有49.4%的学生没有获得其中任何一项资助。具体分析可以看出,这些资助项目中,父亲月收入不同的群体获得奖学金的比例没有显著差别,而助学金、学费减免、国家助学贷款、勤工俭学、校内贷学金、困难补助等资助都主要给予了父亲收入相对较低的学生群体。

表5-8 父亲月收入与学生获得各项高校学生资助的比例(%)

资助项目	1 500元以下	1 501—3 000元	3 001元以上	平均
奖学金	29.0	27.4	26.4	28.1
助学金	17.3	5.1	4.0	11.5
学费减免	4.1	2.7	3.1	3.5
国家助学贷款	17.8	1.5	1.1	10.2
勤工俭学	13.6	4.0	2.7	9.0
校内贷学金	2.9	0.8	0.7	1.9
困难补助	8.7	1.4	1.2	5.4
其他	3.3	3.8	3.7	3.5

由于国家助学贷款将是政府准备大力发展的高校学生资助方式,因而有必要对其进行专门分析。根据调查数据发现,不同年级学生获得国家助学贷款的比例差异显著。2003级和2004级学生获得国家助学贷款的比例分别为14.3%和13.2%,2005级和2006级学生相应比例却分别只有11.1%和7.9%。在2004年,政府制定了新的国家助学贷款政策,从全国统计数据看,资助总额和资助对象都大幅增长,但本次调查中,2004年后入学的学生来自低收入群体的比例更高,而获得国家助学贷款

者的比例却更低,这是值得进一步调查分析的。

对不同院校的比较看,在"985高校"、"211高校"、一般本科院校、高职院校,学生获得国家助学贷款的比例分别为18.0%、12.1%、7.8%和3.2%,即学校的学术声望越高,学生获得国家助学贷款的机会越大。而前文的分析表明,高校学术声望越高,从整体上看学生的家庭社会经济状况越好,在高职院校,来自农村、低收入家庭的学生比例最高。可见,目前不同高校学生资助的现状是越需要资助的高校学生获得资助的比例越低。不过,在同一层次的院校,前文所述学生家庭条件较好的北京外国语大学和中央音乐学院学生获得国家助学贷款的比例只有6.8%和1.8%,学生家庭社会经济状况相对较差的北京化工大学、中国石油大学学生获得国家助学贷款的比例分别达到19.3%、15.7%。

二、我国高校"收费加资助"政策面临的挑战和对策

(一)高校"收费加资助"政策面临的挑战

从以上分析可发现,尽管我国实行了高校收费政策,但是由于高校招生规模的迅速扩大,而且政府实行了多种形式的高校学生资助政策,尤其是为贫困学生开辟了"绿色通道",因而只要高考上线,很少有人会因为贫困而放弃上大学的机会,①这些政策表现出的综合影响是我国高等教育机会在城乡之间、不同社会阶层之间分布更均匀,相对弱势群体占高等学校在校生的比例逐年提高。但另一方面,也明显出现了不同高校学生来源"同质化"和"类聚"现象,即在重点高校和热门专业,会聚积更高比例的家庭社会经济状况较好的学生,而家庭社会经济状况较差者很大部分都只能就读于学术声望较低的高校和一些面向艰苦行业的学科专业。造成这一现象的原因不在于高校招生录取过程,而在于由家庭社会经济状况不同而决定的基础教育质量和高考成绩,如果基础教育不能更均衡地发展,通过目前的高考方式和"分数面前人人平等"的录取原则,只可能造成不同社会阶层子女接受高等教育机会的不均等,同样会导致不同社会阶层子女所接受的高等教育在层次、类型方面的悬殊差异。不可否认,不论是基础教育阶段还是高等教育阶段,不同社会阶层子女受教育机会的差

---

① 近年来有许多"高分复读"和被高校录取而不报到者,这些人通常不是因为经济困难,相反,是因为家庭有足够的经济实力支持他们主动放弃已获得的、被视为"较差"的入学机会。这也可能是根据高校在校生进行统计时,家庭经济状况较好的学生高考成绩整体上更高的一个原因。

异都与经济因素、尤其是与学校收费有密切的关系。为此,政府已经采取了非常具体、有力的措施,例如2007年中央政府用于各级各类学生资助的经费已经达到150亿元,2008年预算是500亿元(中央和地方各250亿元,其中很大部分将用于中等职业教育),可以肯定的是,随着这些新政策的贯彻落实,我国高等学校教育机会公平状况会进一步改善。但也应该看到,我国高校收费和资助政策仍然面临着严峻的挑战,其中最主要的挑战来自以下三方面:

第一,高等教育规模迅速扩大,需要资助的群体急剧增加。到2006年,全国各级各类高等教育规模达到2 300万人,普通高校在校生达到1 600万人,根据国家教育事业发展"十一五规划",到2010年,我国高等教育毛入学率将达到25%,高等学校在校生数将达到3 000万人。从本章前文的统计可以看出,高等教育入学机会并不是在各个社会阶层同比扩大,而是相对弱势群体获得了更多新增的高等教育机会,因而未来需要资助学生的比例和数量都会急剧增加。从2007年北京高校学生的调查数据看,有54.0%的学生父亲月收入低于1 500元,67.4%的学生母亲月收入低于1 500元,在农村学生中,父亲和母亲月收入低于1 500元者分别占87.6%和95.6%。"底部庞大"是我国社会各阶层收入分布结构的重要特点。这就意味着在高校扩招之后,将会有越来越多的来自低收入家庭子女进入高等学校,这些学生都需要接受资助。如果以目前的1 600万在校生、其中30%需要资助计算,需要资助的贫困大学生有近500万人;而如果普通高校在校生规模达到2 500万人,则需要资助的学生比例可能将达到40%,需要资助的学生数将达到1 000万人。

第二,由于受高考成绩、学费水平等因素的筛选和引导,不同社会经济背景学生"类聚"现象日益突显,使学生贷款发放和回收都面临巨大挑战。如前文所述,高校学术声誉越好,学生家庭背景越好,需要资助的学生越少,但这些院校不论通过银行还是通过其他社会捐赠方式获得学生资助的能力都更强,这些高校学生毕业后的就业状况更好,因而还贷能力更强。相反,在一些高职、高专院校和地方本科院校,以及一些面向农、林、地、矿等艰苦行业的院校,则会"聚积"很高比例的贫困家庭学生,这些高校筹集资金资助学生的能力有限;由于学生毕业后的就业前景和收入水平都不乐观,为降低贷款风险,银行为这些高校学生提供贷款的积极性也很低。同时,由于学生还贷状况与高校声誉、高校风险分担等相关性很高,也导致一些高校不愿积极主动地扩大助学贷款。于是,就出现了越需要资助的高校越无法获得资助的现象。在许多高校,贫困大学生即使能通过"绿色通道"政策获得上大学的机会,却因无法从家庭或银行贷款获得足够的经费缴纳学费,从而导致出现高校大面积学费拖欠现象,甚至影响高校办学经费的运转。对于学费拖欠,至今也没有一种有效的解决办法,进而出现了部分学生恶意拖欠学费的现象。

第三,各种政策导向性资助将加剧学生的"类聚"现象,使这些政策面临进退两难的境地。目前政府积极推行的"励志奖学金"、"免费师范生"、"专业定向奖学金"等,在解决一部分贫困学生的经济困难、为他们顺利完成高等教育阶段学业方面确实起到了非常重要的作用。但是也应该看到,这些政策将不可避免地带来一些负面影响,如学生对专业的兴趣和学习积极性问题、这些学生毕业后履约责任和工作流动的矛盾问题等。而尤其需要关注的是由这些政策而加剧的高校学生"类聚"问题,即因这些政策的引导,在某些高校和某些学科将更大量地聚积来自贫困家庭的学生。社会的和谐和可持续发展,需要不同社会阶层之间的融合和相互理解,如果在接受高等教育时,不同社会阶层子女之间不能通过共同的校园、共同的教室交流而相互认识和理解,而是彼此被分割在不同的校园、不同的专业,则很容易导致大学生对其他社会阶层感到陌生和产生偏见,从长远来看,来自不同社会阶层的大学毕业生将从事各自不同的职业,导致一种新的"社会再造",使学生资助失去了"通过资助促进教育公平和社会公平"的本来目的。因此,如何促进基础教育的公平、并通过制定和实施适当的政策扩大弱势群体进入重点高校和热门专业的机会,是政府应该考虑的一个更根本性的问题。

(二) 关于高校收费和资助的政策建议

目前我国高校收费和资助的基本政策是:普遍收费、控制学费、扩大资助。同时,为降低高校收费可能带来的负面影响、更充分地发挥高校资助在促进教育公平方面的作用,政府和学者们都仍然在积极探讨并努力改进高校收费和资助政策。对此,笔者提出以下一些建议:

1. 制定更科学合理的高校收费标准

关于高校收费标准,通常有几种依据,一种是依据培养成本的"成本分担原则",一种是依据市场供求或教育收益高低的"受益原则",第三种是根据学生家庭收入水平的"支付能力原则"。按照"成本分担原则",需要区分"三种成本":"生均培养成本"、"生均教育经费"和"生均高等教育成本"。[①] 第一个概念包括公务费、业务费、设备购置费、修缮费、教职工

---

① 钟宇平,占盛丽.从公平视角看公立高校收费——成本回收理论在中国内地的实践.高等教育研究.2003(11)

人员经费等办学费用开支;第二个概念还包含学生及其家庭和社会各界的教育投入;第三个概念甚至包括学生放弃的机会成本。目前我国政府提出的公办高校收费标准是"不超过生均培养成本的25%"。这种成本分担原则的主要问题在于不论按何种成本的概念,高等教育成本的确定都是比较困难的,而且高等教育成本有不断增长的趋势,甚至存在培养成本不断提高的"成本病",如果依据教育机构的培养成本收费,不仅难以鼓励高校控制成本、提高办学效率,反而会促使高校不断提高办学成本,以便收取更高的学费。因而我国各地高校学费水平的确定并没有真正依据各高校的培养成本。至于"受益原则",实际上通过不同学科、不同高校学费水平的差异已经得到了一定程度的体现,但如前所述,这种收费标准将加剧不同社会经济状况学生之间的"类聚",不利于社会的相互理解与和谐发展;而且"受益原则"不论是对就业率还是对起薪的估计都只能是非常粗略的,对终生受益的估计更不可能准确,以此作为制定学费标准的依据显然是不充分、不可靠的。关于"支付能力原则",以往的讨论往往限于在我国收入分配不均衡的情况下,居民存款总量、人均可支配收入等是否可以作为高校收费的依据,并没有具体的政策实践。但也有学者提出了"差别定价原则",即"对于同等层次的高等教育服务,针对不同收入水平的求学者及其家庭,制定不同的学费标准,进行不等额的教育券资助"。[①] 马陆亭更是根据"培养成本和人均收入的双重约束",提出了按照东中西部三类地区以及农村、城市生源两个因素将学费分为6档的方案:在目前全国平均学费为每学年5 000元的情况下,东、中、西部农村生源学费水平分别为4 000元、2 500元、1 500元;东、中、西部城镇生源的学费则分别为8 000元、6 000元、4 000元;政府按照生均5 000元的标准确定各高校的总学费水平,高校实收学费不足总学费水平者由财政补足,超出者归财政。[②] 笔者认为,该方案至少有以下优势:考虑了不同群体的支付能力,在差别收费原则下不会减少对高等教育的需求;高校总学费收入不减少,因而在招生时不会按支付能力选择学生;低收入家庭学生可以以较低的学费就读高水平高校和热门专业,从而促进高等教育机会公平。当然,在东、中、西部以及城市和农村,都存在不同收入群体,因此,作为补充,可以适当结合目前已经试行的"生源地贷款"政策,加大对城市和东部贫困家庭子女的学费减免,从长远来看,可以直接根据家庭收入制定不同的学费标准。此外,在目前中国收入分配差距较大的情况下,为给低收入家庭

---

① 王小兵.差别定价:高等教育服务供求平衡的制度安排.江苏高教.2007(4)
② 马陆亭.高等教育学费和学生资助政策.高等教育管理.2007(2)

子女更多的接受高等教育的信心和机会，尽可能地控制学费水平仍然是非常必要的。

2. 在增加政府投入的同时，调整财政资助方式

在高等教育经费需求一定的情况下，政府财政资助越多，高校需要收取的学费就越少。因此，为控制学费水平，政府仍然需要加大教育投入。在此前提下，还可以适当调整政府对高等教育的资助方式，改变目前按生均成本给高校拨款的"供给导向"资助方式，扩大"需求导向"的资助，将更大比例的财政经费用于直接资助学生、尤其是家庭经济困难学生，从而通过财政资助直接促进教育公平。至于学生资助方式，还可以在总结实践经验、学习借鉴国外经验的基础上不断改进，可以根据实际效果在不同方式的贷款贴息、无需偿还的奖励和资助之间进行比例和主次关系的调整。在我国贷款习惯和制度没有形成、存款实名制没有建立、信誉制度不健全的情况下，适当增加不需偿还的资助，如国家助学金、困难补助、学费减免等，是十分必要的。

3. 调整政府政策引导策略，改"就学引导"为"就业引导"

不同地区之间、不同行业和职业之间工作收入和待遇的差别是客观存在的，但各行各业的发展对国民经济和社会发展都非常重要，许多艰苦地区、艰苦行业的工作都是关系国计民生的重要工作，这些行业同样需要吸纳优秀人才。在人才资源配置市场化的今天，政府已经不能仅仅靠宣传和精神鼓励动员大学生从事这些工作，而必须依靠相应的经济手段。目前政府设立的"励志奖学金"、"师范生免费"等资助项目都是为此目的。但笔者认为，通过奖学金和专项资助的方式鼓励学生"就读"特定学科和专业的做法有诸多缺陷：使学生从一入学就限定于特定学科和专业，往往没有学习选择的自由；从一开始就决定了学生的就业去向，将很可能降低学生为就业竞争而努力学习的积极性；同样，由于一开始就决定了就业去向，学生在毕业时和毕业后将失去部分择业的自由，这对于每个人都是不可估量的损失。因此，笔者认为，应该改变这种"就学引导"策略，实行"就业引导"政策，对于毕业后选择到边远地区、艰苦行业工作的毕业生减免贷款、退还学费或给予一次性奖励。这一政策的优势在于，可以给学生在求学和就业方面更多的自主选择权；由于是学生自愿选择，边远地区和艰苦行业得到的将是安心工作、积极肯干的人才；从政府角度看，在学生选择从事相关工作之后再进行资助，可以有效降低资助的风险、提高资助的针对性。

4. 在基础教育发展不均衡的情况下,高校招生对弱势群体适当倾斜

从前文的实证分析也可以发现,由于家庭背景和基础教育质量的差异,从总体上看不同群体学生在高考中的成绩很可能有明显差异,在此情况下,如果仅凭"分数面前人人平等"的原则招生,必然会导致不同群体高等教育机会的不公平,并导致不同高校学生"类聚"的现象。为此,从1977年恢复高考开始,我国就采取了一系列平衡措施,缩小由社会发展不平衡导致的教育机会不均等。在高校招生指标的分配方面,采取按省(市,自治区)分配指标的办法,而不是简单地实行全国统一分数线并由高到低录取的做法,有效地保证了部分相对落后地区学生就读重点大学的机会;对少数民族长期实行优惠政策也是出于这种考虑。但是,既然这种加分政策的初衷和目的是实现社会公平,其优惠政策惠及的对象就应该是受高等教育机会较少的所有社会弱势群体,包括边远地区贫困农村学生、城市"低保家庭"子女、"第一代大学生"(指长辈中从来没有大学生者)、身体残障学生等,而不能简单地以地区和民族作为划分标准。在未来一段时间内,为充分利用高校招生政策促进高等教育机会公平,除采取差别对待的学费政策和资助政策外,非常重要工作的将是通过严谨的科学研究,寻找高校招生中各种不同的加分和优惠政策的合理依据,使之接受公众的公开讨论并最终为社会所接受。

第六章 学生择校的管制与疏导

"择校"通常是指放弃由政府提供的受教育机会而自行选择在其他学校就读的行为。传统上,多数国家的学生主要根据政府的安排到指定的公立学校就近入学,如果对此安排不满意,通常只有以下选择:其一是选择到私立学校就读,在此情况下,家长需要缴纳数倍于公立学校的学费;其二是通过搬家等方式选择到一所好学校所在学区居住,从而实现择校的目的;此外,还有一些学生通过自费参加课外教育项目以弥补课内教育的不足。扩大公立学校系统内的择校是近年来许多国家教育政策关注的重要议题,美国、英国、加拿大、瑞典、新西兰、澳大利亚等国都实施了不同程度的扩大学生择校的教育政策。择校逐渐被认为是学生和家长应有的权利,扩大家长的教育选择权不仅被认为是政府放权和"还权于民"的行为,也被认为是促进公立学校的竞争和改革以提高其质量的有效措施,有学者甚至认为,择校是世界上许多国家公共教育体制重构的重要政策思路之一。[①] 择校也是我国教育领域备受关注的实践之一。本章将在大规模调查的基础上,揭示我国基础教育中普遍存在的择校现象及其对不同群体受教育机会的影响,分析政府已经采取的"禁止择校"、"就近入学"、"扩大优质教育"等政策效果的有限性,提出在基础教育均衡发展基础上扩大择校自由、引导择校需求的基本构想。在本章第四节,还将对通过

---

① 劳凯声.重构公共教育体制:别国的经验和中国的实践.北京师范大学学报(社科版).2003(4)

教育券方式扩大择校的利弊和前景进行介绍和分析。

第一节 择校现象及其影响

一、学生择校及其争论

择校有多种不同类型：根据办学体制，可以分为在公办学校系统内部进行的体制内择校和在公办学校与民办学校之间进行的体制外择校；根据地域，可以分为在本县、市、区范围内进行的区域内择校和在不同地区之间进行的跨区域择校；根据教育机构的不同，可以包括在常规学校之间进行的择校，也包括在常规学校与非常规教育机构之间进行的非正规学校选择，后者包括参加课外辅导班、聘请家教等。根据择校的依据和手段，我国的择校又可以分为以下几种：(1) 以钱择校，指通过缴纳高额费用获得特定学校就读机会的行为。其中缴费的名目可能是学费，也可能是赞助费、择校费、插班费、借读费等，而被选择的学校主要是指公办重点学校以及"名校办民校"，也包括少数民办学校。在一些地方，甚至对不同"重点"等级的学校"按质论价"，明码标价。有些学校则根据学生成绩不同收费，在一定的分数线之上属于"公费生"，按政府规定的收费标准收费；在分数线之下则属于自费生，根据相差分数多少收费，差距越大，收费越高。(2) 以权择校，是指个别有权势的家长利用自己特殊的政治权力和社会关系，要求重点学校接受自己不符合入学条件的子女入学，达到跨区择校、低分录取等目的。通常，这些家长也会通过自己的权力给予学校以某种形式的"回报"。与此相类似的是政府机关、大型企事业单位与重点学校的"共建"行为，通过共建，这些学校可以获得大量的"共建费"，而这些单位的子女则可以全部到共建学校就读。(3) 以分择校，即学生根据自己的考试成绩来获得择校的机会。在我国，考试分数是一种重要的资本，高分考生可以有择校的优先权，低分考生则只能被动服从安排甚至没有受教育机会。高校招生过程中学生填报志愿、从高分到低分录取的过程就是这种择校的典型。在一些地方，中考之后学生也可以根据考试成绩选择不同的学校，只是在不同地区，学生选择的范围不同，有些省份允许学生在全省范围内选择学校，在有些省份，为避免优秀学生流失及少数重点学校"掐尖"，往往只允许学生在所在县（或城市的区）内进行选择。(4) 以需择校，即学生根据自己的需要选择学校和教育。在有足够数量选择机会的情况下，学生完全有可能根据自己的基础、特点和需要选择适合自己的学校和教育。在高校招生过程中,由于同一批次高校数量众多,某一高考分数的学生就可以有多种选择。在基础教育阶段,学生可以在不同特色学校之间进行选择,也可以在普通学校和职业学校之间进行选择;通过付费,学生还可以在众多的课外辅导学校选择所需要的辅导项目。尽管我国择校可以有以上不同的区分,但在政府官方文件中,择校主要是指前两种,尤其是第一种,即以钱择校。

关于择校的影响,在国内外都有不同的观点。在国际上,支持择校者认为,不论家庭社会经济地位如何,学生都有选择适合自己的教育的权利;通过学生选择,可以促进学校(尤其是公立学校)的改革,提高教学质量,提高学生的学业成绩。例如,约翰·丘伯和泰力·默就认为,在择校、竞争和学校自主权等要素基础上建立起来的学校制度模式将更有效率。① 而以杰夫·惠迪、萨莉·鲍尔和大卫·哈尔平等为代表的反对派则认为:"当前的放权和择校政策不可能给穷人带来某些鼓吹者所说的利益","只要人们倾向于按照学术优异的单一尺度评价学校,那么择校就不可能如倡导者所言会导致更加多样、灵活的办学形式,相反,它会加强基于学术考试成绩和社会阶层的现存学校分层机制",如果要在更广泛的范围争取社会正义,就必须超越放权和择校。② 还有一些学者认为,由于不同国家社会结构、历史文化和教育制度不同,在择校政策上也只能相互学习借鉴而不能照搬某种模式。③ 不论理论上如何分歧,这些争论已经开始让人们更清楚地意识到择校现象的复杂性,择校确实可能促进学校之间的竞争,提高学校作为单个机构的办学效率,但也同样有可能导致相同阶层群体"类聚"现象和种族的隔离。而且,人们也认识到,即使政府实行开放入学政策,允许学生不受就近入学的限制自由择校,但是,受交通、时间、精力、信息以及可选择机会(如被选学校是否有空余学额)等的影响,对大多数家庭而言,择校仅仅是一个虚幻的梦想,从这个意义上说,办好每一所社区公立学校才是满足择校需求的关键。

在国内学术界,对于择校问题也存在不同的观点。有学者对1994—2003年间有关中外义务教育择校问题的139篇论文进行了分析,发现赞

---

① 约翰·丘伯,泰力·默著.蒋衡等译.政治、市场和学校.北京:教育科学出版社,2003,中文版序言.

② 杰夫·惠迪,萨莉·鲍尔,大卫·哈尔平著.马忠虎译.教育中的放权与择校:学校、政府和市场.北京:教育科学出版社,2003,17、150、479—481.

③ David Salisbury and James Tooley (Edited). What America Can Learn From School Choice in Other Countries. Washington, D.C.: CATO Institute, 2005: 1—8.

成择校或认为有必然性的有39篇,认为择校弊大于利的有63篇,没有表态或只介绍措施的37篇。[1] 关于择校问题争论的焦点之一是择校对弱势群体的影响。赞成者认为择校是一种受教育权利,剥夺受教育者的这种权利并将弱势群体限制在薄弱学校是教育中的强权和不公;反对者认为,择校将导致以钱择校、以权择校,只能增加强者的选择而剥夺弱势群体接受优质教育的机会,是一种教育领域的腐败和不公。这些研究,绝大部分都还只是停留于对国外文献的介绍和"理论思考"阶段,有说服力的实证研究相对缺乏。由于西方国家的择校主要是一种政府与学校和家长关系的调整,主要是为了提高公立学校活力,促进其竞争,而在我国,公办学校之间已经普遍存在激烈竞争,择校也主要在公办学校之间进行,择校主要不是为了提高学校的办学效率,而是家长们通过付费换取某种"优质教育"机会。因此,对我国择校问题不能简单照搬国外学者的观点和研究结论,而必须根据我国实际进行自己的研究分析。

二、我国择校现象及其影响的调查分析

关于我国择校现象,近年来已有一些调查结果公布,例如,西安市城调队2004年调查发现,30%的中小学生有缴纳择校费和赞助费的经历,人均支出7620元;广州市城调队调查显示,为了让孩子入读更好的学校,有47.5%的家长表示愿意缴纳择校费;海淀区教师进修学校对5所中学初一家长就小学升初中择校问题的调查发现,52.79%的家长赞同进行学生择校。[2] 这些调查只是对局部范围内择校现象进行了描述,缺乏对择校行为及其影响的具体分析,因而也很难帮助人们形成对择校现象的理性判断。

为此,北京大学教育经济研究所在2004年委托国家统计局城调队进行"城镇居民教育与就业情况调查"时,有意识地加入了对学生择校问题的调查。此次调查共涉及全国10 000个家庭,分布在北京、山西、辽宁、黑龙江、浙江、安徽、湖北、广东、四川、贵州、陕西、甘肃12个省(市,自治区),每个省(市,自治区)调查750—850户不等。在这些被调查的家庭中,6—16岁正在接受义务教育的有效样本为2792人。在此,笔者将利用该调查数据,对我国城市义务教育阶段择校现象的类型、分布、影响等作尝试性分析。

---

[1] 孙海峰.义务教育"择校"问题研究评述.现代中小学教育.2005(1)
[2] 关华.效率优先与均衡发展的博弈——2005中国择校问题透视.校长阅刊.2005(7/8).

(一)择校的类型和分布

从本次调查数据可以发现,在义务教育阶段,存在多种形式的择校现象,不同择校形式涉及的学生人数比例、范围不同。

1. 由于民办教育发展规模有限,体制外择校的比例还比较低,就读于非公办学校[①]的学生比例只有5.8%,就读于公办学校的占到94.2%。

2. 公办学校之间的体制内择校依然盛行。在公办学校就读的学生中,就近入学者占71.2%,"电脑派位"者占5.3%,择校和借读者分别占17.2%和2.8%(另有"其他"类占3.6%),即择校(含借读)的比例在公办学校已经达到20%(占样本总数的18.6%),该比例在直辖市和省会城市更高,达到27.8%。可见,有关"禁止择校"的政策并没有被真正贯彻落实。

3. 区域内择校是择校的主要形式。在择校和借读者中,择校行为绝大部分发生在户口所在市(县)范围内,其中持本市(县)户口者占择校生的93.9%,只有6.1%的择校生来自外市(县)。

4. 在培训市场的"择教"现象十分普遍。参加课外辅导班和聘请家教等现象的比例非常高。在所调查的样本中,2004年参加了至少一项课外辅导班或兴趣班的学生比例为71.1%,有聘请家教经历者的比例占17.1%;有聘请家教或参加课外补习经历之一者占74.3%,在直辖市和省会城市,该比例为82.2%,在北京甚至达到90.7%。有人对东北师大附小的调查也发现,该校五年级104名学生共参加了338个课外班,人均3.38个,每周平均学时6.5小时。[②] 由此看来,在家长需求和市场供给的双重作用下,政府禁止举办校内辅导班的规定促成了兴旺的培训市场和普遍的校外补习行为。由于高中阶段和高等教育阶段在政策上就属于择校入学,而在基础教育阶段甚至从幼儿园开始,学生不是在学校之间"择校",就在培训市场"择教",因此,可以说我国已经出现了所有学生都以不同形式择校的"全员择校"现象。

(二)家庭背景与学生择校

由于不同形式的择校(包括对课外辅导班的选择)广泛存在,可以说择校以不同形式、不同程度地影响着我国城市每一个家庭、每一位学生。

---

① 在本部分研究的统计中,"非公办学校"包括民办学校、民办公助学校以及公办民助学校,后者尽管是"公办"的,但通常收取较高的学费,而且按民办机制管理和运行,因此在此也被列入"非公办学校"。

② 王廷波.谁动了孩子的'奶酪'?——小学生参加课外辅导班的调查与思考.中国教育报.2004.5.25(6).

但是,不同社会经济背景的学生的择校行为却有着明显的差异。

1. 父亲受教育程度与子女择校

受教育程度是反映个体知识、能力水平的重要标志,在现代社会,一定的受教育水平也是从事某些专业技术工作和行政管理工作的必要条件。由此可以认为,在不同受教育程度群体中,低学历者属于相对弱势群体。从表6-1可以看出,父亲受教育程度越低,其子女不论是在公、私立教育之间还是在公办学校内部择校的比例都明显更低,参加课后辅导班和聘请家教的比例也同样更低。父亲为初中及以下文化程度者该三项的比例分别只有5.1%,15.7%和66.5%,比父亲为专科及以上学历者分别低1.4,9.8,13.5个百分点。经卡方(Chi-Square)检验,不同学历组之间后两种择校行为的比例有显著性差异。如果只考察父亲为城市非农户口者(占样本数的94.7%),则初中及以下学历者子女就读非公办学校的比例只有3.8%,而专科及以上学历者子女相应比例为6.3%,二者在统计上也具有显著性差异。①

2. 父亲职业与子女择校

中国社会科学院"当代中国社会阶层结构研究"课题组根据所从事的职业,将当代中国社会划分为十大阶层,从高到低依次是:"国家与社会管理者"、"经理人员"、"私营企业主"、"专业技术人员"、"办事人员"、"个体工商户"、"商业服务业员工"、"产业工人"、"农业劳动者"、"城乡无业、失业、半失业者"。② 参照该分类,在本研究中,可以大体上将党政单位和企事业单位负责人、专业技术人员、办事人员和管理人员归为相对的优势阶层,而商业工作人员、服务性工作人员、产业工人可以归为相对的弱势群体。从表6-1可以看出,前三类人员子女择校的比例明显高于后三类。前三类人员子女在非公办学校择校、在公办学校择校、参加课后补习班和聘请家教者的比例分别是6.9%,23.1%,77.9%,分别高出后三类人员子女相应比例2.1,7.4,9.1个百分点,经统计检验,两组人群在三类择校行为方面均有显著性差异。

3. 家庭人均收入与子女择校

经济收入是家庭生活、娱乐、教育的基础,收入越高,越有可能在满足基本物质需求的基础上享受生活、追求发展。在这个意义上,可以把低收

---

① 不同样本导致统计结果差异的原因在于,本地农业户口或外地户口者就读非公办学校的比例较高,而这部分人父母学历层次通常较低,由此增加了低学历组子女就读非公办学校的比例。

② 陆学艺. 当代中国社会流动. 北京:社会科学文献出版社,2004,13.

入者视为弱势群体。在本研究中,将学生家庭 2004 年人均收入从低到高分为三组:最低的 25%(低收入组)、中间的 50%(中等收入组)、最高的 25%(高收入组)。从表 6-1 可以看出,家庭人均收入越高,子女择校的比例也越高。在低收入组,子女就读非公办学校的比例为 2.9%,在公办学校择校的为 13.9%,参加课后辅导班或聘请家教者为 61.3%,这三项分别比高收入组低 6.6、11.2、22.1 个百分点。经卡方检验,不同收入组之间在三项择校行为方面的比例均有显著性差异。

4. 户口与学生择校

在中国,户口仍然是影响学校选择的重要因素,在城市学校就读通常需要持本地城市非农户口。在此意义上,持农业户口或外地户口者属于相对弱势群体。在本次调查中,学生本人持城市非农户口者占 94.7%,另有 5.3% 属于农村户口或外地户口。后者由于没有本地城市户口,没有规定的对口学校,也不受"就近入学"政策的约束,因而择校的比例非常高,他们中在非公办学校就读的比例达 15.9%,而在公办学校就读者中择校或借读者达 37.8%。不过,这一群体子女参加课后补习或聘请家教的比例却只有 53.4%,比本地城市非农户口者低 21.4 个百分点。

表 6-1 家庭背景与学生择校

家庭背景		教育选择(%)		
		就读非公办学校	在公办学校间择校	参加课后辅导班或聘请家教
父亲学历	初中及以下	5.1	15.7	66.5
	高中或中专	5.6	16.9	72.5
	大专及以上	6.5	25.5	80.0
父亲职业	各类专业技术人员	7.7	21.5	78.7
	党政企事业单位负责人	6.4	28.2	75.3
	办事人员和管理人员	7.3	24.2	77.3
	商业工作人员	3.7	13.9	67.6
	服务性工作人员	4.2	12.8	59.5
	生产、运输工人	5.0	16.9	71.6
家庭人均收入	最低 25%	2.9	13.9	61.3
	中间 50%	5.4	20.6	75.2
	最高 25%	9.5	25.1	83.4
本人户口	本地非农户口	5.3	19.0	74.8
	农村户口或外地户口	15.9	37.8	53.4

由以上分析可发现,尽管择校不是优势群体的专利,但优势群体有更

多的教育选择自由和政策的优势;弱势群体并非不愿意择校,但受经济能力、社会关系、户口政策等的限制,他们在择校竞争中只能表现出弱势的无力与无奈。

(三) 择校收费对不同家庭的影响

择校通常都伴随着收费。在本次调查中,有 519 名公办学校学生有择校行为,其中 312 人填写了择校费、赞助费数据;在 1985 名参加了课后补习班或兴趣班的同学中,有 1 802 人填写了相关经费数据,即使将没有填写相关数据者算作非收费,两种择校中交费者的比例也分别占 60.1%和 90.8%。说明多数择校是通过付费实现的,免费的择校、借读只是少数,免费的课后辅导班和兴趣班则更少。

通过对收费数额的分析发现,各类择校费已经成为中国多数城市家庭教育支出的重要部分。在所调查的样本中,2004 年各类教育经费支出总额生均为 2 929.7 元,其中学杂费平均为 652.5 元;在填写了相关数据的样本中,公办学校的择校费(赞助费)平均为 3 537.6 元,非公办学校择校费平均为 6 240.4 元;在 1985 名参加了课后补习班或兴趣班的同学中,该项支出平均为 981.8 元,占年度生均总支出的 1/3。可见,仅课后补习一项,就已经成为一项数额大、涉及面广的重要教育支出。另外,择校的成本并不仅仅限于相关项目的直接支出,由于放弃就近入学,显然会增加上学的距离。在本次调查中,择校者从家到学校的距离平均为 3.02 千米,是不择校者平均距离(1.51 千米)的两倍。求学距离的增加必然会导致交通成本的增加。不仅如此,有些家庭为了在一个较好的学校"就近上学"而不惜在学校附近购买住房或迁移户口。本次调查发现,在 2 792 名义务教育阶段在校生中,有 8.5%的人为了进入现在的学校学习而变更了住址或户口所在地。这种搬家成本很难直接估计出具体数额,但很显然,没有相当的经济实力或社会关系是很难做到这一点的。另外,家长、学生为择校付出的时间、精力则是无法用金钱衡量的。

择校收费对不同社会经济背景家庭有着不同的影响。从表 6-2 可以发现,家庭收入水平在很大程度上决定子女的教育支出水平和择校行为。在低收入组,学生人均教育支出为 1 605.4 元,只有高收入组的 1/3 左右,但在家庭教育负担方面,低收入组每名子女在义务教育阶段的教育支出占到家庭人均年收入的 48.0%,而在高收入组,该比例只有 24.5%。面对各种需要收费的择校,低收入家庭通常只有两种选择,或者因缺乏支付能力而放弃选择,或者是为了子女接受更好的教育而勉强参与。但从表 6-2 也可以发现,即使是参与择校,低收入组人均支付的择校费也只有高收入组的30％,人均补习费只有高收入组的40％。如果"择校市场"也遵循"优质优价"原则,[①]那么,显而易见的是,弱势群体即使勉强参与择校也只能选择质量相对较次、价格也较低的学校和课外辅导项目。在本研究中,农村或外地户口择校者中认为子女所就读的学校属于当地一般或较差学校者的比例达54.5％,而城市非农户口者该比例只有16.0％;家庭人均年收入属于最低25％者该比例为39.9％,而高收入组该比例只有10.7％。

表6-2 不同收入群体教育支出状况(元)

经费收支项目	家庭人均年收入分组					
	最低25％		中间50％		最高25％	
	数额	样本数	数额	样本数	数额	样本数
家庭人均收入	3341.3	682	7632.7	1401	18923.7	709
个人教育总支出	1605.4	680	2694.2	1396	4671.3	706
学杂费	513.4	638	591.6	1336	911.1	656
择校(赞助)费	1704.1	56	3486.5	185	5558.6	117
补习费	549.4	364	946.5	920	1345.4	521

可见,以收费为基础的择校确实导致了不同家庭经济背景学生受教育状况的差异,在一定程度上影响了教育机会的公平。

第二节 择校的管制与失效

与西方国家通过"放权"而促进"择校"的教育改革趋势不同,我国政府对择校行为、尤其是以钱择校行为一贯的立场都是限制和管制,并尝试了多种不同的管制政策,其中主要包括:限制择校和治理"乱收费"、实行"电脑派位"和"就近入学"政策、扩大"优质教育资源"以满足择校需求等。

一、择校管制与治理"乱收费"

从有关政策规定看,我国各种禁止学校招收"择校生"的规定,与其说

[①] 在实践中许多地方确实在遵循此原则,如江西将其高中分成6类,择校费1500—10 000元不等;重庆的省级重点高中和示范高中择校费最高为2.7万,一般高中为1.5万。见关华.效率优先与均衡发展的博弈——2005中国择校问题透视.校长阅刊.2005(7/8).

是禁止学生择校,还不如说是为了规范学校的招生和收费行为。1990年中共中央国务院《关于坚决制止乱收费、乱罚款和各种摊派的决定》、1993年国务院办公厅《关于加强中小学收费管理工作的通知》、1996年国务院办公厅转发国家教委等部门《关于1996年在全国开展治理中小学乱收费工作实施意见的通知》、2001年国务院纠风办、教育部《关于进一步做好治理教育乱收费工作的意见》、2002年教育部《关于加强基础教育办学管理若干问题的通知》等文件,都明确规定禁止公办学校的择校收费行为,1997年国家教委印发的《关于治理中小学乱收费工作的意见》甚至提出了时间表:"要在1997、1998年两年内解决'择校生'问题,实现就近入学"。

从这些政策措施可以发现,中央政府是试图通过禁止"乱收费"来"规范"学校的行为。按照这种政策设计,通过严格的控制和处罚措施,学校将减少以至停止择校机会的供给,在没有供给的情况下,家长和学生的择校需求将因不可能得到满足而逐渐消退。但现实情况是,在这种政策安排下,有择校需求和经济能力的家长认为自己的择校需求没有得到满足,学校和地方政府也认为减少了学校的办学收入。这一过程体现了中央政府和地方政府之间政策目标的冲突。中央政府更多的是考虑社会对教育事业的评价,"学校收费"被认为有损教育事业和政府的形象,有损教育公平,因而被纳入严格管制和禁止之列。但我国教育财政实行的是分级管理、以地方为主的体制,义务教育经费主要由县一级地方政府负担。在地方财政能力有限的情况下,公办学校的择校收费不仅可以有效地增加学校收入,提高教师待遇,稳定教师队伍,同时也可以减少地方教育财政支出。因而,在该政策的实际执行过程中可以发现,中央和省一级政府都一再强调要禁止择校和"乱收费",但县级政府和学校则依然将学生择校作为重要的财政来源,学校将收取的各种择校费、赞助费上缴县级政府财政后,通常都会全部返还给各学校。在许多情况下,学校收费也是不得已而为之。例如北京海淀一所著名高校附小申请危房改造和校园扩建,而教育主管部门明确批示:"同意建楼,经费自筹",在此情况下,该校校长只能反问:"我不收择校费拿什么建楼?"[①] 湖南长沙一所重点中学校长反映的情况同样具有代表性:该校至今还在执行20世纪80年代中期的编制和拨款标准,但学校规模扩大了两倍,教师工资待遇水平也提高了几倍,如果仅靠政府拨款,不仅无法招聘和稳定优秀教师队伍,连基本的日常运

[①] 王旭东.财政视角下北京市义务教育均衡发展研究.北京大学教育学院2006年博士论文,137.

转都会有困难。①

考虑到以上情况,2001年国务院纠正行业不正之风办公室《关于进一步做好治理教育乱收费工作的意见》针对择校和收费制定了折中的"三限"政策,即"限分数"(不准违反规定录取低于最低录取分数线的学生)、"限人数"(不准超过国家规定的班额,不得挤压招生计划指标,变相扩大择校生人数,择校生数不得超过省级政府规定的比例)、"限钱数"(择校生交费标准由教育部门提出,经省级人民政府批准后向社会公布)。2003年教育部《关于公办高中严格执行招收"择校生""三限"政策的通知》更是将"三限"作为一个特定的政策术语,并使之成为治理择校和收费的基本政策。目前,全国各地基本上都制定并执行着各自的"三限"政策。

由于"三限"政策的出台,在一定程度上实现了择校收费的合法化,即只要符合"三限"规定的择校和收费行为都是合法的。在中央对高中择校实行"三限"政策之后,全国各个省(市,自治区)都规定高中招收择校生的比例可以 20%—30% 不等,择校费从每人每年 1.8 万元到 3 万元不等。②政府制定"三限"的出发点是"减轻家长负担,促进教育公平"。但是,根据刘大立对北京高中的调查,在实行"三限"政策之后,在所调查的学校中,校均择校费收入比管制前增加了 62.85 万元,而学生的平均择校费则从每人 2.86 万元增加到 2.92 万元,因而作者认为,实行管制政策的结果是学校的择校收入明显增加,学生家庭教育负担明显加重,从实际效果看,政府对学校收费的管制并没有产生预期的效果,"三限"政策只是一个符合学校利益的管制政策。③

二、就近入学和"电脑派位"

国际上,"就近入学"作为一项制度规定,早在 1870 年英国的《初等教育法》就明确规定小学生就学距离为 3 英里,超过 3 英里则家长有权以距离远为由拒绝送子女入学;在 20 世纪 80 年代,丹麦政府也曾有过类似规定:学生依年龄不同,上学的最远距离应为:1—3 岁为 2 500 米,4—9 岁为 6 000 米,10 岁为 7 000 米,如果远于上述规定,则市政府必须提供交通

---

① 根据笔者对该校校长的访谈。
② 杨东平.中国教育公平的理想与现实.北京:北京大学出版社,2006,120.
③ 刘大立.对政府管制公办高中择校费的经济分析——以北京市为例.北京大学教育学院 2007 年博士论文,81—85.

工具。① 我国有关"就近入学"的规定源自1986年颁布的《义务教育法》，其第九条规定：地方各级人民政府应当合理设置小学、初级中等学校，使儿童、少年就近入学。由此可见，"就近入学"在我国也是为普及义务教育而制定的一项措施，是政府应该履行的义务，其主要目的是保证学生比较便利地接受规定的学校教育；对学生而言，"就近入学"则是一种应该享受的权利。然而，这种对政府义务的规定却被错误地理解成了对家长和学生的强制要求，变成了治理"择校"的手段和目标，例如，教育部2002年《关于加强基础教育办学管理若干问题的通知》中就有如下表述："坚持义务教育阶段公办学校就近免试入学"、"坚持义务教育阶段公办学校不招'择校生'"。与此类似的是"电脑派位"政策，即不采取就近入学原则而是通过电脑程序将小学毕业生"随机"地分派到不同中学。这同样是一种强制性的分派政策，学生即使被"派位"到又差又远的学校也别无选择。

国际经验显示，强制性的就近入学政策往往只能更多地限制弱势群体的择校自由，并不能保证教育机会均等。例如，在美国的许多大城市，由于教育经费主要来自房地产税，富裕学区获得的房地产税多，学校质量更好，穷人居住的棚户区学校质量则通常都会比较差，在此情况下，就近入学导致了美国严重的教育机会分配不均，这已成为美国教育面临的最大难题之一，而打破就近入学限制、扩大择校自由则已经成为治理该问题的重要举措。

我国强制性的"就近入学"和"电脑派位"政策又会产生什么样的效果呢？已有的一些案例调查发现，不同家庭背景的学生所"分派"到的小学、中学也差异显著，优势群体子女到优质学校就读、弱势群体子女到薄弱学校就读的趋势非常明显。有人对某重点中学一个初三班的调查发现，该班54名学生中，厅级干部子女4名，县处级干部子女9名，科级干部子女15名，父母是教师、医生的8名，个体户6名，其他的只有8名。② 根据周金燕等对北京八所学校的案例调查，在两所优质小学，父亲学历在大专及以上者占50%，而在两所薄弱小学，该比例只有38%；这种差异在初中进一步扩大，在两所优质初中，父亲学历在大专及以上者的比例为55%，在两所薄弱初中，该比例只有13%。③

为从更大范围了解就近入学与电脑派位的影响，笔者同样利用前文所述北京大学教育学院"2004年城镇居民教育与就业情况调查"数据进行了

---

① 赵玉山.就近入学的障碍对策.内蒙古教育.1999(6)
② 彭在羹.重点中学干部子女增多的忧虑及对策.教育参考.1996(6)
③ 周金燕.北京市中小学学生家庭背景调查.见杨东平主编.2005年中国教育发展报告.北京：社会科学文献出版社,2006,387.

分析,从中发现,在没有择校行为,即通过就近入学或电脑派位的同学中,不同家庭背景学生所就读学校质量同样的具有明显差异:父亲为初中及以下学历者就读当地最好或次优学校的比例只有42.2%,比父亲学历为专科及以上学历者低26个百分点;父亲职业为党政事业单位干部者就读较好学校的比例达到80%,而生产、运输工人子女该比例只有42.5%,几乎只有前者的一半;家庭收入越高,子女就读好学校的比例越高,拥有本地城市户口者比农村户口和外地户口者就读好学校的比例更高。

表6-3 就近入学或电脑派位者家庭背景与就读学校类型

家庭背景		就读不同学校的比例(%)	
		当地最好或次优学校	一般或较差学校
父亲学历	初中及以下	42.2	57.8
	高中或中专	51.7	48.3
	大专及以上	68.6	31.4
父亲职业	各类专业技术人员	63.0	37.0
	党政企事业单位负责人	80.3	19.7
	办事人员和管理人员	63.8	36.2
	商业工作人员	44.7	55.3
	服务性工作人员	49.0	51.0
	生产、运输工人	42.5	57.5
家庭人均收入	最低25%	47.6	52.4
	中间50%	63.2	36.8
	最高25%	69.9	30.1
本人户口	本地非农户口	55.4	44.6
	农村户口或外地户口	45.1	54.9

根据以上数据可以认为,在"就近入学"情况下,优质教育机会的分配并不是随机和平均的,弱势群体仍然处于不利处境。造成这一现象的原因可能主要有二个:第一,由于历史发展、地域环境等原因,城市优质学校的分布是不均匀的,优势群体所居住的区域通常拥有较好的自然、人文环境,拥有更多的教育资源,能吸引更好的教师,而弱势群体所居住的区域则没有这种优势,所在区域附近学校质量较差。第二,在就近入学或电脑派位政策约束下,如果被分派到薄弱学校,优势群体可以选择"飞走",即通过付费择校或就读民办学校等方式放弃就近入学机会,而弱势群体往往只能被动接受安排。如此一来,在薄弱学校就读的弱势群体子女比例自然会更高。从笔者对北京的调查看,多数重点中学都不接受"电脑派

位"和就近入学学生,学生的入学往往与父母的工作单位或最初的户籍所在地相关,而与学生实际的居住地没有直接关系。由于接受就近入学或"电脑派位"就意味着只能到普通中学或薄弱学校就读,为了避免这种结果,绝大部分家长都会在"电脑派位"之前"主动"择校,或者让学生参加各种考试择校,或者通过交费选择到质量较好的民办学校、转制学校,或者通过各种"关系"以及按政府"三限"规定交费到公办学校就读。可见,"就近入学"和"电脑派位"不仅不能解决择校问题,反而会造成事实上的教育机会不公平,甚至造成学生和家长对这种政府安排的恐慌而加剧择校行为。正因为如此,"电脑派位"和"就近入学"政策已经遭到人们越来越多的质疑。

三、建立"示范性高中"和"扩大优质教育资源"

我国有长期的建立"重点中学"的传统,在各个时期都制定了相关政策。早在1953年,教育部就发布了《关于有重点地办好一批中学与师范学校的意见》,此后,1962年教育部又一次发出了《关于有重点地办好一批全日制中小学的通知》。"文化大革命"之后,教育部分别于1978年和1980年颁发了《关于办好一批重点中小学的试行方案》、《关于分期分批办好重点中学的决定》。而到20世纪90年代之后,"重点中学"政策由"重点建设"转变为"评估验收",在1994年国务院《关于〈中国教育改革和发展纲要〉的实施意见》中提出"每个县要面向全县重点办好一两所中学。全国重点建设1 000所左右实验性、示范性的高中",1995年7月国家教委发出了《关于评估验收1 000所左右示范性普通高级中学的通知》,此后,各地也效仿建立并评估了更多的"省级示范性高中"。这样,我国目前的普通高中可以根据其"示范性"清晰地划分成"国家级示范性高中"、"省级示范性高中"和"非示范高中"等层次和类型。

关于举办重点中学的目的和意义,教育部在1953年《关于有重点地办好一批中学与师范学校的意见》中是希望通过重点建设,在中等教育方面"取得经验,逐步推广";1980年《关于分期分批办好重点中学的决定》认为:"办好重点中学是迅速提高中学教育质量的一项重要战略措施。这对于更快更好地培养人才,总结、积累经验,起示范作用,带动一般学校前进,以适应社会主义现代化的迫切需要,具有重要意义。"而在1995年国家教委《关于评估验收1 000所左右示范性普通高级中学的通知》中则总结了我国举办重点中学的成效:"加强了重点中学的建设,学校办学条件明显改善,教育教学改革不断深化,教育质量和办学效益显著提高,为办好普通高中提供了经验,为高等院校培养了大量合格新生",并由此认为:"建设和评估验收 1000 所左右示范性高中是一项重要的战略措施,对于加速人才培养,推动普通高中教育的发展,带动全国教育水平的提高,将起到积极的作用。"有学者认为,相对于大多数发达国家的"渐进发展模式",新中国教育发展是一种"赶超模式",其特点可以概括为:教育目标上是优先培养专家,教育价值为精英主义,教育重心在城市教育和高等教育,教育功能上是突出重点、培养尖子,为高校输送人才,在办学体制上则为城乡二元分割、重点学校与非重点学校二元分割。①

对于这种赶超型教育模式和区分重点中学与非重点学校的做法,学术界也一直存在激烈的争论。赞成的观点主要可以概括为:重点中学有利于开发人才资源的"富矿",以多出人才,早出人才;可以对不同天赋的人"因材施教",也是一种教育公平;社会有分工,中学教育也需要根据培养目标和任务分工;事物的发展是不平衡的,学校的发展也不可能同步。而反对的观点则主要包括:多年来重点中学并没有起到示范性、实验性的作用,而是强化了中学教育的"唯升学率"导向;重点中学与人人平等地受惠于教育的"教育机会均等"原则背道而驰;重点中学培养了大批人才,却是以牺牲绝大多数学生为代价换来的;重点中学政策直接导致了中学之间办学条件的巨大落差,造成了地区之间教育的不平等。因而,重点中学政策在事实和价值两个层面上都受到了严峻的挑战。②

在此,暂且不论举办重点中学的合理性与历史功过,而只是对不少地方将建设示范性高中并扩大其招生规模作为解决择校问题的重要举措的作法进行分析。这种政策的逻辑是:择校的目标是择"优质教育","择校收费"的原因在于优质教育资源供不应求,如果能"扩大优质教育资源",就可以扩大学生接受优质教育的机会,从而通过供给的增加有效满足择校需求。对此,政策制定者有着十分乐观的估计:"1999 年,上海市新建成的 11 所寄宿制高中的招生规模达 400 个班,占当年高一新生的 24%。加上市、区两级重点中学招收的近 20 000 名学生,进入优质高中读书的学生比例达到 49%。2001 年,北京市 62 所重点高中招生数为 25 000 人,占全市 300 所普通高中招生总人数的 40%。'十五'期间北京还将重点

---

① 杨东平.从权利平等到机会均等——新中国教育公平的轨迹.北京大学教育评论.2006(2)

② 袁振国.论中国教育政策的转变——对我国重点中学平等与效益的个案研究.广州:广东教育出版社,1999,37—41.

建设一批招生规模在 500 人以上的优质高中。到 2010 年,进入优质高中的学生比例将达到 70%。根据天津市学校布局调整规划,到'十五'末,示范性高中将达到 50 所以上,招生规模达到 30 000 人左右,占当时生源的 40%,在示范性高中和区县重点中学读书的学生将占到全体普通高中学生总数的 60%。"①

这种美好设想在解决择校问题上的可行性是值得怀疑的。首先,示范高中在硬件投入上不可能起到示范作用。示范校对学校硬件和软件条件都提出了非常高的要求,国家教委 1995 年《示范性普通高级中学评估验收标准(试行)》要求这些学校高中班数一般不低于 18 个,每班学生不超过 60 人,同时校园占地面积,城市学校一般每生不少于 25 平方米,农村学校不少于 30 平方米;藏书数量每生 60 册以上,城市学校有 300 米环形跑道,市郊、县城和农村的学校要有 400 米标准环形跑道;教师与学生的比例不低于 1∶10,等等。要在短期内使多数中学达标几乎是不可能的,在许多地方,政府往往举全区(县)之力来争取建立一所示范学校。中央教科所程方平等对北京海淀区教育状况调查后就认为,海淀区有普通中学 89 所,其中示范校只有 11 所,准示范校也只有 4—6 所,因而海淀区在 2005 年教育发展规划中提出"争取到 2006 年实现 80% 以上的学生在优质高中就读的目标"是草率的。属于全国教育最发达地区之一的北京市海淀区尚且如此,全国其他地区便可想而知了。贵州省唯一的一所一类省级示范性高中贵阳一中占地 440 亩,投资高达 4 亿元,而 2002 年整个贵州省农村教育经费才不过 4.5 亿元。② 在此情况下,示范中学的"示范"作用不是公然的欺骗就是纯粹的幻想。

其次,即使通过示范性高中的建设,确实使一批学校在办学条件、师资队伍水平方面有较大的改进,但这种改进是以扩大教育资源配置差距为前提的,只可能进一步扩大择校竞争而不可能有效解决择校问题。由于全国性的示范高中只有 1 000 所左右,在各地都是少数,更由于有限的教育资源被集中到了国家级、省级示范学校,必然导致示范中学与普通中学办学经费、办学条件差距的扩大,进而导致示范学校用更优惠的条件吸引其他学校的优秀教师。由于师资、条件、设备优越,重点中学在帮助学生升学方面具有明显的优势。根据对某市不同类型学校升学率的调查,该市市级重点中学的高考入学率都在 95% 以上,区级重点中学一般在

---

① 庞学光,亢晓梅.关于天津市示范高中校建设的调查与思考.天津市教科院学报.2002(2)

② 杨东平.中国教育公平的理想与现实.北京:北京大学出版社,2006,90—91.

60%左右,非重点中学一般在20%左右。① 这种升学率的差异必然会导致普通中学因教师和学生大量流失而难以为继、国家级示范性学校人满为患的现象,进而在巨大利益驱使下导致"以钱择校"、"以权择校"以及"名校办民校"现象的蔓延。事实上,近年来,不少省(市,自治区)就明显出现了各县的优秀教师向所在地、市的"省级示范高中"集中,全省的优秀教师向省会城市的几所"全国示范性高中"集中,全省学生选择国家级示范高中,全市学生选择省级示范高中的现象,使择校人群和择校的地域范围都进一步扩大,严重影响了普通高中的教学质量和办学积极性,更谈不上示范学校对其他学校的"示范"作用。有学者尖锐地指出:"不择手段地吸收、挖掘优秀生源,开展生源大战,成为'优质学校'竞争的主要法宝……教育作为一门科学和艺术,真正高水平的教育家无不是治顽治劣,在改变'差生'上下功夫……而把最优秀的学生汇集到一起,获得100%的升学率,算什么教育水平、教育质量?这正是目前一些财大气粗的名校、重点学校并不令人尊重的原因。"② 可以说,通过建设示范性学校和"扩大优质教育资源",不论对解决择校问题还是促进教育公平,都明显属于"南辕北辙"。正因为如此,从2007年开始,四川等地已经停止国家级示范高中的评估审批。

第三节 教育均衡发展与择校疏导

一、教育均衡发展是减少择校需求的基本途径

从根本上说,择校的原因来自于不同行业、职业社会经济地位的差异而导致的就业竞争。为了获得一份好的工作,就必须进入好的大学,而为了考上好的大学,就需要尽可能地就读好的中学和小学。当按照正常的招生程序不能进入重点中学和重点小学时,就会产生择校。一般而言,择校的原因会有两种:一种是按照一定的标准选择自己认为质量最好的教育,另一种是根据自己的偏好选择自己认为最合适的教育。但在我国,由于高考指挥棒的强大作用,绝大多数学校和学生的主要追求都是升学率和高考成绩,因此,学生择校的动因就基本上可以归结为按照升学率标准,根据各学校以往升学率、硬件设施和教师队伍状况等,选择认为对自

---

① 袁振国. 论中国教育政策的转变——对我国重点中学平等与效益的个案研究. 广州:广东教育出版社,1999,55.

② 杨东平. 中国教育公平的理想与现实. 北京:北京大学出版社,2006,133—134.

已升学和高考帮助最大的学校。如果能做到公办教育的均衡发展,即政府举办的公办学校在办学经费、师资水平、设备条件等方面都基本一致,使一定范围内的适龄儿童、青少年享受到质量大体接近的教育,家长也就不会舍近求远地择校了。

现实情况是,我国基础教育在地区之间、学校之间存在显而易见的巨大差异。我国基础教育长期实行"由地方政府负责,分级管理"的管理体制,由于历史发展、自然条件和政策导向等原因,我国社会经济发展存在明显的地区差异、城乡差异,由此也导致了地区之间、城乡之间办学条件、教育质量的差异,这种差异甚至还有扩大的趋势。根据教育部历年公布的《中国教育经费统计》数据,1990年,我国人均教育经费最高与最低的地区之间差距为8.45倍,到2001年扩大为13.03倍;普通小学生均教育经费最高与最低的地区间差距从1993年的6.23倍扩大为2001年的9.09倍。2001年城镇小学、初中生均预算内公用经费分别是农村的3.39倍和3.24倍。在教育效果方面,2001年全国小学五年保留率平均为95.30%,而西藏、甘肃、青海、宁夏等地区该比例不到75%;2000年我国城市15岁以上人口平均受教育年限为9.81年,农村只有6.85年,比城市平均少将近三年。① 由于教育资源配置政策不合理,尤其是长期实行重点中学、重点小学政策,也导致了同一省(市,自治区)内不同区县之间教育经费投入、办学条件、师资水平的差异同样十分显著。根据2000年对北京市中小学办学条件状况调查,北京东城区小学生均教育经费支出约为最低的顺义区的3.2倍;西城区初中生均教育经费支出约为最低的顺义区的4倍。而在同一区县内部,学校之间贫富差距也非常明显,几乎每一个区县的小学和初中,不同学校之间生均经费的极差(最高数减去最低数)都高于该区县同级教育生均经费数,在个别区县,这种极差甚至超过一万元。② 正是因为办学水平、教育质量的巨大差异,才会出现学生放弃"就近入学"、交费择校甚至跨地区择校的行为。

为缩小教育发展的差异、促进教育均衡发展,我国政府已经采取了诸多的措施。教育部于1998年印发了《关于加强大中城市薄弱学校建设,办好义务教育每一所学校的若干意见》;为推动农村教育工作,国务院于2003年专门召开了全国农村教育工作会议,并制定了《国务院关于进一

---

① 中国教育与人力资源问题报告课题组.从人口大国迈向人力资源强国.北京:高等教育出版社,2003,545、557—558、601.

② 刘大立.北京市义务教育办学条件均衡化研究.北京大学教育学院硕士研究生论文,2001年,29—30.

步加强农村教育工作的决定》；为配合西部大开发战略，加速西部地区教育的发展，国家加大了教育经费转移支付力度。2005年，教育部更是专门出台了《关于进一步推进义务教育均衡发展的若干意见》，提出"今后义务教育工作的重心进一步落实到办好每一所学校和关注每一个孩子健康成长上来，有效遏制城乡之间、地区之间和校际之间教育差距扩大的势头，逐步实现义务教育的均衡发展。"这些制度、政策和措施为促进教育公平和教育机会均等奠定了良好的基础。概而言之，在促进教育均衡发展方面，政府主要加强了以下工作：

1. 教育资源配置均衡化

教育资源包括资金和设施、设备等方面。在此方面，我国已经采取的主要措施有：（1）提高基础教育管理层次。2001年国务院《关于基础教育改革与发展的决定》提出了义务教育实行"在国务院领导下，由地方政府负责、分级管理、以县为主"的体制，将基础教育的管理层次由乡、镇提高到县一级，从而有利于在区县范围内调度教育资源，促进区县内教育资源配置的均衡化。（2）加强教育经费转移支付，发挥中央政府和省级政府在调节教育经费差异方面的作用。（3）制定义务教育办学条件标准，并根据标准为各个学校配置基本的教育教学设施、设备，在义务教育阶段取消重点学校制度，代之以标准校建设。

2. 师资配置均衡化

由于教师在教育教学活动中处于主导地位，对教育质量具有决定性的影响，因而义务教育质量的均衡化离不开师资配置的均衡化。近年来，"师资扶贫"也开始得到政府的重视，《中共中央、国务院关于深化教育改革全面推进素质教育的决定》就已经明确提出：要"合理配置教师资源。各地要制定政策，鼓励大中城市骨干教师到基础薄弱学校任教或兼职，中小城市（镇）学校教师以各种方式到农村缺编学校任教，加强农村与薄弱学校教师队伍建设。"师资力量的均衡化主要是为了缩小不同学校之间教师数量、质量、结构的差异。在这方面也有多种政策选择，其中包括：（1）编制优惠政策：由于薄弱学校往往规模相对较小，每位教师负担的课程门类更多，学校缺少规模效益，因而在制定编制时应该充分考虑这些因素，适当给这类学校增加编制。（2）定向培养政策：通过定向培养来保证有足够数量的师范毕业生到边远地区和薄弱学校任教。（3）教师工作轮换政策：从制度上保证不同地区、不同基础的学校都有可能"轮流"得到优秀教师。这种政策已经在韩国、日本、中国香港等国家和地区实行多年。（4）"教师电脑派位"政策：以此实现不同水平教师在不同学校的均衡分布。

(5)定期支教政策:即教师在一定时期内有义务到边远地区和薄弱学校工作一定的时间。《中共中央、国务院关于深化教育改革全面推进素质教育的决定》提出:"城镇中小学教师原则上要有一年以上在薄弱学校或农村地区任教经历,才可聘为高级教师职务。"(6)对口支持政策:即在地区之间、学校之间建立师资力量的对口支援关系,帮助边远地区、薄弱学校教师提高业务水平。在最近《国务院关于基础教育改革与发展的决定》中就提出:"在教育对口支援工作中,援助地区的学校要为受援助地区的学校培养、培训骨干教师。"(7)跨校兼职政策:鼓励优秀教师到不同学校,尤其是到基础薄弱学校兼职。(8)待遇优惠政策:通过提高边远地区、薄弱学校教师工资、待遇和补贴,吸引优秀教师和优秀师范毕业生前往任教。(9)师资培训政策:制定专门针对薄弱学校教师培养培训的政策,从时间、经费、培训队伍等方面给予保证,以期提高这类学校现有教师业务水平。(10)教师资格政策:通过规定从事教师职业者所需要的最低学历水平以及接受师范教育的基本要求等内容,也可以有效地保证边远地区和薄弱学校教师的基本业务水平。[①]

3. 入学机会分配均衡化

由于不同学校升学率的差异是影响学生择校的最根本原因,近年来一些地方政府也开始发挥政府的强制作用,要求高中学校将其中的部分招生指标平均分配到各初中,使每一所初中的毕业生都能获得到重点高中就读的机会,从而减轻初中阶段的择校压力。例如安徽铜陵市就在缩小学校之间办学条件差距、实行学校之间校长和教师轮换制度的基础上,改革高中招生办法,将优质高中入学指标平均分配到各初中,分配比例从1997年的40%提高到2005年的60%,从根本上消除了家长的择校心理。[②] 铜陵也成为全国教育均衡发展的典型。

二、通过有效的制度安排和公办学校的多样化发展满足择校需求

在民主自由的社会,每一个公民都应该有在法律许可的范围内选择接受不同教育的权利。我国的相关法律也赋予了学生在公办学校和民办学校之间以及公办学校系统不同类型学校之间选择就读的权利。政府对

[①] 文东茅.义务教育师资配置均衡化的政策选择.教育理论与实践.2001(11)

[②] 周金燕.走向均衡发展的义务教育.见杨东平主编.2005年中国教育发展报告.北京:社会科学文献出版社,2006,63.

于"择校"的"三限"政策本意在于控制教育领域的乱收费,维护教育公平,各种基于学业成绩、兴趣爱好的正常学校选择并不在管制的范围之内。同样,1986年颁布的《义务教育法》有关"就近入学"的条款也要求"地方各级人民政府应当合理设置小学、初级中等学校,使儿童、少年就近入学",将"就近入学"作为政府的义务和学生的权利。学生不仅拥有享受就近入学的权利,也拥有选择不接受就近入学而到其他学校就读的权利,二者并不矛盾。对政府而言,一方面需要履行提供"就近入学"机会的义务,另一方面也需要制定合理的制度规范,有效满足学生择校的需求。

如前所述,教育均衡发展是维护教育公平的前提条件,在一个均衡发展的教育体系中,由于不同学校之间在办学条件、师资水平、教育质量方面没有悬殊差异,舍近求远的择校行为只会增加上学时间和交通成本,因而绝大多数学生和家长将自愿地选择就近入学,不会出现大面积择校以及大多数学生选择有限的几所学校的现象。但是,这并不排除有学生因为兴趣爱好、学习习惯、对教师或教育理念的偏好而希望离开近邻学校的需求,这种正当的需求也不应该被剥夺。因此,政府就应该在推进教育均衡发展、保证绝大多数学生在近邻学校获得满意教育的基础上,建立一套有效的制度,有效地满足学生择校的要求。具体而言,应逐步完善以下工作:

(一)合理规划学校分布,提供就近入学机会

应根据现有学校的设计规模,合理划定其接受学生的区域范围,保证其所辖区域的学生能就近、便利地入学。由于我国正处于一个城市化进程加速的过程中,人口的城市化以及城市的迅速扩张都要求对新建城市和小区内适龄学生数进行准确的估计,实现城市开发与学校建设的配套。在此过程中,应该强调教育资源配置的均衡化和学校建设的标准化,保证每一个儿童都拥有在一定范围内就近入学的机会,并保证不同学校之间的相对均衡发展,降低择校的需求。

(二)学校按居住地招生,保证就近入学权利

学校将根据学生的居住地而非户口所在地招收学生,保证本辖区内居民可以无条件地享有在本辖区内学校就读的权利,只要学生能提供在本辖区居住的有效证明,学校就不得拒绝其入学申请。之所以注重居住地而非户口所在地,主要原因在于现代社会职业和工作的流动性将导致家庭居住地的频繁变动,将出现越来越多的"流动人口"和"流动儿童",居住地与户籍所在地分离的现象将越来越普遍,而采用"居住地原则"则是真正坚持"就近入学"原则。为了保证就近入学学生的权益,学校必须按

核定的设计规模和班级规模招生,不允许超出核定规模招收辖区外学生。

(三)建立完善申请制,满足免费择校需求

如果学生不愿意就近入学,也可以在划定的学校之外自由、免费择校,但必须提前申请,学校在优先满足辖区内学生需求之后,根据剩余学额数量和申请的先后顺序接受辖区外学生。由于我国基础教育管理体制及其经费安排以县(区)级管理为主,因而,学校在接受学生时的先后顺序应该是:首先满足本辖区的就近入学学生,然后是本区县的择校学生,最后才是其他区县的择校学生。由于是在公办学校系统之内择校,所有学校接受择校学生均不能收取"择校费",通常情况下也不能通过考试选拔,在申请者数量超过学校接受能力的情况下,只能按照申请的先后顺序,或者通过抽签等方式决定。在条件成熟的情况下,也可以制定一些对特定人群的优惠政策,如对残疾儿童、单亲儿童的照顾,对同一家庭第二个子女就读申请的优先考虑,等等。

(四)鼓励学校的特色化和多元发展,提供更多择校的可能性

公办学校的均衡发展仅指教育经费、办学条件、师资队伍等的均衡配置,学校建设的标准化也只是强调必须满足规定的办学条件标准,并不意味着所有学校同一模式,千校一面。相反,教育的目标应该是促进每一位学生的充分自由发展,为此,就应该鼓励学校根据不同的教育理念,形成不同的办学特色,以适应个性、兴趣、能力等各不相同的学生对教育的多样化需求。我国公办学校系统尤其需要在均衡发展的基础上强调多样化、特色化,只有这样,才能为学生选择适合自己的学校教育提供更多可能性,更好地满足学生的需求,促进学生的个性发展和教育质量的整体提高。为此,政府应该赋予学校更多的办学自主权,鼓励学校按照不同的教育理念、教育方法和教材体系开展教育教学实践。在对学校和教师工作评估时,应该根据不同学校的办学目标、物资条件、生源基础等,进行个性化的评估,促进学校教育的多元化、特色化。

(五)建立和完善信息服务,规范择校行为

在合理规划学校布局的基础上,应该清晰地划定每一所学校的覆盖范围,并通过网络、媒体等渠道广为宣传,使学校招生政策、招生范围、招生数量等数据信息公开、透明。建立更完善、便捷、丰富的学校信息查询系统,为学生和家长择校提供信息服务。这些信息应该包括学校类型,办学理念、特色、目标,成绩和问题,校长和师资队伍状况,设计规模和现有学生规模、结构,地理位置和交通状况,学生和家长评价,等等。通过建立各个区域的"学校地图网",可以有效提供、更新、查找相关择校信息。

三、通过非公办学校系统满足择校需求

教育均衡发展和提供"就近入学"的机会可以有效地减少学生和家长的择校需求。就近入学的学生比例高低和对就近入学的满意程度是评价公办学校系统质量高低和公平性的试金石。当公办学校系统可以相对公平地提供充足的高水平教育时,整个社会的择校行为就会降低到一个非常低的水平。但是,由于公共教育经费有限,加之实行均衡化的教育资源分配政策,公办学校系统通常只能提供一定水平的办学条件和质量教育,不可能满足所有人对教育的需求,尤其难以满足部分人对高水平教育和个性化教育的需求。因此,就会有人希望在公办学校系统之外接受教育。这种放弃政府提供的公办学校教育的需求也是正当的,也应该在一定程度上予以满足。满足这种需求的基本途径有两条:一是选择民办学校;二是参加各种校外辅导。

(一)发展私立学校以满足择校需求

对于是否发展私立教育、在什么教育层次上发展、发展多大规模、如何发展等问题,各国都有不同的理念和实践。通常认为,从丰富教育的多样性、扩大教育选择的角度看,在公办教育系统之外发展一定规模的私立教育是必要的。我国已经制定了《民办教育促进法》,从法律上明确支持发展民办教育,并试图通过各种制度和政策促进民办教育的质量提高和数量发展。在我国民办教育发展历史较短、规模还较小的情况下,支持民办教育的发展显然是十分必要,但对不同层次教育还是应该有所区分。在义务教育阶段,应该尽可能地通过建立由公共财政支持的公办学校系统,使公办学校占绝对的主导地位,以利于培养社会共同价值、促进教育公平。但从尊重教育权和受教育权的角度看,在义务教育阶段也应该允许一定数量的民办学校存在,多元化、高质量的民办教育不仅是满足义务教育阶段择校行为的有效途径,在少数落后地区,民办学校还可以有效解决公办学校教育机会供给不足的问题。正因为如此,《民办教育促进法》第四十九条规定:"人民政府委托民办学校承担义务教育任务,应当按照委托协议拨付相应的教育经费。"在非义务教育阶段,由于公办学校系统不能充分满足社会对教育数量、质量和类型的需求,就更应该允许民办学校的存在,甚至应该通过各种政策措施资助和促进民办教育发展。由于民办学校主要依靠非财政性教育经费举办,因而通常需要向学生收取学费,但与公办学校的收费择校不同,这种收费和择校主要由

市场供求关系决定,相对而言更容易为社会所认可。教育部部长周济提出"公校不择校,择校找民校"的观点,目的就是通过发展民办学校来消解择校压力,消除因公办学校"乱收费"而带来的对政府职责和教育公平性的批评。

(二) 规范课外辅导和培训市场,引导择校需求

教育活动的特殊性在于,个体接受教育不仅有公益性,也具有私益性,即受教育不仅可以增加社会公共利益,也可以为受教育者本人带来经济和非经济的收益。因此,一方面,人们为促进社会公平而制定宏观政策促进教育机会均等;另一方面,人们又会希望自己和子女能接受到比别人更好的教育,以便在将来获得更好的职业和更高的社会经济地位。公办学校均衡化之所以会遭受巨大阻力,显然与后者有关。而一旦公办学校系统真正实现了均衡发展,优势群体不仅会通过接受私立教育以期获得教育质量上的优势,也会采取另外一种策略:接受各种课外辅导或者单独聘请家教。目前,由于公办学校条件和质量差异悬殊,各级教育升学竞争激烈,参加课外辅导班和聘请家教的现象已经不只存在于少数优势人群,而是普遍存在,这是一种还没有引起充分重视却又影响深远的现象。课外辅导确实可以在一定程度上提高学生的文化成绩、培养兴趣特长、弥补课堂学习的不足。但这种"全民补习"的状况是一种典型的"个人理性、集体不理性"行为,导致了纯粹以升学为目的的恶性竞争,其负面影响已经非常明显,其中至少包括以下几方面:(1)加重学生的学习负担,影响学生身心健康发展;(2)给家长带来了沉重的经济负担,增加时间、精力的投入;(3)导致优势群体大量参加课外学习,而弱势群体则只能被动接受学校提供的教育;(4)将拉大同一班级内学生之间学习水平的差异,对班级授课制等基本的学校教育制度造成冲击;(5)将影响教师对课堂学习真实效果的判断,影响学校教育在人才选拔方面的鉴别能力。

因而,对这种普遍性的课后补习和培训现象不应该视而不见、任其发展。治理这种"个体理性、集体不理性"行为的最有效途径就是通过政府制定政策,采取集体行动。具体而言,应该通过政府采取以下措施:(1)禁止公办学校和公办学校教师参与举办各种形式的以升学为目的的辅导班;(2)禁止初级中学以考试方式挑选学生,禁止通过英语证书、数学竞赛、兴趣特长等来挑选学生,以削弱这些变相选拔考试的指挥棒作用和对相应补习的需求;(3)应该鼓励学校因材施教,通过免费的兴趣活动和选修课程,发展学生的兴趣特长;(4)针对学习上确有困难的群体,公办学校应该举办一定数量的补习和课余辅导,政府应该提供相应的经费

和师资力量,通过有组织的免费的校内补习来取代市场化的校外辅导。对于前两方面,近年来,一些地方已经采取了许多有效的措施,例如,从2005年春季开始,北京市教委停止了"迎春杯"小学数学竞赛;浙江省停办了小学"奥数"竞赛活动,中小学签订"减负"责任书;长春市取消小学所有竞赛,宣布竞赛和评奖活动一律与升学招生脱钩;山西省向义务教育阶段学校发出13条禁令,严禁组织任何形式的选拔性考试,严禁以任何方式组织学生在节假日补课,严禁任何形式的快慢班、强化班和实验班;上海禁止名校举办小升初"衔接班",不许组织小学生参加有选拔性的竞赛和培训班等。① 但在后两方面,随着各种校外市场化的考试培训项目的广泛普及,许多学校已经放弃了免费的校内兴趣班、补习班,政府对此也没有采取相应的措施并给予足够的支持。可见目前的政策主要是"堵",而不是"导"。

第四节　教育券与择校自由

教育券(School Voucher)也被称为"学券"、"教育凭单"或"教育凭证",由著名经济学家米尔顿·弗里德曼在20世纪50年代提出,其原意在于通过财政制度改革,以向学生发放"凭证"的方式取代直接向学校拨款的传统,促进学校为吸引更多学生、获得更多财政经费而在相互竞争中提高教育质量。弗里德曼是新自由主义和教育民营化的代表,他提出的"教育券"制度也被视为教育民营化的主要措施之一。从20世纪60年代开始,已经有三十多个国家实践过教育券或类似的项目。2001年浙江长兴县开始引入教育券试点,此后,我国不少地方都在不同领域进行了教育券或类似项目的实践。教育券的初衷在于扩大学生的择校自由,进而推动教育变革,但自从诞生以来,教育券制度就一直饱受争议。尽管如此,笔者仍然认为,教育券在理论上和实践中都有多种不同的理念和模式,只要合理设计、灵活运用,就完全有可能降低教育券制度的负面影响,有效扩大学生的择校自由,促进教育公平和办学效率。

---

① 周金燕.走向均衡发展的义务教育.见杨东平主编.2005年中国教育发展报告.北京:社会科学文献出版社,2006,58.

一、教育券的多样性与复杂性

(一)教育券实践的多样性

弗里德曼在《资本主义与自由》一书第六章"论政府在教育方面的作用"中有以下表述:"为了对政府所规定的最低学校教育提供经费,政府可以发给家长们票证。如果孩子进入'被批准的'教育机关,这些票证就代表每个孩子在每年中所能花费的最大数量的金钱。这样,家长们就能自由地使用这种票证,再加上他们所愿意增添的金额向他们所选择的'被批准的'教育机关购买教育劳务。教育劳务可以为以营利为目的的私营教育机关或非营利的教育机关所提供。政府的作用限于保证被批准的学校的计划必须维持某些最低标准"。① 这被认为是他有关明确提出教育券思想的最早表述。此后在其《自由选择:个人申明》一书中,对教育券(被译为"凭单计划")的原则、意义等进行了系统的阐述,并对有关教育券的批评进行了针锋相对的反驳。从这些论述可以看出,弗里德曼提出的教育券制度具有以下特点:(1)在全国范围内使用,而不是只限于局部地区;(2)在全体学生中使用,而不是只限于特定人群;(3)在各类学校使用,而不是只限于公立学校;(4)家长可以在教育券之外"添补"额外的学费;(5)教育券的主要目的在于通过家长选择和学校竞争以提高教育质量;(6)教育券的资金来源于政府财政经费。

在弗里德曼之后,全世界试行了多种教育券,有的与弗里德曼的设想基本一致,也有的与其差别很大,其中影响较大的有以下一些典型:

1. 全国性教育券:智利教育券②

智利教育券之所以被广为关注,主要因为有以下特点:首先,是全世界唯一一个在全国范围内推行的教育券计划;其次,试行的时间长,从1980年开始至今仍然持续;第三,是在弗里德曼作为智利政府经济顾问期间开始推行的,被认为最接近弗里德曼的本意。智利教育券计划在全国公立中小学和部分自愿加入的私立学校中推行,教育券的面值相当于生均经费,每位学生获得的教育券面额相同,学生可以持券在全国范围内所有参与教育券计划的学校(包括私立学校)使用。此外,还允许家长在自愿补足学费差额的情况下为子女选择学费比教育券面值高的学校,也

---

① 米尔顿·弗里德曼.资本主义与自由.北京:商务印书馆,2001,87.
② 周琴.智利教育券政策述评.比较教育研究.2007(4)

允许学校为提高教育质量而收取额外的学费。

2. 私立学校教育券:哥伦比亚教育券[①]

私立学校教育券是指为弥补公立学校数量和教育机会不足而向私立学校发行的教育券,也被称为"扩充性教育券",20世纪末开始在美国弗蒙特州和缅因州推行的教育券被认为是这一类教育券,[②]而这类教育券更早的典型是哥伦比亚教育券。哥伦比亚教育券计划是1992年作为该国《地方分权法案》的一部分开始实施的。该计划的目标是通过教育券最高限度地利用私立学校资源,解决小学毕业生人数超出公立中学接受能力的矛盾;扩大贫困家庭子女对中等教育的有限选择权;促进不同社会背景学生之间受教育机会的平等,并期望通过教育券计划促进中学之间的竞争,最终提高学校的办学效率,给哥伦比亚教育事业注入新鲜活力。参与该计划的学校必须是合法注册的非营利性私立学校;学生必须是就读于贫困居民区的公立学校小学六年级毕业班学生,年龄小于16岁。

3. 贫困学生教育券:美国密尔沃基教育券[③]

贫困学生教育券是指专为扩大贫困家庭学生择校而提供的教育券,也被称为"排富性教育券"或"补贴性教育券",美国密尔沃基教育券属于这一类。为解决城市中心公立学校教学质量低下、低收入家庭子女聚积于其中且别无选择的问题,增加低收入家庭学生的选择性、促进教育机会公平,1989年,威斯康星州立法机关通过了密尔沃基市基于教育券计划的家长选择计划(The Milwaukee Parental Choice Program)。根据该计划,从1990—1991学年开始,密尔沃基市的低收入家庭将可以通过获得政府提供的教育资金,在无需支付额外经费的情况下选择在该市的任何一所非教会学校就读。该计划规定获得教育券的学生必须是居住于密尔沃基市的幼儿园至12年级的学生,其家庭年收入不得超过联邦政府规定的贫困线的1.75倍。在资助人数方面,1990—1991学年为该市入学学生数的1%,1993至1997年扩大到1.5%,1998年扩大到15%。参与该计划的学校最初只包括公立学校和非教会的私立学校,1998年后扩大到教会学校。在该计划中,发放教育券所需资金由州政府提供,每位学生获得的教育券金额等于该市公立学校的生均经费。

---

① 王淑芹.哥伦比亚教育券计划透视.现代中小学教育.2003(8)
② 张璇.美国公共教育券的案例研究.教育发展研究.2005(6B)
③ 同上。

4. 薄弱学校学生教育券：佛罗里达教育券[①]

薄弱学校教育券也被称为"竞争性教育券"，是为就读于质量较差的薄弱学校学生提供的教育券，期望通过教育券，使这些学校学生有更大的选择其他学校的权力，并引发学校之间为吸引或保留学生而开展竞争。美国第一个全州范围的教育券、1999年开始实行的佛罗里达州教育券计划（即佛罗里达州机会奖学金项目，Florida Opportunity Scholarship Program）就属于这一类。该计划制定了州教育评估标准，通过学业成绩、纪律、安全性、毕业率四个指标的评估，将学校分为 A 至 F 六个等级，有资格参加该项目的学生必须是由于学区限制而不得不就读于四学年中有两个学年都被评为 F 级的公立学校的学生，这些学生可以通过教育券项目选择到本学区内被评为 A—C 级的公立学校和符合参加该项目条件的私立学校就读。参加该项目的学生除特殊原因外，需要在选择的学校就读至少一年，且在校期间必须遵守学校的规章制度，必须参加全州范围的评估考试。在该项目中，州政府为选择教育券的学生提供全部学费支出，学校不得再向学生收取额外学费，而且，如果学生选择在学区内的近邻学校之外的其他公立学校就读，由于上学距离更远了，学区还必须负责为他们提供交通服务；如果学生选择其他学区的公立学校或者选择私立学校，则学区不负责提供交通服务。

5. 私人资金教育券：美国儿童奖学基金教育券[②]

从教育券的资金来源看，可以分为"公共资金教育券"和"私人资金教育券"。大多数教育券项目都是由政府推行、由政府提供资金，但也有一些民间机构和个人筹资提供教育券，以实现特定的教育目标。总部设立于纽约的美国儿童奖学基金教育券（Children's Scholarship Fund）就是这种私人资金资助的教育券。该教育券项目旨在利用个人募集的资金，"通过对低收入家庭提供学费资助而最大化所有低收入家庭孩子的教育机会并促进教育环境中的多样性与竞争性。"在该项目中，符合规定的低收入家庭学生通过申请（在申请人数过多时通过随机抽签决定资助对象），可获得由该基金资助的就读私立学校所需的一半左右学费，自己支付另外一半学费。自 1999 年该项目实施以来，对美国 50 个州的 3 000 个地方 1—8 年级学生提供了奖学金，超过 7 万名儿童从中受益。在一些地方，该项目不仅资助低收入家庭，也像"薄弱学校教育券"一样资助在目前

---

① 张璇.美国公共教育券的案例研究.教育发展研究.2005(6B)
② 沈有禄,潘雪洁.美国最大私人教育券——儿童奖学基金教育券述评.外国中小学教育. 2006(8)

学校学习成绩不好的学生,使他们有可能为改变学习环境而选择到其他学校就读。

6. 高等学校教育券:美国科罗拉多州高等教育券[①]

根据资助对象的不同,教育券可以分为基础教育阶段的教育券和高等教育阶段的教育券。一直受到高度赞扬的美国退伍军人补助计划(GI Bill)实际上就可以视为一种主要针对退伍军人接受高等教育而提供的教育券。该方案不仅通过人力资本投资的方式有效解决了美国"二战"后退伍军人安置问题,也有力地促进了美国社区学院的发展和高等教育的大众化进程。迫于财政的压力,美国科罗拉多州于2005年开始采取新的高等教育财政政策,政府将不再直接资助公立大学,而是根据各高校接收的学生数量给予拨款,注册的学生数将决定高校获得的经费数。2005—2006年该州总预算为6亿美元,平均每位进入公立大学的学生获得2 400美元的资助,而进入政府指定的三所私立大学的低收入家庭学生也可以获得1 200美元资助,不论在公立高校还是私立高校,学生必须补足教育券面值与学费之间的差额。这些教育券最多可以帮助学生完成145学分的大学课程学习。

从以上几个案例可以发现,目前已经实行的教育券之间具有非常大的差异:从实施目的看,有的是为了扩大学校之间的竞争,有的是为了增加低收入阶层子女的学校选择机会,有的是为提高薄弱学校质量和学习困难学生的成绩,还有的是为了弥补公立学校数量的不足;从资助对象看,有的是面向所有学生提供资助,有的只是资助低收入阶层,有的是资助在薄弱学校的在校生,有的是资助在目前学校有学习困难的学生,还有的是资助学生完成大学学业;在教育券的实施范围和接受教育券的学校类型方面,有的是面向全国各类学校,有的只针对本学区的公立学校,还有的是只针对私立学校或高等学校;在教育券的金额数量方面,有些教育券金额等同于学费,有些则只资助学费的一部分,有些教育券项目允许家长再"添补"额外学费,有的则不允许;有些教育券项目为促进学生择校还提供相应的交通、信息服务,有些则没有这些配套服务。比尔菲德和亨利·莱文根据对"资格"、"资助"、"支持"三个要素的不同规定,将教育券归为以下三种类型:[②]

---

① 夏焰,林群.美国科罗拉多州的高等教育券计划及其启示.外国教育研究.2007(3)
② Clive R Belfied, Henry M Levin. Education Privatization: Cause, Consequences and Planning Implication. UNESCO: International Institute for Education Planning, Paris, 2002, 21.

表 6-4 教育券制度设计的要素和类型

	普遍型教育券	激励型教育券	问责型教育券
资格			
学生资格	所有学生	低收入家庭学生	成绩差的学生
适合学校	各类学校	非宗教私立学校	包括宗教学校
入学标准	学校可以按特定标准选择学生	学校必须优先录取特定地区学生	抽签决定
资助			
资助水平	等于公立学校	低于私立学校平均费用	低于公立学校生均支出
资助形式	生均拨款	以激励为基础：根据学生成绩	生均拨款，并按家庭背景调整
私人资金	家庭可以添补	可以添补至私立学校学费水平	不能添补
支持			
交通服务	提供交通到任何学校	只提供当地学校交通	不提供
信息服务	无政府规定的单独信息	无政府收集的单独信息	有政府规定的向家长提供的全面信息
学校标准	必须满足基本要求	必须满足基本要求和特殊课程	必须达到规定的考试成绩标准

（二）教育券影响的复杂性

弗里德曼提出教育券的初衷主要是为了促进学校之间的竞争，从而提高办学效率和教育质量，但是弗里德曼同时也认为通过教育券可以促进教育公平。他看到美国的教育"情况最糟的是大城市的城区，如纽约、芝加哥、洛杉矶和波士顿等市的城区。在这里生活的人们只有付出极大的努力，才交得起双重学费（就读私立学校）……他们的经济状况不允许他们把家搬到有好学校的地方。他们的唯一办法是力图影响主管公立学校的政治当局。然而，这样做通常是徒劳的，或者是困难很大的"，因此而导致的情况是："具有讽刺意味而且十分悲惨的是，一个致力于使所有孩子掌握共同语言，具有相同的价值观念，享有同等的教育机会的制度，实际上却在加深社会的分化，而且造成了极不平等的受教育机会。市内每个学生的教育费往往与富裕郊区的一样高，但质量却差得很远。在郊区，几乎所有钱都用在教学上，而在市内的学校，经费大部分都花在维持纪律，防止破坏，或补偿破坏所造成的损失上。一些市内学校的环境像是监狱,而不是个学习的地方。"①因此,这种教育制度注定了市内的许多孩子过贫穷悲惨的、行凶犯罪的生活,而教育券是改变这种状况的有效制度,通过实施教育券制度,穷人和这些在强迫入学体制中被迫在市内公立学校就读的学生将有可能选择更好的公立学校甚至也会"添补"一定的学费让孩子到私立学校就读,因而从教育券制度受益最大的将是这些人。此外,教育券实际上可以增加就近入学比例,可以有效地提高学校的多样性。弗里德曼认为:"在凭单计划下,大多数儿童很可能仍将上附近的小学,而且就近入学的人数肯定要比现在多,因为该计划实施后将不再用校车强迫接送学生(到非近邻学校就读——笔者注)。但是,由于凭单计划将使各居民区的组成更加参差不齐,因而某一地区内的学校种类可能要比现在多得多。中等学校的等级几乎肯定要比现在少。侧重某一方面的学校,如艺术学校、理科学校或外语学校,将广泛地吸引来自各个不同居民区的学生。当然,自愿选择仍将严重地影响学生的阶级组成情况,但这种影响将比今天的小得多。"②在弗里德曼之后,也出现了许多旨在资助弱势群体或学习困难学生、以促进教育公平的教育券。

对于教育券的假设在实践中能否成立,多年来一直存在巨大争议,怀疑者不仅认为通过教育券提高教育效率、促进教育公平是一种不可能实现的神话,甚至认为教育券不仅不会真正扩大弱势群体的教育选择权,相反可能会被强势群体利用,成为扩大教育不公平的工具,而且,在此过程中可能形成"聚类效应",造成不同种族、宗教和社会阶层人群之间的相互隔离,影响社会凝聚(Cohesion)。在理论争论没有实质结果的情况下,美国对教育券采取的是一种谨慎推广的态度,从被弗里德曼提出至今五十多年来,也只是在局部地区进行了实践。随着这些教育券项目的实施,人们有机会收集各种相关数据对不同的观点进行实证研究,以检验教育券假设的真实性以及教育券实践的综合效果。从已有的文献看,对在公立学校系统内针对低收入群体、薄弱学校以及学业成绩差的学生的教育券的正面评价比较高,争议也比较小。例如在2000年对佛罗里达公立学校750名教师的随机调查显示,65%的教师认为该州薄弱学校学生教育券项目在提高学生测试成绩上有很大或一定作用,93%的教师承认看到了自己学校和近邻学校在提高学生成绩方面做的特别努力;1999—2000学年统计学生成绩发现,F级学校学生

---

① 米尔顿·弗里德曼,罗斯·弗里德曼著.胡骑等译.自由选择:个人声明.北京:商务印书馆,1982,159.
② 同上,168.

阅读、数学、写作成绩分别提高 17.59,25.66,0.87 分,在各类学校中进步最快。① 对于"儿童奖学基金"一类资助低收入家庭儿童的私人资金教育券也因给予了贫困儿童更多机会而受到赞誉。但对于用公共资金资助私立学校,则还存在较大的争论。争论之一是这种资助是否违反了美国宪法关于"政教分离"的规定;另一个争论是利用教育券鼓励学生到私立学校就读是否真正提高了教育质量。对于前者,美国联邦最高法院提出了"儿童受益"原则,即政府对私立学校的某些资助如果主要目的是为了使儿童而非教会机构受益,这种资助就不违宪,因而目前对于私立学校的某些资助已经在不少州获得了法律上的认可。② 对于后者,由于教育质量测度的复杂性和教育效果影响因素的复杂性,再加之研究数据、研究方法以及研究者立场等因素的影响,到目前为止,人们仍然没有得出清晰的结论,许多研究结果之间差异悬殊,甚至可以得出完全相反的结论。这一状况从对智利教育券的研究和对美国密尔沃基教育券的研究中都可以得到说明。

从智利的统计数据看,在 20 世纪 80 年代初,80%的学生就读于公立学校,15%的学生选择了私立教育券学校,另外 5%的学生在非教育券私立学校;到 2000 年,就读于上述三类学校的学生比例分别为 57%,33%和 10%,③ 即到私立教育券学校和非教育券学校就读的学生比例大大提高,而到公立学校就读的比例明显下降。由此可以看出,教育券增加了家长的教育选择权。但也有数据显示,不同家庭背景的学生的学校选择权有明显不同,根据 1990 年智利相关统计数据,低、中、高收入组家庭学生选择到公立学校就读的比例分别是 72%,51%和 25%,高收入家庭学生中选择到私立教育券学校和私立非教育券学校的比例分别为 32%和 43%。④ 说明家庭收入越低,利用教育券到私立学校就读者的比例越低,相反,高收入组家庭学生不仅可以充分利用教育券并"添补"一定学费选择到私立教育券学校,更是可以利用家庭经济优势选择到不接受教育券的高收费学校就读。这就不能不让人担心教育券对教育公平以及社会凝聚所可能产生的负面影响。

---

① 张璇.美国公共教育券的案例研究.教育发展研究.2005(6B)
② 蔡金花.美国州政府对义务教育阶段私立学校资助:原则、内容及特点.外国教育研究.2007(4)
③ McEwan, P. J., Carnoy M. The effectiveness and efficiency of private School in Chile's voucher system. Education Evaluation and Policy Analysis, 2000,22(3): 213—239.
④ Carnoy M. Lessons of Chile's voucher Reform Movement,Http://www.rethinkingschools.org/special_reports/voucher_report/v_sosintl-shtml. 2006-01-01.

关于密尔沃基教育券对学生学业成绩的影响,也由于不同研究得出的不同结论而引起学术界的广泛关注。在威斯康星—麦迪逊大学教授约翰·威特(John Witte)的研究中,威特将教育券学生与随机抽取的密尔沃基公立学校学生的平均测验分数进行对比,发现二者在阅读和数学成绩上并没有明显的差异。此后,曼哈顿政策研究所格林(Jay P. Green)等人以随机抽取的教育券学生作为控制组,以选择曾经申请但未获得教育券、仍在公立学校就读的学生作为对照组进行比较,发现教育券学生从第三年或第四年开始表现出较高的学业成就,在第三年,数学和阅读成绩分别高出对照组 5 个和 2 个百分点,在第四年,数学和阅读成绩则分别高出对照组 11 个和 5 个百分点,并认为这种效果的迟滞是因为学生需要适应新的环境所导致。而普林斯顿大学露丝(Cecilia Rouse)等在上述研究的基础上,将所有参加教育券计划的学生(包括获得资格后未参加和后来退出计划的学生)作为控制组,比较分析了获券学生和申请过但未获券学生的学业成绩,发现两组学生阅读成绩没有差异,而数学成绩上,获券学生要高于对照组 1.5—2.4 个百分点。但她同时指出,这种比较结果只是教育券学校的平均效果,这也意味着并不是所有的教育券学校都优于密尔沃基公立学校。①

这些研究结论又使人们回到了公立学校和私立学校体制的优劣这一更根本问题的争论上来。尽管如此,这些研究不仅促进了教育领域研究方法的改进,也增进了人们关于教育政策影响复杂性的认识,使人们关心的领域不再限于政策公开表述和追求的特定目标,而是更全面地分析一项教育政策对整个教育系统的公平、效率以及对学生学习自由和社会凝聚的影响。

二、教育券与扩大择校:中国的实践和前景

(一)教育券在中国的实践

尽管有关教育券的理论在 20 世纪 80 年代初就有翻译②和介绍,但我国最早的教育券实践则是 2001 年从浙江长兴县开始,此后,2002 年 12 月浙江省教育厅在长兴县召开了教育券问题现场研讨会,2003 年浙江大学教育学院和中国教育学会教育政策与法律专业委员会又举办了"全国

---

① 李海生.教育券与学业成绩:对美国相关研究的分析.外国中小学教育.2005(10)
② 米尔顿·弗里德曼、罗斯·弗里德曼著(胡骑等译)的《自由选择:个人声明》在 1982 年即由商务印书馆出版。

教育券、教育选择与教育公平高级研讨会",使教育券在我国得到了广泛关注,也推动了教育券在全国的实践。

1. 浙江长兴教育券

浙江长兴教育券项目始于2001年,当时发放范围包括就读于县职教中心、技工学校和清泉武术学校的长兴籍学生,2003年发放范围扩大到就读于民办华盛虹溪中学和薄弱学校泗安中学的学生以及家庭经济困难学生。教育券的金额根据发放对象的不同而不同,发给职业中学学生的为每人300元,发给民办清泉武术学校小学部、初中部以及华盛虹溪中学初中部的为每人500元,发给泗安中学的为每人200元。2001年至2003年,发放教育券数量分别为1 845,3 220,4 618张,发放总金额分别占全县教育经费的0.7%,1.8%,2.3%。长兴教育券的经费来源主要是将"希望工程"、"春雷计划"等一些扶贫性项目节余经费、社会捐款以及少量财政经费整合而成。在对长兴教育券进行调查研究后,人们发现,长兴教育券项目的初衷既不是促进学校之间的竞争以提高效率,也不是帮助弱势学生以促进教育公平,而是通过教育券扶持指定的职业学校和民办学校,从本质上看是一种对指定学校的价格补贴,发挥着政府对教育的导向作用;[①]浙江长兴实施的教育券无疑是一种教育扶贫,但如果仅仅是把其视为一种扶贫济困措施显然又贬低了它的意义;[②]长兴教育券的最大价值可能在于改变了对民办教育、职业教育和贫困生的资助方式,创造了"第一个吃螃蟹"的效应,也带来了一定程度的社会效应。[③]

2. 其他各类教育券实践及其评价

在长兴教育券实践之后,全国不少地方都开始了自己的教育券试点。例如,2003年夏季,江苏淮安市遭受特大洪涝灾害,许多学生面临辍学,为此淮安市教育部门利用教育券方式对受困的特困生进行了资助,小学、初中、高中学生分别是200、310、600元;2004年秋季开始,山东省淄博市面向全体当地户籍的学前儿童和家庭贫困的中小学生发放教育券,每人资助金额200—300元不等,资金来源主要是由街道、民政部门和社会共同筹集;为了扶持职业教育的发展,2005年贵阳市规定,凡农村贫困家庭、城市下岗职工、享受社会最低保障家庭的初中毕业生,均可一次性领取500元面值的"教育券",以冲抵就读市属职业学校(含中专、职高、技工学校)的部分学费;2005年,由浙江大学教育学院民办教育研究中心、中

[①] 刘晓蔓.对浙江长兴县'教育券'制度的调研报告.教育发展研究.2005(6B)
[②] 曲恒昌.制度创新:"教育券"给农村职业教育注入新的活力.职教论坛.2003(5)
[③] 贺武华,邹小斌.中国教育券本土化转向:实践变通与反思.职业技术教育.2007(13)

国教育先锋网联合部分民办高校共同发起了全国第一个由民间发起、面向民办高校的教育券计划——"先锋教育券",面值500元,面向参与该计划的民办高校新生。① 浙江是全国最早实施教育券的省份,也是目前全国第一个在全省范围推广教育券的省份,有学者调查发现,仅浙江省就至少有以下三种教育券:第一种是在全省范围内的以贫困家庭学生为对象的"救助型教育券";第二种是在部分县市范围内实施的以扶持民办学校和职业学校而向这些学校学生发放的"诱导型教育券",如长兴教育券;第三种也是在部分地区实行的为特定目标而向特定人群发放的"效率型教育券",如杭州市上城区用于社区终身教育和教师教育的"教育券",衢州市用于农民工培训的教育券等。②

从以上介绍可以发现,尽管中国教育券的实践时间不长,范围也不广,但已经出现在从学前教育到义务教育、职业教育、高等教育以及继续教育各个阶段,分布在全国不同社会经济发展水平的省(市,自治区),不仅有政府推动的公办学校教育券,也有民间发起的民办学校教育券。但目前我国教育券的实践也明显存在以下一些问题:

第一,这些教育券设计的出发点尽管表面上各不相同,但共同特点都是为了实现政府的某些具体的短期政策目标,而很少明确阐述并追求教育公平、效率、自由发展等价值目标。③

第二,教育经费来源尽管也有一部分是公共财政性经费,但主要是非财政性经费,发放总金额少,因而对现行的公共教育财政体制不构成冲击,对公办学校获得稳定的公共教育经费不构成影响。由于将教育券资金安排定位于"增量改革",就使这种改革偏离了对公共教育财政体制进行改革这一教育券制度的核心目标;④由于对学生发放的教育券面值小,通常只占学生学费的很少一部分,因而对许多学生而言,教育券的意义不在于冲抵学费,而在于体现出政府对特定学校的信任和支持。⑤

第三,目前我国已经实施的教育券除杭州教师教育券、民工培训教育券之外,基本上是用于给指定学校学生的学费补助,是"只发券不择校",背离了"扩大择校"这一教育券制度的合理内核,⑥只是借助教育券的形

---

① 杨苗.集纳:教育券在全国各地的传播.教育.2006(2)
② 吴华,(美)薛兆丰,艾萨克.中国"教育券"实践的现状、问题与前景.教育发展研究.2005(6B)
③ 同上。
④ 同上。
⑤ 刘晓蔓.对浙江长兴县"教育券"制度的调研报告.教育发展研究.2005(6B)
⑥ 贺武华.教育券在中国实践的再认识.比较教育研究.2004(10)

式实现了"变暗补为明补"、"让教育福利一目了然"的政治目标。

(二)教育券与扩大择校的政策选择

从以上分析可以看出,要真正有效发挥教育券在提高办学效率方面的作用,需要满足一定的条件,其中包括:(1)应该在一定范围内实施,使学生可以在不同公办学校之间或公办学校和民办学校之间有选择的可能性,因为不论是出于效率目标还是公平目标,教育券制度作用的发挥都必须以扩大学生的教育选择为前提;(2)应该有足够的资助金额,可以对学生家庭的教育支出和学校选择产生足够的影响,提高学生的教育选择能力;(3)应该足以影响公共教育财政体制和公办学校的资金来源方式,以促进学校为获取教育券而变革和努力。

我国湖北监利曾经酝酿过可以基本满足以上要求的教育券方案。根据监利教育券方案,将在全县范围实行"义务教育卡"制度,政府以此方式将投入到义务教育的经费(含上级转移支付资金)均摊到每个学生,并允许学生在全县范围自主择校;同时,在教育财政政策上,改变按教师人数、工资基数直达个人账户的拨款方式,县财政按教师人数、工资基数权重占50%和学生人数、生均应享受财政经费权重占50%的标准拨款到学校,由学校自行分配;此外,还拟建立教育信息发布中心、学校教育教学质量评估体系、学生个人信息管理网络系统、市场定价的学校收费机制等。但是,由于舆论压力、政治压力以及资金约束等原因,该计划并没有真正实行。[①]

笔者认为,监利县暂停该教育券计划是一种明智的决定。首先,这种普遍性、无差别的教育券计划与智利教育券计划非常相近,鉴于智利教育券已经在一定程度上导致了不同群体选择不同学校教育而形成的教育机会不公平问题,目前我国学校之间办学条件、师资力量、教育质量等不均衡,在允许学校自主定价的情况下,就完全有理由相信:由于不同学校需要"添补"的学费不同,不同家庭选择的学校将有明显差异,多数贫困家庭将只能到收费较低、质量也较低的学校就读,从而导致教育机会不公平。在我国大力促进教育公平和社会公平、建设和谐社会的大背景下,这种教育政策即使可以"促进学校竞争、提高办学效率",也不可能获得政治上的合法性。其次,由于该教育券计划本身是教育财政经费紧张情况下为"节省政府教育经费"的产物,因而很可能会成为地方政府推卸教育责任的手段,无法保证日后生均教育券金额的充足性,影响义务教育质量。

---

① 吴华,(美)薛兆丰,艾萨克.中国'教育券'实践的现状、问题与前景.教育发展研究.2005(6B)

但这并不意味着教育券在我国就没有利用的价值。从长远来看,即使可以建立均衡发展的教育体系有效减少学生对"优质教育资源"的选择,引导绝大部分儿童都"自愿就近入学",也还是要保留学生为追求个性发展、满足多样性需求而择校的权利。目前基础教育领域的主要矛盾是教育发展不均衡,这种不均衡的出现既有历史的和自然的等多种因素的影响,也有政府的政策导向方面的影响。因此,政府不能强迫学生就近入学,尤其不能强迫学生到薄弱学校就读。在教育发展不均衡的情况下,通过资源配置均等化、教师资源流动化、生源选择和升学机会均等化等措施努力促进地区之间、学校之间均衡发展是政府的当务之急。而合理设计的某些教育券计划不仅可以有效满足学生择校需求,也可以促进教育均衡发展和教育机会公平。借鉴国内外的经验,这些教育券计划至少可以包括以下几类:

1. 薄弱学校学生教育券

就读于薄弱学校不是学生的过错,却会对学生造成巨大的损失和伤害。为此,应该通过"薄弱学校学生教育券"的方式给予这些学校学生摆脱困境的权利。如果在实施该教育券计划的过程中申请离开薄弱学校的学生越多,说明该地区在"消灭薄弱学校"和"教育均衡化"方面存在的问题越大;相反,"自愿就近入学"的学生越多,说明政府相关工作做得越好。因此,在实施该计划之前,首先要加大教育均衡化力度,给各个学校一定的"建设期",在实施该教育券之后,可以借鉴美国佛罗里达教育券计划的经验,建立更完善的学校评估体系和信息收集、发布系统,并给予薄弱学校一定的"改过期"。这种教育券应该有足够高的金额,至少应该数倍于生均日常经费标准,以激励其他学校接受这些学生。通过这种方式,促进学校为提高学校教学质量、提高学生成绩和满意度而努力。这种教育券的最终目标是"为不择校而择校"。

2. 学习困难学生教育券

学生学业成绩不佳,可能有多种因素,其中就包括对目前所在学校或教师的适应性。如果学生因为不适应学校学风、不适应教师的教育理念和教学方式而导致学习兴趣和学业成绩低下,也不应该将他们强制性地留在目前的学校,而应该允许他们转学,选择适合的学校。这类教育券的金额也应该是数倍于生均教育经费标准,以激励其他学校接受这些学习困难学生。为鼓励各学校接受学习困难学生,在对学校教育教学质量进行评估时,不能只看学生的平均成绩,而应该看不同基础学生的发展状况和满意程度,对新接收的学习困难学生尤其应该看他们的进步程度。类似的教育券也应该给予因身体缺陷而有学习困难的学生，对这些人不仅应该从行动上给予特别关照，也应该在经费上给予特别支持。这类教育券是"为了发展而择校"。

3. 流动人口子女教育券

从长远来看，应该完全根据学生居住地免费就近上学，此时就不存在"流动人口"和"流动儿童"这些概念了。但在今后相当长的一段时间内，我国户籍制度还会存在，在城市化和工业化进程中，离开户籍所在地到异地工作和学习的流动人口及其子女数量还会增加。流动人口子女教育问题已经成为一件影响中国社会经济发展和人民安居乐业的大事。尽管中央政府已经提出"以流入地为主"的原则解决流动人口子女的义务教育问题，但并没有形成有效的落实方案。笔者认为，教育券是一种可能的选择。在流动人口子女教育券计划中，流出地政府（指负责义务教育的区县政府）给予流动儿童教育券，持券儿童可以在全国各地上学，流入地政府在汇集各学校获得的教育券后，从流出地政府兑换与教育券数量等额的教育经费，以弥补因接受流动儿童而增加的教育经费支出。在此方案中，关键在于教育券金额的确定。对于流出地和流入地而言，因儿童流动而减少或增加的教育成本都是难以准确计算的边际成本，而且，即使可以计算，由于教育经费支出水平的差异，按流出地减少的边际成本确定的教育券数额也肯定会大大低于流入地因接收儿童而增加的边际成本。但流动儿童是有理由要求获得流出地生均教育经费的，因此，为了不对流出地教育经费和教育质量带来太大的影响，也不至于对流入地政府带来太大的负担，同时保护流动儿童的利益，流动儿童教育券数额应该为流出地生均经费，但流出地政府只负担其中的一半，另一半由中央政府通过专项经费配套发放给流动儿童。流入地政府有义务接收持券流动儿童，并且不得额外收取学杂费。

4. 贫困家庭学生教育券

教育机会均等是促进社会平等的基本措施之一，因此在教育政策中必须给予弱势群体更多的支持，扶贫性教育券就是出于这种目的。不论是在免费的义务教育阶段，还是在收费上学的学前教育阶段和高中教育、高等教育阶段，给予特别困难家庭的学生一定金额的教育券，都可以帮助他们减轻上学的生活压力和经济负担，促进他们完成学业。这种教育券的发放对象和发放金额可以根据财政状况灵活确定。

5. 民办学校学生教育券

在我国公共教育经费紧张、公办学校不能充分满足各级各类教育需求的情况下,政府已经制定了《民办教育法》,以促进民办教育发展,满足社会对教育数量、质量和教育多样性的需求。为达此目的,一种有效的方式是实施民办教育券,对于就读民办学校的学生,尤其是就读非义务教育阶段民办学校的学生给予一定的资助。这样可以减轻学生的学费负担,增加民办学校生源,更重要的是可以显示政府对民办学校的支持。实际上,就读民办学校学生家庭也是纳税人,他们有理由获得一份非义务教育阶段的公共教育经费。理论上说,民办学校学生教育券应该等同于政府拨付给同级同类公办学校的生均教育经费,为了达到"节省政府教育经费"的目的,在实际操作中,此类教育券金额可以也可以低于公办学校生均教育经费,这要取决于政府对民办学校支持和促进的力度。

  此外,教育券在下岗职工培训、民工培训、教师继续教育、复员军人教育性安置等方面都具有广阔的前景。正因为如此,就连从一开始就与弗里德曼发生激烈争论的著名教育经济学家亨利·莱文也提出了"终身学习教育券"的概念。①

---

① 亨利·莱文.义务教育后的受教育权利:资助终身学习的教育券制度.北京大学教育评论.2003(10)

第七章　公共教育理念与教育民营化的超越

以上第二至第六章分别对我国教育民营化的几种主要形式进行了介绍，从中可以看出，教育民营化的形式、成因、表现和影响是复杂多样的，为应对这些不同形式的教育民营化，政府也在不断地摸索、调整和改进相关政策，由此而导致的是诸多政策缺乏稳定性和有效性。笔者认为，只有从理论上对公、私立教育的性质、意义和影响有全面、深刻的认识，才能高屋建瓴，把握公、私立教育制度变革的整体方向，保持相关政策的合理性和一贯性。本章将从对教育公益性和私益性的讨论出发，分析总结教育民营化对我国教育公益性的影响，探讨政府支持和管理教育的合法性依据，提出并阐述"公共教育"的理念及其制度安排。本章强调的核心观点是：教育既有公益性也有私益性，公立教育并不必然代表公共利益，私立教育也不只是代表私人利益，公、私立教育都可以成为追求公共利益的制度选择，因而应该超越公、私立教育的二元对立，建立以公共利益为目标追求的公共教育体系；教育的公益性集中体现在促进社会公平、培养具有"共同价值"和"国民素质"的合格公民两方面，政府对教育进行资助和管理的基本依据和目标应该是促进教育的公益性；应该建立、健全公办学校的问责制，使公办学校从形式上的"公办"和"公费"走向目标和内容上的"公益"，同时应该加强对民办教育的资助和管理，充分利用民办教育促进教育的公益性。

第一节 教育的公益性与公共教育理念

一、教育的私益性与公益性

教育是一种具有公益性的事业,这几乎成了不言而喻的"公理"。我国《教育法》第八条规定:"教育活动必须符合国家和社会公共利益",我国《民办教育促进法》也规定:"民办教育事业属于公益性事业,是社会主义教育事业的组成部分"。另一方面,教育又显然具有"私益性",作为个体的学生及其家庭都希望通过教育给自己带来更大的经济的和非经济的收益。然而,很少有人对教育(尤其是民办教育)的公益性和私益性进行具体的分析,甚至"教育的私益性"这一概念都很少被人提及。但公益性与私益性的统一却是教育活动的基本特征之一,这一认识对把握政府在教育中的作用、合理选择办学体制等根本性问题都可能产生重要影响。

(一) 教育的私益性

尽管"教育的私益性"这一概念很少有人论述,但在现实当中,教育活动首先表现为一种个人行为,学生主要是为了自己(而不是他人)的前途和发展而接受教育,受教育者是教育活动的直接受益者,通过教育可以提高个人的经济的和非经济的回报,这就是教育的私益性。

教育的私益性首先表现为教育可以提高个人的经济收益。大量统计结果表明,受教育层次越高,获得的相对收入也越高。根据 OECD 对其成员国的统计,如果以高中毕业者的收入为 100,则各国受过高中以下教育者的相对收入平均为 79,受过大学教育者的相对收入平均为 162;在美国、德国、英国、法国,高中以下教育者的相对收入分别为 68,78,75,80,受过大学教育者的相对收入则分别为 174,163,179,175。[1] 在教育经济学中,通常用明瑟收益率来反映平均多接受一年教育导致个人收入提高的比例。有研究表明,教育明瑟收益率在 OECD 国家为 7.5%,世界各国平均为 9.7%;[2] 中国教育的收益率在 20 世纪 90 年代经历了一个显著的增长过程,教育的明瑟收益率从 1991 年的 2.95% 增长到 1995 年的

---

[1] OECD. 经济合作与发展组织教育要览. 北京:人民教育出版社,2000,227. E4.1a

[2] George Psacharopoulous, Harry Anthony Patrinos. Returns to Investment in education: A Further Update. World Bank Policy Research Working Paper No. 2881, World Bank, September, 2002.

4.66%,进而增长到 2000 年的 8.53%。① 人力资本理论的基本观点是:教育是一种人力资本投资,通过教育可以提高个人的知识、技能以及劳动生产率,从而在劳动力市场上获得更高的收入。为验证该理论,人们对教育投资的收益率(内部收益率)进行了大量的研究,其中最著名的是萨卡洛普洛斯(George Psacharopoulous)的研究。通过几十年来对几十个国家的研究发现,教育具有很高的个人收益率,各级教育的个人收益率都超过了 12%,在非洲国家,初等教育的收益率甚至达到 45%。②

教育私益性的另一个重要方面是增强个人的就业能力。已有的研究表明,在通常情况下,受教育程度越高,失业率越低。根据 OECD 对其成员国 1995 年各级受教育者失业率的统计,各国高中以下受教育者平均失业率为 10.1%,受过高中教育者和大学教育者的失业率则分别只有 7.0% 和 4.0%;在美国,相应的数字分别为 10.0%、3.6%、2.5%;英国分别为 12.2%、7.4%、3.5%;德国分别为 13.3%、7.9%、4.7%。③ 著名经济学家明瑟(Jacob Mincer)认为,受过更多教育的劳动者在劳动力市场上至少有三大优势:更高的收入;更强的就业稳定性;更多的升迁机会。④

还有研究表明,教育可以增进个人的健康知识,养成良好的卫生习惯,从而促进个人身体健康。根据美国 1990 年的统计,受过四年以上高等教育的成年人中,有良好运动习惯的人数比例为 55.8%,只受过 1—3 年高中教育者相应比例为 29.7%;而经常吸烟者的比例则相反,二者分别为 13.5%、37.4%;患有高血压的比例二者分别为 12.4% 和 21.5%。⑤

此外,教育还可以提高个人的文化修养,丰富个人的精神生活,提高生活品味;可以提高婚姻和家庭生活的质量,促进优生优育;可以提高决策能力和消费水平,以提高资源的使用效率,等等。

正因为有以上诸多的私益性,人们才愿意主动接受教育,并且通常都会希望自己和自己的子女接受到比别人更多、更好的教育,从而获得就

---

① 陈晓宇、陈良焜,夏晨.20 世纪 90 年代中国城镇教育收益率的变化与启示.北京大学教育评论.2003(2)

② George Psacharopoulous. Returns to Education: A Further Update and Implications. Journey of Human Resources,1985, 20(4)

③ OECD. 经济合作与发展组织教育要览. 北京:人民教育出版社,2000,215. E2.1a

④ Jacob Mincer. Education and Unemployment. in Studies in Human Capital, Cambridge,1993,212.

⑤ National Center for Education Statistics, The Condition of Education, 1994. 转引自 Jamie P. Merisotis. A Conceptual Framework: Public and Private Benefits of Higher Education. http://www.ghee.org/Resources/Conf%20Proceedings/Sessions/GHEEpres.ppt.

业、收入等方面的优势。

(二) 教育的公益性

教育不仅能给受教育者本人及其家庭带来经济的和非经济的收益,而且也可以通过受教育者个体的受益,使其他成员和整个社会同时受益。例如,教育可以增进个体的健康,而个人的健康则可以带来一系列的公共利益,例如:减少疾病的传播,从而维护他人的健康;提高出勤率,从而提高其同事的工作效率;减少就医费用,降低公共医疗成本及保险费用;可以为配偶和子女的健康带来积极影响,等等。教育可以提高个体的劳动生产率,而由于人们在共同工作中的相互影响,受教育者也可以导致其同事生产率的提高;教育可以提高个体收入,从而可以增加税收,增进社会福利;教育还可以提高个体的就业能力,从而可以减少失业和政府失业保险,等等。

教育能给受教育者(及其直系亲属)之外的其他社会成员带来的经济的和非经济的影响,这被称为教育的外部性(Externality)。当这种外部性表现为积极的、有益的方面时,被称为教育的公益性。但教育并不只是具有正的外部性,在某些时候,教育也可能具有负的外部性,如法西斯主义教育就会给他人和社会带来负的外部性,此时的教育就不但没有公益性,反而具有"公害性"了。所以,尽管绝大多数情况下教育都具有正的外部性,但仍然只能说教育必然具有外部性,不能说教育必然具有公益性。不同教育的公益性程度是有差别的,教育的公益性主要通过以下几方面得到体现:

1. 教育目的和内容的公共性

教育作为一种社会活动,既具有个人目的,也有公共目的。如果教育只是为个人的"私利"服务,则这种教育可能主要是"私益"的,而不是"公益"的,甚至是"公害"的。只有在教育目的和内容中充分考虑社会的进步和公共价值,教育才可以更充分地反映其公共性和公益性。因此,教育应该致力于促进积极的共同价值观念、道德准则和社会制度的形成,从而促进社会的文明、自由、民主、平等、稳定,促进国家的统一和民族的团结。有人认为,"教育对公共利益所作的一个基本贡献是它在保持和发扬民主自由中的作用。受过教育的人应当更加文明、更为宽容。受过教育的人会参加选举,在投票时他们会作出合理的选择"。[①] 米尔顿·弗里德曼更是认为:"如果大多数公民没有一个最低限度的文化和知识,也不广泛地接受一些共同的价值准则,稳定而民主的社会不可能存在。教育对文化

---

① 伍尔夫(B. L. Wolfe).教育的外部收益.见 Martin Carnoy 编著,闵维方等译.教育经济学国际百科全书.北京:高等教育出版社,2000,200.

知识和价值准则这两个方面,均会作出贡献。"①正因为这样,在人类社会发展进程中,教育往往被作为实现政治目的和思想道德教育的工具,团结、友爱、尊老、爱幼、勤劳、进取、善良、守法等美德的养成,始终都主要是依靠教育。文化的发展和科技的进步是人类社会的另一价值追求,教育在知识和文化的选择、传承、保护、推广和发现方面具有基础性的作用,通过保护和继承优秀文化传统,促进科技进步,教育也体现出其公益性。

2. 教育机会的公平性

教育机会的公平性既是教育公益性的表现,也是教育公益性的条件。如果教育机会只是由特定人群垄断,这种教育就只是"集体"的或"阶级"的,它所带来的也将主要是受教育者个体的"私益"。只有每个人都可以公平地分享受教育的机会,才可以说教育是"公共"的,此时的教育才会给每个人带来利益,因而是"公益"的。正因为如此,人们才将"免费教育"或"非营利性教育"视为公益性的,在此情况下,教育机会可以充分共享,人们将不会因为受到经济状况的限制而失去受教育机会。另一方面,只有教育机会公平分配,才可以更充分地发挥教育在人的培养和社会经济发展中的积极作用,只有社会成员平等地拥有受教育机会并普遍受到良好的教育,才可能充分发挥每一位社会成员的聪明才智。由于个体受教育状况将对周围人群和社会产生如弗里德曼所言的"近邻影响",如果只有一部分人受到良好的教育而另一部分人不能受到教育,则不仅社会总财富的增长会受到影响,而且会由于贫富不均而导致社会动荡,受影响的将是包括富人在内的整个社会。因此,在近代社会,教育的外部性曾经是贺拉斯·曼等人劝说富人为教育纳税并提供公立教育的主要理由之一;在现代社会,教育机会公平一直被视为促进社会公平的重要手段,每个人接受基本的教育已经是基本人权之一。

3. 教育选择的多样性

教育的公益性和公共性不只是意味着每个人都可以平等地接受一定年限的教育,还要求为社会成员提供多种教育选择,使每个人都能受到适合自己发展需要的教育。在相当长的一段时期内,人们都将政府当做"公共利益"的维护者和代言人,认为政府提供的和要求的教育就是符合每个人需要和利益的教育。但随着认识的深入,人们发现,政府强制要求的、统一化的教育并不一定能代表所有人的需求,而且不同政府或同一政府在不同时期可能代表着不同的利益,甚至政府官员们作为一个利益群体,

---

① 米尔顿·弗里德曼著,张瑞玉译.资本主义与自由.北京:商务印书馆,2001,83—84.

也会有自己的利益追求。因此谁能代表公共利益、什么教育更能反映公共利益已经成了一个问题。也有人对"公共利益"提出了新的观点:"公共利益是在特定的制度框架内追求个人利益的产物。私益之和便是公益。"①尽管这种观点否定了社会利益的共同基础,但强调了个体利益在公共利益中的地位和意义,对于过分强调为特定"公共利益"而牺牲个人利益的观点也是一种修正。在教育活动中,也只有在培养共同的、积极的价值观念和基本生产、生活能力的基础上,充分考虑个体发展状况和需求的多样性,因材施教,尽可能地促进每一个个体个性的充分发展,才可以有效地满足个体的需要,并实现社会整体利益的最大化。所以,要真正扩大教育的公益性,决不是强制实行一种一元化的、统一的、政府规定的"最优"教育模式,而应该鼓励学校和教师根据学生特点和需求,在培养目标、教学内容、教学方式、评价标准等方面实现多样化,为学生知识、能力、个性的充分发展提供多样化的选择机会。

从上述分析可见,教育的私益性与公益性既存在矛盾,又具有内在的统一性。一方面,由于教育具有私益性,每一个个体都可能为了获得更多的学习和就业竞争优势而希望自己接受更多、更好的教育,并为此而努力学习;另一方面,由于对教育公益性的追求,人们又希望教育机会公平分配,从而促进社会公平、有序、和谐发展。从教育提供的角度看,一方面,为了追求国家或社会的公共利益,要求所有学生接受并形成某种共同的政治、思想、道德观念,另一方面,教育又要促进个体个性的发展,维护和发展人们思维方式、行为习惯、价值观念的多样性,并通过个性的发展来增进社会的公共利益。个体的发展是社会发展的基础和前提,但如果过分强调教育的私益性,将导致共同价值、社会公平等教育公益性的丧失;如果过分强调教育的公共价值,则可能导致个体对教育追求的动力不足,从而影响个体知识、能力、个性的充分发展。因此,在教育实践活动中,应该充分考虑教育公益性和私益性的辩证关系,不能顾此失彼。同时也应该看到,在这一矛盾运动中,教育的私益性可以通过个体活动有效地得到实现,而教育的公益性则不是自发形成的,必须通过一定的集体行动和制度安排才能有效实现和提高。

二、教育的公益性与教育供给的制度选择

教育的公益性和私益性共存的特点对教育供给的制度安排具有重要

---

① 樊纲.作为公共机构的政府职能.见刘军宁等编.市场逻辑与国家观念.上海:三联书店,1995,24.

的影响。由于教育具有私益性,人们会自愿地付费求学,由此也导致古今中外私立学校一直存在。如果只考虑教育的私益性而不考虑教育的公益性,就可以简单地将教育活动视为一种私人产品,完全交给自由市场来提供,人们的入学需求及其满足状况将由私立学校的数量和学费价格决定。但是,正是认识到教育具有公益性或外部性,古今中外的统治者都没有对教育放任自流,而是十分注重对教育的控制,甚至直接出资举办"官学"体系,在近代社会,世界各国更是普遍利用公共财政建立了庞大的公立学校体系,以期通过公立学校这一载体和工具提供特定教育活动,使教育产生特定的"外部性"或"公益性"。

那么,是不是只有公立学校制度才能最有效地反映公共利益?怎样的教育制度安排才能提高教育的公益性?如果说公立学校制度更能反映公共利益,其逻辑推论就应该是:一个国家的公立教育比例越高,其教育的公益性程度就越高,该国教育机会分配越公平,社会成员之间越团结、和谐。从已有的实践看,不同国家在公、私立学校教育制度安排方面具有非常大的差异。有人在对国外几十个国家教育体制进行分析后,概括出了以下三种类型[①]:(1)私立教育主导型:私立学校的数量和在校生数都超过公立学校。在初等教育阶段,这类国家有:荷兰、比利时、黎巴嫩、津巴布韦等国;在中等教育阶段,有荷兰、比利时、孟加拉国、博茨瓦纳、海地等;在高等教育阶段,有菲律宾、韩国、日本、哥伦比亚、智利等。(2)私立教育和公立教育均衡发展型:即私立教育和公立教育所占比例相当,两者在国家教育事业发展过程中扮演着同样重要的角色。在初等教育阶段,这类国家有智利、苏里南、西班牙、阿联酋等;在中等教育阶段,有印度尼西亚、坦桑尼亚、智利、韩国、哥伦比亚等国;在高等教育阶段,有巴西、印度等国。(3)私立教育补充型:即以公立教育为主,私立教育起补充和辅助作用。世界上大多数国家和地区的教育体系都属于这种类型。尽管各国教育体制差异悬殊,却并没有证据表明一种模式就一定比另一种模式具有更强的"公益性",荷兰等国家的基础教育尽管是以私立教育为主导,但其国民受教育年限、教育机会分配的公平性、其社会的发展状况等并不比公立教育主导型的国家差;同样,日本、韩国等国家的高等教育以私立教育为主导,也成功地实现了高等教育普及化,并没有出现教育需求不足,也没有证据显示其教育机会分配比公立教育主导型的国家更不公平。可见,教育的公益性程度与公立学校的比例并没有必然的联系。

---

① 高金岭.国际视野中的私立教育发展模式研究.教育理论与实践.2000(11)

在各国教育民营化的实践中,人们也发现,除直接建立、资助并管理公立学校这一方式外,政府可以通过多种不同的政策选择来实现对公共利益的追求,例如:(1)直接资助具有更强"公益性"的教育活动,如民族语言、传统文化、政治思想道德教育、高等学校的基础科学研究等,这种资助只注重教育活动的性质,而不考虑学校的公、私立体制;(2)直接资助更能反映教育公益性的学生群体,打破教育经费平均分配的体制,对家庭经济困难、有身体和智力问题、少数民族、外来移民等相对弱势群体加大资助力度,并通过类似"平权法案"一类的政策,扩大这些群体接受高等教育和从事特定职业的机会,从而更好地体现公共财政在促进教育公平和社会公平方面的公益性;(3)加大对具有更强公益性的教育阶段和教育类型的资助,例如在教育财政经费紧缺的情况下,优先满足基础教育的发展,优先资助边远地区、特定学科的发展等;(4)加强对各级各类学校教育的宏观管理,即使是对于不接受政府资助的私立学校,政府同样通过立法和审批、检查、评估等行政手段,对其招生政策、师资条件、课程和教学内容、学生评价标准等提出要求,从而有效地体现政府在教育方面的主导作用。

在通常情况下,教育都被视为一种"非营利性"的"公益性事业",但应该看到,如果从产生"正的外部性"这一角度看,"公益性"与是否营利也没有必然的联系。首先,"盈利"和"营利"是两个既有区别又有联系的概念。"盈利"反映的是一种收支之间的状态,收入大于支出就出现盈利;"营利"则是对经济行为的一种描述,"谋求利润"被称为营利。根据对盈利的处理方式不同,可以区分出营利性机构和非营利性机构。在营利性机构,其经济活动产生的盈利归该机构的所有者;而非营利性机构的盈利则不归个人所有,只能用于机构的发展。非营利性机构并非不能有盈利,大多数基金会、医院、福利院等非营利性机构都在积极获取盈利,以扩大自己的事业;而许多经营不善的营利性企业则不仅没有盈利,还可能出现亏损。在教育实践活动中,只要总收入大于办学成本,学校就可以实现盈利,不仅私立学校可以有盈利,在公立学校同样可以有盈利,只是在公立学校,学校不能以追求办学盈余为目的,也不得将办学盈余用于对个人进行分配,而必须将其投入于教育教学活动。但实际上,这种界定和要求基本上没有约束力,公办学校创收并将其用于提高教师工资、福利、奖金是常见的事。其次,公益性与"营利性"之间同样既有联系又有明显区别,公益性是办学之后形成的社会影响,营利性则是有关办学行为和对办学盈利处理的一种制度安排,非营利性可以在一定程度上有利于教育机构超越自身利益，追求公共利益，但非营利性并不是公益性的必要条件，更不是保证公益性的充分条件，营利性并不一定妨碍教育的公益性，非营利性也不一定增加教育的公益性。① 从这个意义上说，营利性教育同样也可以作为追求教育公益性的一种制度选择。

三、公共教育理念与公、私立教育伙伴关系

既然公立学校并不必然代表公共利益，而私立学校也并非只是代表个人私利，就应该摒弃公立学校提供的教育等同于公共教育的传统观念，重新反思教育公益性与教育体制之间的关系。如本书第一章开篇所述，公立学校是由政府通过财政经费建立、支持并直接管理的学校，公立学校实际上是一种"官营学校"；私立学校或民办学校可以称之为"民营学校"，所提供的教育为"民办教育"。"官营"和"民营"本身并没有优劣之分，关键要看办学过程中所追求的价值及其实现状况。因而，应该超越传统公、私立教育二元对立体制，明确以公共利益为评价标准和核心价值追求，形成"公共教育"的理念和相关制度。笔者认为，公共教育是以促进个体充分、自由的发展为前提和基础，以增加教育机会、提高教育质量、维护教育公平等为手段，以促进社会健康、有序、和谐发展为目标追求的教育活动。

这种公共教育首先强调的是教育活动的公益目的，而不是政府的公共财政支持和受教育机会的无偿提供。传统上认为，通过建立公立学校，特别是建立免费的义务教育体系，就可以自动地实现公共利益。这实际上是混淆了教育公益性目的与实现这种目的的手段之间的关系。政府提供的免费义务教育只是意味着每一位学生都可以在特定地区接受由政府补贴的教育，是一种人人可以获得的福利。这种福利既不能保证教育目标和内容的公益性，也不能自动保证教育机会的公平性，在优势阶层占据绝大部分高等教育机会的情况下，免费的高等教育更是一种明显的不公平。教育不可能真正"免费"，教育经费来自于税收，如果向学生"免费"的教育缺乏效率，最终还是会损害纳税人的利益。所以，免费并不是教育公益性的必要条件，更不是充分条件。要提高教育的公益性，比免费更重要的是注重教育中积极的共同价值的形成、教育机会的公平分配、学生个性的充分自由发展。一种常见的观点是将义务教育视为"公共产品"，并认为"公共产品"最能体现公共利益。实际上，即使是免费的义务教育也显

---

① 文东茅.论民办教育公益性与可营利性的非矛盾性.北京大学教育评论.2004(1)

然不具备公共产品"效用的非排他性和消费的非竞争性"特征：一位学生获得了某学校的受教育机会，就可能意味着因"学额已满"而导致另外的学生不可能获得在该校就读的机会；同时，任何一所学校新增一名学生都会导致办学成本的增加，而且义务教育的入学机会也有明确的条件要求和排他性。所以包括义务教育在内的各类"教育机会"都不是公共产品，只是各类教育的外部影响或"教育的后果"是一种公共产品，而这种公共产品可能是具有正的外部影响的"公益产品"，也可能是一种具有负的外部性的"公害产品"。政府需要致力于实现的是教育后果的公益性，而并非教育机会的免费提供。

在公益目的的实现方面，公共教育强调的是手段的有效性，而非教育机构的举办者和管理者。传统上认为，为了实现政府的意图和教育的公益性，就必须由政府建立一个庞大的公立学校体系并直接管理这些公立学校，并认为只要是公立学校提供的就是公益性教育，甚至认为只有公立学校才可以提供公益性教育。因此，就不断压缩甚至取消私立教育，不断扩大教育体系中公立学校的数量和在校生比例，在认为最具有公益性的基础教育领域，则建立了以免费和强制为特征的义务教育体系。而从公共教育的观念看，固然公立学校系统是一种提供公共教育的重要方式，但政府举办和管理的公立学校并不是提供公共教育的唯一机构，也并非必然是提供公共教育的最有效机构，如果能进行合理的制度设计，在私立学校和各种混合制学校，同样可以有效地提供公共教育，也就是说，公共教育可以由公立学校提供，也可以由私立学校和各种混合制学校提供。实际上，经过教育民营化的改造，一方面，公立学校的资金来源、管理和使用方式越来越"民营化"，这些学校相对于政府越来越独立(Independent)，但包括特许学校、磁石学校、接受教育券的学校、实行收费制的学校以及开放入学的学校等在内的各种改革后的新式学校仍然认为自己是追求公共利益的公立学校，甚至认为通过获得办学自主权，学校可以提高办学效率、形成办学特色，从而更好地促进社会公益；另一方面，私立学校从一开始就不称自己为"私立学校"(Private School)，只是自称为"独立学校"(Independent School)，并认为自己同样是公共性机构。随着政府对私立学校的资助越来越多，并相应地增加了对私立学校的要求和管制，私立学校也开始失去了部分的独立性，在办学形式、教育内容和培养目标上也变得越来越像公立学校了，这就为政府通过私立学校追求公共利益提供了更为便利的条件。

可见，从追求公共利益的角度看，公、私立教育体制已经不再有决定性意义，应该超越教育体制的公、私二元对立，建立公、私教育的伙伴关系

(Public-Private Partnership，PPP)，发挥公、私立教育各自的优势来提供全社会所需要的教育，有效扩大整个教育系统的公益性。在这种公、私立教育的伙伴关系中，不论是公立学校还是私立学校或混合制学校，都有义务促进社会的公共利益，同时也有权接受政府提供的财政资助，政府在对待各类学校时所应遵循的基本原则就是"权责对等"：公益性程度越强、资助越多，相反，公益性越弱，资助越少。但即使是完全自筹经费的私立学校，也应该在形成社会共同价值、培养学生良好品德等方面遵循基本的公益性要求。在这种教育体制中，政府的作用将更多地体现为评估和导向：评估不同学校的公益性程度，并通过财政和行政管理手段引导和促进各类学校体现教育的公益性。

第二节 民营化对我国教育公益性的影响

从本书前几章的介绍和分析可以看出，在选择教育的提供方式过程中，我国也走过了一条从"学校公办化"到"教育民营化"的道路。1949年中华人民共和国成立之后，私立教育逐渐被取消或者被改造为公办学校，究其原因，很重要的一个方面是认为私立教育不属于"社会主义教育"，不符合社会主义社会的公共利益。这种私立教育的"公办化"导致很长时期内我国各级各类教育都完全由政府举办。实行改革开放政策之后，民办教育才逐渐取得了合法性，被视为社会主义教育的一部分，得到了政府法律、政策的支持，因而得到了迅速的发展。同时，公办学校在打破"公共财政"、"政府管理"传统体制方面进行了多种改革，以自筹资金、自我管理理念为核心，产生了"转制学校"、"名校办民校"、"独立学院"等多种中国特色的教育民营化方式。

在这些民营化方式中，"纯"民办教育的发展所产生的积极意义得到了比较普遍的认可，民办教育发展不仅节省了大量政府财政性教育经费、扩大了我国受教育机会、培养了大批人才，而且，绝大部分民办学校都高度重视学生思想道德素质教育，民工子弟学校等面向弱势群体的民办学校也一定程度上促进了教育公平。有学者认为："一般来说，民办学校的出现总是增进了当地社会的公共利益。这说明，民办学校的公益性在总体上是一种客观存在，这也是我们对民办学校公益性的基本判断。"[1]我

---

[1] 胡卫.中国民办教育发展现状及策略框架.教育研究.1999(5)

国《民办教育促进法》也明确指出:"民办教育事业属于公益性事业,是社会主义教育事业的组成部分。"因此,对于发展民办教育,至少在政策上已经取得了共识。但是,对于"公办学校民营化"及其影响则存在诸多的争议,对于公办学校转制、名校办民校、公办高校举办独立学院、高校收费等实践已经产生和可能产生的影响,人们并没有一致的结论,在政策上也并不明确一致。对此,本书相关章节已经进行了分析。

需要进一步讨论的是:如何从总体上评价包括民办教育发展和公办教育民营化在内的教育民营化与我国教育的公益性关系。对这一问题的分析不仅要回答各种"民营"教育是否具有公益性,更要回答民营化是否从整体上增加了社会公益,"民营"与"官营"相比,何者更能体现教育的公益性。为有效分析教育民营化的影响,著名教育经济学家亨利·莱文教授提出了"教育效率"、"教育公平"、"自由选择"、"社会凝聚"四个维度的分析框架。[①] 以下借助该分析框架,尝试对我国教育民营化与教育公益性的关系进行分析和概括。

一、民营化与办学效率

办学效率是指在相同投入的情况下产出的多少,办学效率高,则意味着可以利用相同的教育经费(不论是财政性经费还是家长缴纳的学费,都来源于国民收入)提供更多、更好的教育,因而,效率越高,教育的公益性越强。在我国教育发展总体水平较低、穷国办大教育的情况下,提高办学效率可以更有效地增加教育机会,满足人民群众日益增长的受教育需求。

民营化是否更有效率是教育民营化实践中争论的核心之一,从本书第一章以及第五章有关择校和教育券相关研究的介绍可以看出,在美国等西方国家,这一争论至今并没有定论。在我国,民办学校的举办者以及公办学校民营化改革者通常都自认为民营化具有更高的办学效率,但对此大规模、严谨的实证研究十分有限,这应该成为今后研究的一个重要课题。在进行相关实证研究以前,受国外已有研究及其争议的启发,笔者认为,在比较我国公办学校和民办学校办学效率时,应该尤其关注以下几方面:

(一) 教育机构投入的多样性

不论是公办学校还是民办学校,其办学投入都不只有资金和办学场

[①] Henry Levin. The Public-private nexus in education. American Behavioral Scientist 1 (43): 124—137.

地、设施、设备,还应该看到学校的师资投入和生源状况等。应该看到,一些民办学校、独立学院、名校办民校和公办学校招收"择校生"都是以高收费为前提的,由于高收费,这些机构有远远高于公办学校的资金投入,有更多的资金提供更好的办学条件、吸引更优秀的师资;这些学校甚至可以通过减免学费等方式招收部分基础较好的学生。所以,这些机构的办学成绩是在高投入基础上产生的。另一方面,也有一些"纯民办"中学和高校以及一些由薄弱学校转制的学校,其生源基础则明显不如同类公办学校,有些收费较低的民办学校的办学成本也明显低于公办学校。办学成本不同,在同样产出情况下教育机构的办学效率也不一样。在国外有关公、私立教育办学效率的研究中,有人甚至突出强调了"客户能量"概念,[①]即学生的基础、学习动机、家长经济能力、文化背景、对子女的教育期望等,这些都会影响到学生学业成绩。我国愿意缴纳更高学费在公办学校"择校"或者选择民办学校的学生是一个特殊的群体,可能有更高的"客户能量",也有可能在学习基础、习惯、动机方面明显不如通过正常方式进入公办学校就读的学生,因而也就难以判断生源状况对学校办学效率的影响。

(二) 教育机构办学成本的共享和分担

在评价民办学校的办学成本时,以下几个方面很容易被忽视:第一,我国绝大部分民办教育机构以及混合体制教育机构都属于新建机构,在办学初期,需要有大量的基建投入,必须通过一定的折旧率计算,将这些基建费用分摊到一定年份才能准确反映学校的真实办学成本。由于基本建设费用的分摊难于准确计算,民办教育机构的真实成本也难于准确估计。第二,民办学校可能会通过借用公办学校的办学设施和场所、利用公办学校现任和退休教师、利用公立学校教材和研究成果等方式,节省学校的办学成本。这种状况在独立学院和"名校办民校"中尤为突出,所以,不能因为这类机构只有少量的专职教师和行政人员就简单地认为它们具有更高的办学效率。第三,从教育系统的角度看,民营化的效率高低不能只看某一所学校或一类学校的办学成本,还要看民营化对家长时间精力投入、对公办学校教育成本以及整个教育系统管理和运行成本的影响,即要有一个"全成本核算"的意识。亨利·莱文等通过估算认为,如果教育券方式发展到一定规模后,由于政府需要向原先的私立学校学生发放教育

[①] 卡罗琳·珀赛尔. 公、私立学校中的价值、控制与产出. 见莫琳·哈里楠主编,傅松涛等译. 教育社会学手册. 上海:华东师范大学出版社,2004,527—528.

券,而且需要向学生提供交通、信息等服务,公共部门的成本将增加27%。[①] 尽管这种估算并不一定准确,也不适合所有教育民营化形式,但全成本核算的思路和意识是值得借鉴的。此外,在民办教育中大量存在的学校倒闭现象而导致的整个教育系统办学成本的增加也是不容忽视的。

(三) 教育机构产出的复杂性

教育的目的是培养人,而人的发展不仅包括知识、能力,也包括体质、品德、情感、态度等多方面。学校作为一个教育机构,不仅会通过人的培养产生社会影响,也会通过文化知识、思想道德观念的选择、加工、传播产生更广泛的社会影响。因此,对学校"公益性"的评价应该是多维度的。在我国,往往只是将考试成绩和升学率作为评价教育机构效率的产出指标。当考试成绩成为评价学校效率最重要的甚至唯一指标时,就很容易导致学校忽视教育的其他重要价值,如社会公德、学生身心健康等。即使是以考试成绩作为产出指标,也应该是用学生学业成绩"增长指标",即学生的进步状况,而不能只看最后的结果。但在运用"增长指标"时,必须清楚的是,学生成绩提高的幅度是递减的,不同基础的学生成绩提高的难度是不一样的,成绩好的学生成绩进一步提升的困难更大。可见,教育产出的评价是一个非常困难的课题,在该问题没有得到有效解决以前,也很难有效比较公、私立教育机构的办学效率并准确评价民营化对办学效率的影响。

(四) 竞争机制与办学效率和效益的关系

通常的观点是民营化可以鼓励竞争,从而提高办学的效率。事实上,由于有高考升学率这一明显的评价指标,而且升学率与学校的声誉以及教师的工资待遇等有密切联系,我国公办学校之间、公办学校教师和学生之间都已经存在非常激烈的竞争。在学校转制、学生择校、"名校办民校"、公办高校举办独立学院的过程中,公办学校以及这些混合制学校也都一定程度引入了"企业化管理",强化了内部的竞争机制,改革了收入分配制度,使学校升学率等办学业绩有所改善。那么,民营化是否进一步强化了我国公立学校之间、公办学校与民办学校之间以及各类学校内部成员之间的竞争关系?这种竞争是否有必要进一步通过民营化的方式来强化? 笔者认为,由于高考指挥棒的作用,我国教育领域已经出现了明显的"个体理性、集体不理性"的恶性竞争,进一步的强化竞争只会使"以人为

[①] Levin H. M., Drive C. Cost of an educational voucher system. Education Economics, 1997(5)

本"、"团结协作"等教育理念和传统美德进一步受损。因而,不论在公办学校还是在民办学校,需要强化的不是竞争,而是合作。

(五)民营化与教育资源动员效率

尽管很难从投入、产出的角度对公、私立教育进行比较,但在我国,可以肯定的是,发展民办学校、设立独立学院、高校收费、学校转制等各种民营化的实践确实更有效地促进了我国各级各类教育规模的发展。究其原因,笔者认为,很重要的一点是民营化的方式可以更有效地进行教育资源的动员。教育经费来源可以直接来源于家长,也可以通过公共财政,而后者实际上是间接地来自社会成员。我国有着尊师重教的历史传统和文化,但税收制度以及纳税的意识和文化却相对薄弱,因此,通过民营化的方式直接向家长收取学费比政府收税能更有效地筹集教育资金。同时,通过民营的方式也可以更有效地动员社会的资金、资源和师资举办各类学校,从而可以更有效地提高整个教育系统的办学能力。这可能是我国社会文化的重要特点,也可能是影响我国教育供给制度选择的极其重要的因素之一,只不过通过民营的方式增加教育供给是以承认和尊重求学者及办学者的"私益"为前提和基础的。这一点同样不可忽视,否则,民营化也会失去其教育资源动员方面的优势。

二、民营化与教育公平

对教育民营化与教育公平关系的分析,需要比较教育民营化之前和之后教育机会分配状况的变化,还需要比较目前公办学校与民营学校教育机会分配状况的差异。对此,可以形成以下一些认识:

第一,教育公平问题在公办学校系统曾经长期没有得到应有的重视。由于长期的重点小学、重点中学政策,我国教育资源在公办学校之间分配不均衡,从本书第六章的介绍可以发现,时至今日,在重点学校和普通学校,学生家庭背景仍然存在非常显著的差异;从第五章的调查数据也可以看出,弱势群体学生就读重点高校和热门专业的比例也明显更低。可以说,目前我国公办学校体系中教育机会的分配并不均衡。最近几年,教育公平问题受到政府的高度关注,教育均衡发展、教育经费转移支付、地区和学校之间对口支援等政策正在强力地推进,公办学校系统中教育资源和教育机会分配的公平状况将有望得到有效改善,其具体成效还需要进一步的跟踪调查和研究。

第二,教育民营化实践在一定程度上增加了我国弱势群体的受教育机会,不过也导致了不同社会阶层子女所受教育质量的差异。通过本书相关章节的分析可以看出,一方面,民营化增加了教育系统的资金来源,扩大了教育机会的供给,增加了弱势群体的受教育机会,主要体现在:(1)一些边远地区民办中小学的发展有效地弥补了公办学校的不足;(2)民办学校有效地扩大了高中阶段职业技术教育和高中后教育;(3)主要针对民工子弟的民办学校为流动人口子女提供了更多的受教育机会;(4)在高等教育阶段,在收费和扩招之后,低收入阶层、农村家庭子女接受高等教育的机会大大增加。另一方面,尽管政府已经采取了一系列应对措施,以收费为基本特征的各种教育民营化实践却导致了不同社会阶层子女接受优质教育机会的差异。在小学和幼儿园阶段,由于实行"准成本收费",出现了所谓的"贵族学校";在中学阶段,因收费择校等因素的影响,不同家庭经济状况学生就读重点中学的机会差异悬殊;由于基础教育阶段质量对学生高考成绩具有直接的影响,同时家庭经济状况对学生选择不同学费水平的高校和专业也有重要影响,因而导致不同家庭经济状况学生就读重点高校和热门专业的机会也有显著差异。

第三,尽管在公办和民办教育系统中均存在教育机会不均等现象,但相对而言,公办学校更有效地保证了弱势群体的基本受教育机会。目前,在基础教育阶段,我国公办学校中既有不少高标准的"示范学校",也存在大量薄弱学校;在民办学校中,同样既存在部分高收费的所谓"贵族学校",也存在许多收费低廉、条件艰苦的打工子弟学校。但是,公办学校的差异主要是由教育观念和历史积累造成的,这种差异目前已经受到重视并得到积极改善,由于免费或低收费,不同社会经济背景家庭子女的受教育机会都可以得到保证,而且,弱势群体子女也同样可以通过就近入学或考试获得优质教育机会。而民办学校之间的差异则是收费标准不同造成的,在政府没有提供相应资助的情况下,民办学校并没有承担维护教育公平的义务,尽管也有一些民办学校向部分贫寒子弟免费提供受教育机会,但弱势群体的受教育机会不可能通过民办教育得到保证。在高等教育阶段,尽管公办学校和民办学校都收取学费,由于民办院校学费水平较高且学生资助体系不健全,贫困家庭子女选择接受公办高校的比例还是明显更高。根据笔者对北京大学教育学院"2007届高校毕业生就业状况调查"数据的分析发现,从父亲学历、父亲职业、家庭年收入等指标看,公办专科(高职)院校与民办专科(高职)院校学生家庭背景之间没有显著的差异,但公办本科院校与独立学院之间则存在非常显著的差异,独立学院学生家庭背景明显更好(见表7-1)。将公办高校与其举办的独立学院学生家庭背景进行比较则可以更直观地发现这种差距。在湖南商学院,父亲学历为专科及以上者占27.9%,为初中及以下者的比例为34.2%,而在湖南商学院津北学院,二者的比例则分别为38.9%和19.6%,独立学院学生父亲属于高学历者的比例高11个百分点,而父亲属于低学历者的比例则低14.6个百分点;同样,在华北煤炭医学院,学生父亲学历为专科及以上者的比例只有22.4%,而华北煤炭医学院冀唐学院该比例为41.5%,后者比前者高19个百分点,但父亲学历为初中及以下者的比例在两所院校分别为41.7%和28.0%,后者低近14个百分点。

表7-1 不同院校2007届毕业生家庭背景比较

	父亲学历		父亲职业		家庭年收入	
	专科及以上	初中及以下	管理人员、专业人员	工人、农民	1万元以下	5万元以上
公办专科	24.2	36.7	18.3	44.0	35.5	16.5
民办专科	25.0	36.6	15.7	50.9	31.4	17.3
公办本科	30.7	36.0	17.9	44.7	36.6	15.2
独立学院	39.2	22.3	22.6	31.8	18.3	24.8

注:父亲职业中"管理人员、专业人员"包括"各级行政管理人员"、"各类经理人员"、"专业技术人员"和"私营企业主";"工人、农民"中包括"一线工人"、"农(林、牧、渔)民"和"进城务工人员"。本次调查中公有民办高职(专科)学校4所,独立学院2所;公办本科院校15所,公办高职(专科)院校7所。

可见,我国公办教育和民办教育中都存在教育机会分配不均等现象,如果没有合理的政策引导和干预,公办教育体制并不必然会维护教育公平,而教育民营化则必然会进一步加剧教育的不公平。从促进教育公益的角度出发,不论是公办学校还是民办学校,都应该在促进教育公平方面承担更多的责任。

三、民营化与教育选择

教育选择是学生的一种权力,也是教育过程中注重个性发展、因材施教的要求,因而也是教育公益性的一个方面。关于学生的教育选择,至少需要讨论三个问题:选择什么,如何选择,谁在选择。教育民营化与这三者都有密切的联系。

在教育普及化程度不高、受教育机会有限的情况下,教育选择主要表现为"是否接受特定教育",在基本教育需求得到满足的情况下,教育选择则表现为"接受何种教育"。由于"穷国办大教育",加之强调政府的统一计划管理,在相当长一段时期内,我国公办学校系统都主要是致力于为儿童、青少年提供基本的受教育机会,教育类型的多样性并没有得到重视,在公办学校之间,教育理念、培养目标、课程内容、教学方法等都具有很强的一致性,对学生而言,在教育选择上主要考虑的是能否上学,学校的类型和质量等都被置于次要的地位。由于公办学校不能充分满足入学需求而导致我国存在大量的"过度需求",民办教育的发展有效地满足了众多儿童、青少年的入学需求,尤其是在学前教育、高中教育和高等教育阶段,民办教育的发展给了不能进入公办学校的学生再一次的教育选择机会。

随着义务教育的普及、高等教育的大众化,学校教育质量和特色受到了越来越多的重视,学生的教育选择主要表现为追求优质教育和适合自己的特色教育。从目前我国教育的实践看,不论是公办学校还是民办学校,都主要是为了满足学生对"教育质量"(实则考试成绩和升学率)的需求,在办学特色和学校的多样性发展方面没有迈出多大的步伐。在基础教育领域,尽管也出现了少数的特色学校,但其推动力量似乎并不是教育的民营化,因为绝大多数民办学校、转制学校、名校办民校都与公办学校一样以追求考试成绩和升学率为基本目标,甚至有过之而无不及,并没有在培养理念、目标、过程方面显示更多的差异性。在高等教育阶段,在相当长的时期内,民办高校都主要是依托自学考试制度,实乃助考、应考机构,根本没有体现自己的个性;目前举办的独立学院,很大部分在专业设置、课程、教学方面都与母体高校没有区别。所以,从总体上看,我国民办教育主要还是在满足"过度需求",在满足"差异需求"方面的贡献仍然十分有限。

当可以给学生一定的教育选择余地时,面临的一个重要问题就是如何确定选择的要求和条件。传统上,我国义务教育阶段的学生主要是凭户籍和家庭住址就近入学,实际上并没有选择的余地。在义务教育基本普及后,由于不同学校办学条件和教育质量存在明显差异,优质教育需求不能得到满足,于是出现了"考试入学"、"电脑派位"、"以钱择校"等方式,即考试成绩、机会和金钱都曾经成为择校的依据。由于我国教育民营化的主要特征是在"放权"的同时伴随着"收费",因而,我国民营化主要只是满足了部分有经济支付能力的家庭对"教育质量"的需求,"贵族学校"、独立学院、名校办民校、收费择校等都属于这种性质。这种教育选择的增加显然是以一定程度上牺牲教育机会公平为代价的。

四、教育民营化与社会凝聚

在美国等西方国家,由于种族、宗教、语言、文化、社会经济地位等的差异,不同人群的相互交流、理解、融合成为了一个重要的社会问题,教育被视为一种重要的促进社会凝聚的手段。因此,是否会导致社会分化,就成了评价教育民营化的一个重要指标。我国也是一个多民族的国家,也存在社会经济状况和社会阶层的差异,但中华民族有数千年的共同文化,有着很强的凝聚力,因而教育民营化与社会凝聚、和谐之间的关系并没有成为一个突出的问题。可以确定的是,我国几乎所有民办学校以及各种混合制学校,都能坚持共产党的领导和四项基本原则,在教育中注重民族精神和公民道德教育,积极发挥教育在促进民族团结、社会稳定方面的作用。根据笔者 2007 年组织对北京地区 24 所高校在校生的调查发现,在公办院校和民办院校,学生在社会关注和参与、社会使命感和公益心,相互尊重和理解、诚信守法、对政府和社会的信任等方面的收获都没有显著的差异,甚至民办院校学生在相关方面的收获还更大(见表 7-2)。但是,也应该看到,在教育民营化过程中,身份和金钱等因素确实导致了"贵族学校"、"国际学校"、普通学校以及"民工子弟学校"的分野,甚至公办高等学校出现了学生因家庭社会经济状况不同而"类聚"的现象(见第五章)。这也在一定程度上造成了社会阶层之间的隔离,是和谐社会建设过程中应该极力避免的。

表 7-2　大学生对高等教育与自身社会性发展的评价(%)

	重点本科	一般本科	公办高职	民办高职
增强了对社会的关注和参与	85.7	82.0	81.3	84.9
提高了自己的社会使命感和公益心	82.0	78.2	79.1	81.2
学会了尊重和理解不同地区和社会文化背景的群体	87.9	84.8	84.9	87.1
提高了自己的诚信度和社会规范意识	84.7	81.7	82.9	84.9
增强了自己对政府和社会的信任	57.6	56.3	60.5	64.4

数据来源:北京大学教育学院"2007 年首都高校学生调查"。

综合上述分析可以得出的基本结论是:从教育效率、教育公平、教育选择、促进社会和谐角度看,我国公办学校与民办学校之间的差异远远小于其共性。不论在公办学校还是民办学校,不同教育机构之间和机构内部师生之间已经存在非常激烈的竞争,都非常注重本机构在提高考试成绩和升学率方面的效率,但教育系统的整体效率常常被忽视;不论是公立学校还是民办学校,相对而言都比较注重思想政治教育和共同文化、道德观念的传承,但教育公平和教育的选择性、多样性却没有受到充分的重视。由于缺乏充分的研究支持,目前并不能肯定地认为民营化提高了整个教育系统的办学效率,但也同样不能肯定民营化正在加剧教育机会的不公平。教育民营化对教育公益性的影响可能因制度环境、政策、具体实践的不同而不同。正因为如此,需要高度重视并主动研究教育民营化过程中的政策应对,从而有意识地强化包括公办学校和民办学校在内的各类学校教育的公益性。

第三节 政策调整与公共教育的发展

一、转变政府职能,促进公共教育的发展

关于政府在公共事务中的作用,目前主要有三种不同的理论,分别是老行政管理理论的"划桨"论、新公共管理理论的"掌舵"论和新公共服务理论的"服务"论。老行政管理理论是对19世纪末发展起来的行政管理理论的一种称谓,主要是为了区别"新公共管理理论"。在老行政管理理论体系中,实现了政治与行政的分离,认为行政的主要作用是落实一定的政治意图、执行既定的决策,即"划桨"。而提高行政执行能力的最有效的制度安排是科层制。政府行政管理人员被认为是"行政人",他们通过执行行政决定并在科层制行政管理体系中获得晋升来实现和体现自己的价值。根据这一理论,政府在教育中的作用是直接建立和举办学校。"公立学校运动"就是这一指导思想下的产物,为了实现国家政治、经济、文化等多方面的目标,政府通过财政经费直接建立并管理公立学校体系。

"新公共管理理论"的核心思想是:政府有自己的使命;政府应该以追求经济利益为目标;追求行政的绩效,注重行政管理人员的"企业家精神";政府在社会发展中的作用是授权和制定规则,即"掌舵";通过放权和分权,充分发挥市场的作用,并将竞争机制引入公共服务的提供之中;在扩大个人利益的过程中实现和体现公共利益。根据这一理论,政府在教育中的作用在于制定教育法律法规,引入竞争机制以提高教育系统的效率。为了改变政府直接举办教育而导致的低效率,应该通过放权、择校等方式实现公立学校的民营化。新公共管理思想尽管得到了许多理论支持,并在英国、美国等一些国家的政府改革中得到了体现,但该理论也受到了广泛的争论和批评。批评者的核心观点是:在一个价值观多元的社会,为特定"顾客"服务可能使政府成为特定利益集团的代言人;政府从公共服务领域的退出也将导致公共服务供给的减少、社会不公的加剧。

针对新公共管理理论存在的问题,有学者提出了"新公共服务"的思想,其核心观点如下:(1)政府的作用在于服务而不是掌舵,应该使公民的利益得到明确表达和满足;(2)政府应服务于公民而不是顾客,公务员应该关注公民并且在公民之间建立信任和合作关系;(3)公务员应该追求公共利益,找到社会成员的共同利益和共同责任,而非个人利益驱动;(4)公务员应该是重视公民权胜过重视企业家精神;(5)除经济发展之外,政府还应该承担更多的责任,如宪法和法令、社区价值、政治规范、职业标准以及公民利益等;(6)政府应该是重视人,而不只是重视生产率。[①]根据这一理论,政府在教育中的作用就是通过法律、财政、管理、信息等手段促进教育的公益性。

我国政府在教育中的作用也大体上经历了一个从"划桨"到"掌舵"并向"服务"转变的过程。在计划经济时期,政府积极举办公办学校,并试图完全通过公办学校体系来提供各级各类教育;伴随着社会主义市场经济体制的建立和教育体制的改革,我国同样出现了一个教育民营化过程,在此过程中,政府的作用也主要是通过制定和落实相关法律、法规,规范民办学校办学行为,促进民办教育发展。而随着"以人为本"、"科学发展观"、"和谐社会"思想的提出,政府已经明确提出不能只注重经济增长,而应同时重视社会经济的和谐和可持续发展,并强调政府在促进社会公平、解决民生问题方面的职责。中共中央十七大报告进一步强化了教育在发展民生、增进公益、促进公平方面的职责,报告明确提出:"教育是民族振兴的基石,教育公平是社会公平的重要基础","坚持教育公益性质,加大财政对教育的投入,规范教育收费,扶持贫困地区、少数民族地区教育,健全学生资助制度,保障经济困难家庭、进城务工人员子女平等接受义务教育。"[②]

基于以上认识,笔者认为,也应该进一步转变政府在我国教育发展中的职能,突出政府工作的公益目的和服务性质。

(一)突出教育事业的公益性质

教育是一种公益事业,是民生之本和公民的基本权利,是促进社会公平的基石。我国教育事业发展的目标应该是:提供充足、高质量、多样化的教育机会,促进受教育者的全面、充分发展,提高国民素质和民族竞争

---

① 珍妮特·登哈特,罗伯特·登哈特.新公共服务:服务,而不是掌舵.北京:中国人民大学出版社,2004,40—41.

② 胡锦涛:高举中国特色社会主义伟大旗帜 为夺取全面建设小康社会新胜利而奋斗——在中国共产党第十七次全国代表大会上的报告.

力,并通过教育公平促进社会公平、和谐、健康发展。根据这一认识,政府就不能只是将教育视为提高个体劳动生产力、促进经济增长的工具,而是要强调教育在人的发展和更广泛的社会发展中的作用,强调教育与公共利益的关系。"促进公益"是政府资助和管理教育的合法性依据,是否有效地促进了教育的公益性是判断政府工作绩效的基本标准,也应该成为政府政策选择的基本依据。

(二)为教育事业而非仅仅为公办学校服务

在传统观念中,政府在教育中的职责主要是建立、资助和管理公办学校,其服务对象和责任范围是公办学校体系,因此,教育部被视为"公办学校教育部",地方教育局也被视为"公办学校教育局"。而在公共教育体系中,民办教育与公办教育都是公益性事业的一部分,因此,政府应该以包括民办教育在内的整个教育事业的发展为己任,统筹兼顾各类教育的发展,同时肩负对公办学校和民办学校的资助、管理和引导职责,以充分发挥整个教育系统的公益性。政府教育主管部门的各个业务部门都应该将民办学校纳入管理和服务的对象之中,而不能将民办教育相关工作视为个别部门和少数人的职责,更不能因为民办学校的发展可能增加相关部门工作任务和责任而对其采取压制政策。

(三)强调教育政策的公益性和公平性

在公共教育体系中,政府的一切工作都应该以增进公共利益为目标,因此在各级各类教育中,政府的工作都应该重点围绕全民族素质的提高和社会公平的维护来展开。在九年义务教育基本普及的情况下,政府基础教育工作的重点就应该是真正落实中共中央、国务院《关于深化教育改革进一步推进素质教育的决定》,以提高国民素质为标准,提高教育质量;以财政投入的充足和公平为突破口,促进基础教育的优质、均衡发展。在高中教育和高等教育阶段,应该努力扩大受教育机会,并建立以就业为导向的教育体系,提高学生就业能力、创业能力和自主创新能力,提高社会生产力和民族竞争力。面对不同办学体制的学校,政府既应该按照"公益性原则"对所有学校同等对待,也需要按照"责权对等原则",对公益性不同的学校区别对待和管理。既然公共教育的基本目标是促进社会公益,政府对各类学校教育资助、管理和评价的基本标准就应该是"公益性",按照"公益性原则",在资源分配、奖励与惩罚、政策引导等方面平等地对待各类学校,公益性越强,获得的资助和激励越多,而不是以"是否由政府建立"为标准,制定出对公办学校和民办学校不同的资助、管理和评价标准。根据这一原则,政府甚至可以对以下岗职工为对象的营利性培训机构进行财政资助,也可以取消对完全以高考升学率为办学目标的公办学校的资助。在公共教育体系中,由于不同学校发展历史、资金来源、举办方式不同,政府也应该根据"权责对等原则"对不同学校区别对待,对于由政府建立并主要靠财政性经费运行的公办学校,应该建立明确的绩效责任制,强调其在教育普及、教育公平、素质教育、思想政治教育等方面义不容辞的责任;对于完全由社会力量建立和举办的民办学校,则应该给予充分的自主权,只需要强调其依法办学即可;对于接受政府资助的民办学校,应该根据获得资助的多少,从公益性的角度对其招生、课程设置等方面提出不同的要求,并根据这些要求的实现情况决定下一步的资助。

总之,作为公共利益的代表,政府在教育发展中具有关键性的作用。只有明确教育在整个社会经济发展中的地位和作用,并明确自身在教育工作中的目标、对象、重点和基本原则,政府才可能有效地应对教育民营化的挑战,有力地促进以公共利益为目标的公共教育的发展。

二、强调公办学校的公益性,实现从公办学校向公共教育的转变

公立学校是由公共财政支持、政府直接管理的学校。从世界教育发展的历史看,在公立学校发展的初期,各国政府建立公立学校的初衷也并非都是为了"公共利益",有的是为了与教皇或其他教派的权力之争(如荷兰),有的是为了培养有战斗力的军人(如普鲁士),也有的是为了打造一个促进民族融合的"熔炉"(如美国),还有的是为了富国强兵(如日本)。当世俗政权得到巩固、民族国家建立之后,公立学校依然是维护统治阶级利益的重要工具,通过公共财政支持并直接管理的公立学校体系,政府可以有效地控制学校的教学内容、教学过程、学生评价和教师安排;通过对教育的控制,政府可以有效消除异己力量对青少年思想意识、价值观和行为方式的影响。正因为如此,如果一个政府代表了进步的力量和公众的利益,公立教育有可能成为促进公益的有效工具,反之,如果政府是反动的少数群体和集团利益的代表,它所提供的教育就会成为阻碍社会进步的障碍。

通过本章第二节的分析可以看出,我国公办学校非常注重教育的普及,注重共同的政治思想和道德教育,但却相对忽视教育机会公平和教育的多样化发展。尤其需要重视的是,在目前我国公办教育中,教育的"公益性"被严重忽视,许多学校和学生已经不提"为中华之崛起而读书";而

教育的"私益性"则不断得到强化,各类公办学校都主要是帮助部分学生升学,个别教师甚至公开用"书中自有颜如玉、书中自有黄金屋"来"激励学生努力学习"。针对这种状况,笔者认为,应该重新审视我国公办学校的制度安排,突出强调公办学校的公共性质和公益责任,并建立相应的问责机制。

（一）强调公办学校的公共性

由于长期以来只存在单一的公办学校体制,在我国普遍缺乏一种明确的"公办学校"意识,政府、学校和社会普遍都认为"学校"即"公办学校","教育"即"公办教育",并认为公办学校理所当然地是公共利益的代表,因而公办学校的公共性质没有得到强化。我国公办学校通常会通过各种方式自筹经费,以提高教师工资待遇、改善办学条件,不同公办学校自筹经费的能力不同,教师的工资待遇、工作条件和社会声望也不一样。升学率高的学校通常可以成为政府指定的重点学校或"示范性学校",从而获得更多的财政支持,也可以通过招收更多的择校生以及"名校办民校"而得到更多自筹经费。因此,大多数公办学校都把工作重心放在提高学生考试成绩方面,以便有更高的升学率,从而使学校获得更大的社会知名度,使校长和教师获得更高的社会地位和经济收入。在此情况下,公办学校实际上是通过为顾客(特定学生)服务而追求组织和员工(学校和教师)利益,这种机构已经很难称之为真正意义上的"公共机构"。作为改革和努力的方向,应该强调公办学校的公共性,这种公共性意味着社会成员均有获得公办学校教育的机会,都有参与公办学校管理的权利,而且,作为接受公共财政资助的机构,公办学校不能只是服务于学生的个人利益,而应该强调在培养公民素质、民族精神和传统美德、促进社会公平、有序、和谐等方面义不容辞的责任。

（二）强调国民素质教育

政府资助公办学校的基本依据之一是为了提高国民素质,为此,各个阶段的公办学校都应该开展素质教育,促进学生德、智、体的全面发展,这些素质包括诚信、勤奋、节俭、谦让、团结等传统美德,包括合格公民所必须具备的政治素质、知识基础、就业能力和健康身心,还包括独立思考、分析判断能力和科学探究精神等诸多方面。

素质教育之"素质"既不是"应试素质",也不是"个人素质",而应该是"国民素质"和"公民素质"。不可否认,目前的应试教育确实有效地考查了学生的基本知识、记忆能力、学习习惯等素质,在教育过程中也包括政治理论教育、知识能力培养和竞争、勤奋等品德的养成,但这些素质都主要只是个人在学业竞争和就业竞争中所需要具备的素质,这种"个人素质"的发展并不是获得政府资助的依据。政府通过财政经费举办公办学校是为了提高"国民素质"和"公民素质",尽管这一目的的实现也需要以对每一个个体的教育为基础,但其出发点不同、教育活动的重点也不一样,在以提高国民素质为目的的公共教育中,个人接受基本的义务教育是为了获得作为一个公民所应该具备的素质,以便在社会中更好地履行公民的义务并行使公民应有的权利。在这种教育中,"素质"不是副产品,而是教育的目的。

长期的应试教育已经对我国国民素质的提高产生了许多不利的影响。首先是学生创新能力不足。创新是一个民族竞争力的标志,是知识经济社会国家发展的基本原动力,但受长期考试和"标准答案"思维的影响,学生普遍形成了死记书本知识的习惯,即使在当前的大学生中,也缺乏应有的独立思考、分析批判能力。其次是普遍动手能力不强。由于应试教育长期只是"纸上谈兵",导致诸多学生"四体不勤、五谷不分",各类学校甚至包括职业学校毕业生都普遍缺乏职业技能。第三是社会责任感不强。对公民的基本要求包括关心社会、服务社会、充分履行社会责任,而应试教育和强烈的升学竞争导致学生只是为自己前途而学习,普遍"两耳不闻窗外事,一心只读高考书"。通过笔者主持的2007年首都高校学生和教师调查发现,在被调查的16 000多名大学生中,有61%的学生认为自己实践技能不足,44%的学生认为自己自主创新能力不足,在所列举的13项能力素质中评价最低,分列倒数第一、第二位;在3 300多名教师中,分别有40%和38%的教师认为学生"批判性思考能力"和"创造力"不足,这两项也分列倒数第一、第二位,此外,还有36%的教师认为学生缺乏"社会责任感",33%的教师认为学生"动手能力"不足,这两项分列倒数第三和倒数第五位。

关于素质教育,我国政府已经一再强调,在1999年甚至以中共中央、国务院的名义发布了《关于深化教育改革全面推进素质教育的决定》,在这一决定中,明确了素质教育的宗旨:"实施素质教育,就是全面贯彻党的教育方针,以提高国民素质为根本宗旨,以培养学生的创新精神和实践能力为重点,造就'有理想、有道德、有文化、有纪律'的德智体美等全面发展的社会主义事业建设者和接班人",也明确规定"实施素质教育应当贯穿于幼儿教育、中小学教育、职业教育、成人教育、高等教育等各级各类教育,应当贯穿于学校教育、家庭教育和社会教育等各个方面",并对各项素质的内涵、素质教育的办学条件和师资队伍保证、政府和社会的支持等进行了规定。规定还针对应试教育现状,提出"改革高考招生制度是推进中小学全面实施素质教育的重要措施,按照有助于高等学校选择人才、中小学实施素质教育和扩大高等学校办学自主权的原则,积极推进高考制度改革","建立符合素质教育要求的对学校、教师和学生的评价机制。地方各级人民政府不得下达升学指标,不得以升学率作为评价学校工作的标准。"这些规定不可谓层次不高,从行文中不能说政府不重视。但从实际效果看,多数学校还是在"轰轰烈烈搞素质教育,扎扎实实抓应试教育"。这就需要政府深入反思其政策"失效"的原因。笔者认为,只要教师和学生所认为的素质只是"个人素质"而不是"国民素质",不论课程、教学内容以及高考如何改,学校所教、所考的都只能是"个人素质",公办学校以追求学校和学生"私利"为目的的状况也就不可能改变。

可见,要真正推进国民素质教育,就必须正确理解素质教育的内涵,必须从合法性的高度强化公办学校与国民素质教育的联系:公办学校只有真正以提高国民素质为目的,才有理由获得政府资助,否则将被停止资助甚至被取消办学资格。

(三)强调公办学校在维护教育公平方面的责任

政府举办公办学校的另一目的就是促进教育公平,因为教育公平将有助于促进社会公平,并进而促进社会和谐、稳定、有效运行,后者是公共利益的重要组成部分。教育服务具有享用的竞争性和排他性,本可以作为私人产品、由私人机构来提供,政府之所以要通过公共财政举办公办学校,就是为了避免以市场供求方式提供教育而导致的教育机会分配不公平。因此,促进和维护教育公平就不仅是政府的责任,也是每一所公办学校的责任。

为了维护学校的利益,靠收取学费运行的私立学校可以按照考试成绩从高分到低分挑选学生,也可能为了获得更多赞助而破格接受成绩较差的富裕家庭子女,同时拒绝接受不能足额缴纳学费的贫困学生,拒绝可能影响学校平均考试成绩的残障、弱智儿童。如果仅仅从"单位利益"出发,公办学校也完全可以像私立学校一样,尽可能地挑选基础好、素质高、家庭条件优越的学生,但公办学校有别于私立学校的重要特点是其承担着教育的公共使命,因而不能按这种"学校利益最大化"的原则办学,在义务教育阶段,公办学校有义务接受所在学区的所有儿童,不能因为种族、信仰、语言、身体等任何原因而拒绝任何一位求学者;在高等教育阶段,公办学校也有义务接受一定比例考试成绩略低的边远地区、少数民族学生,不能拒绝无力缴纳学费的贫困学生。

由于公办学校承担着维护教育公平并促进社会公平的使命,因而公办学校在录取学生时并不能简单地遵循"金钱面前人人平等"的原则,因为这种"市场公平"将导致富裕家庭学生通过经济优势挤占其他学生的受教育机会,因而,公办学校的"收费择生"是在背离教育公平,属于"乱收费"。同样,公办学校也不能简单地遵循"分数面前人人平等"的原则,因为家庭经济条件不同、教育基础不同,学生在统一考试中的成绩也会有明显的差异。正因为如此,在高校招生中,我国政府一直没有完全依照"唯分数标准",而是出于更大的社会关怀和社会公平,给不同地区一定的招生指标,并给需要扶持的特定群体一定的加分和优惠,而公办学校执行这种政策也是承担公共责任、促进教育公平的一种表现。

(四)建立和完善公办学校公益性的评价和问责机制

由于缺乏"公办学校"意识,长期以来,我国对公办学校的评价通常都缺乏"公益性"维度,甚至主要只是依据"私益性"很强的学校升学率指标。在这种问责机制中,教育评价的主体主要是学生和家长,评价的目的在于促使教师努力工作以满足学生和家长的需求,并最终扩大学生、学校和教师的利益。在这种的评价体系中,学生的思想道德素质、身心健康、共同价值观、教育公平等都失去了应有的地位,公办学校已经沦为高考的奴婢,甚至沦为个人追求私利的工具。为改变这种升学导向的评价机制和私利驱动机制,就应该追问公办学校获得政府财政资助的合法性依据,明确公办学校在促进社会公益方面的责任,并通过问责制来引导和促进公办学校努力完成自己的使命。公办学校只有以实际行动履行了自己在提高国民素质、促进教育公平等方面的公共责任,才能获得进一步的财政资助,否则,就应该接受经济的和行政的制裁。在公共教育体系中,公办学校将失去原有的对公共教育资源的垄断,将面临来自民办学校和各种混合制学校的更激烈的竞争,面临来自政府、社会的更严格的问责,但只要坚守其公益性,公办学校就可以获得其存在的合法性,并保持其在公共教育体系中的主导地位。

三、加强对民办学校的资助和管理,充分利用民办教育扩大教育的公益性

我国民办学校(包括转制学校和独立学院等)主要是通过收取学费、利用非财政性经费举办,但是,通过土地使用、税收优惠以及其他一些政策,民办学校也获得了政府的间接资助,同时,民办教育的后果同样有外

部性,民办学校培养的毕业生也将对社会政治、经济、文化以及周围人群的学习和生活产生影响。民办教育的公益性首先体现在人才培养上,通过促进学生知识、能力、体力和品德的发展,可以培养合格的公民和劳动者;民办教育的公益性也同样表现在培养社会"共同价值"方面,民办学校同样应该注重思想品德教育,注重对学生进行文明、友爱、法纪、健康、环保等优良品质的培养;通过举办民办教育,还能扩大教育机会、增加教育选择、减轻教育财政压力、扩大福利性教育、推动公办教育改革,这些都将直接或间接地扩大社会公益。因此,为了更充分地发挥民办教育在公共教育体系中的积极作用,就必须进一步鼓励、资助并发展民办教育,同时加强对民办学校培养目标、教学内容、教学方式、发展规模等的管理和监督。

(一)加强对民办教育的财政资助

从国际经验看,世界上许多国家都以不同的形式向私立学校提供经济资助,其中不仅包括给办学机构直接的经费资助,还包括给这些机构的学生奖学金、助学金、贷款贴息、减免税收等间接补贴。根据 2004 年的统计,OECD 国家公共教育经费中平均有 15.1% 被用于直接或间接资助私立教育机构,在高等教育阶段,该比例为 26.4%。[1]

我国《民办教育促进法》规定了促进民办教育发展的多种优惠政策,如对民办学校土地使用、税收的优惠;对民办学校财产、教师和学生法律地位的保护;对使用闲置公共资源、进行信贷、接受捐赠的支持等。在一些地方,政府还给予民办学校一定户口指标和教师编制,在教师进修、职称评定、评优评奖方面采取公、私立学校同等对待的政策。通过这些方式,确实在很大程度上支持了民办教育的发展。但是,笔者认为,仅有这些非财政资助还远远不够,还必须进一步加强对民办学校的直接财政资助。[2] 政府对民办学校直接财政资助将对民办教育发展以及整个教育体系的发展具有多方面的重要意义:

1. 可以降低民办学校学费水平,使更多的人能有能力支付民办学校学费,从而扩大民办学校的生源。目前我国民办学校发展过程中,不仅日常运行经费靠学费,基本建设经费也主要靠学费,因而学费水平普遍较高,具有支付能力的学生数量有限,这自然会限制民办教育发展的空间。如果政府能给予就读民办学校的学生某种形式的资助(如一些国家已经实行的教育券、助学贷款、学费退税等),则可以降低学生就读民办学校给

---

[1] OECD. Education at a glance, http://www.oecd.org/dataoecd/27/55/39254913.xls.
[2] 文东茅.调整财政政策,促进民办教育发展.民办教育研究.2004(5)

家庭带来的经济压力,增加对民办学校的就学需求。

2. 可以增加民办学校的办学资金,提高民办教育质量,增强民办学校的吸引力。由于缺乏政府的财政支持,多数民办学校只能靠收取学费滚动发展,有限的资金来源不仅要用于维持日常教学,也要用于基本建设。在投入有限的情况下,民办学校很难在教学质量上取得竞争优势,也就很难在高的学费水平上吸引到足够数量的高质量学生。如果政府有专门经费支持民办学校提高教学质量,例如用于专项设备购置、实习实训场所建设、教师培训、教师工资福利补助等,则可以有效提高民办学校教学质量,使民办学校具有更强的竞争力,从而获得更多的社会支持和认可。

3. 可以加强政府对民办学校的引导,提高民办学校办学的规范性,提升民办学校的社会信任度。如果有直接财政投入,政府将有权力和责任更积极地引导和管理民办学校,从而有效发挥政策的导向作用,引导民办学校依法办学、提高教育教学质量、积极发挥民办学校在促进社会公平和社会公益方面的作用。同时,政府的财政投入对于民办学校的举办者、对于社会和学生都是一种积极的信号,显示政府对民办学校的支持和认可,也就会增强社会力量举办民办学校的信心,增强学生对民办学校发展的信任,这对于民办教育的进一步发展是极为重要的。

4. 可以扩大整个教育系统的办学规模。我国已经基本普及九年义务教育,今后教育规模发展的重点将在学前教育、高中教育和高等教育。这些教育的发展,可以以公立学校为主体,但经过多年的"内涵式发展",我国现有公办学校规模进一步扩展的空间已经非常有限;而走新建公办学校的"外延式发展"道路,其高昂成本又会使政府不堪重负(具体分析可参见本书第四章)。相对而言,目前的民办学校办学规模普遍较小,进一步挖掘潜力的可能性较大;同时,如果走新建民办学校的外延式发展道路,政府并不需要负担所有的办学费用,用举办一所公办学校的费用即可支持若干所民办学校发展,从而有效扩大整个教育体系的办学规模。

实际上,在对民办教育进行直接财政资助方面,我国《民办教育促进法》已经作出了相关规定,其中包括:"县级以上各级人民政府可以设立专项资金,用于资助民办学校的发展,奖励或表彰有突出贡献的集体和个人"(第四十四条),"县级以上各级人民政府可以采取经费资助、出租、转让闲置的国有资产等措施对民办学校予以扶持"(第四十五条),"人民政府委托民办学校承担义务教育任务,应当按照委托协议拨付相应的教育经费"(第四十九条)。根据这些规定的精神,我国中央和一些地方政府也已经打破公共财政经费不资助民办教育的传统,开始了对民办教育的财政资助,例如,在国家示范性高职院校建设项目中,已经将民办高校纳入其中,对于符合建设要求的民办高校给予同等的经费资助;北京市在2004年已经拨款800万元用于奖励民办教育;上海从2005年开始,每年拨出4 000万元的专项财政经费支持民办教育的发展;广州也在2005年宣布每年将拿出3 000万元设立民办教育发展专项资金,用于资助和奖励民办教育。尽管如此,从总体上看,目前政府给予民办学校的直接和间接的经济资助还非常少。从前文介绍可知,在OECD国家,公共教育经费中用于支持私立教育的部分平均占15.1%,如果我国也达到这一水平,按照每年财政性教育经费5 000亿元计算,则意味着政府直接资助民办教育的经费将达到750亿,即使按10%计算,也将达到500亿元。如果有如此巨大的财政支持,我国民办教育一定可以获得长足的发展。

(二)通过财政导向增强民办教育的公益性

在公共教育体系中,政府财政资助的目的应该是增进公共利益,因此,政府对民办学校的财政支持也应该注重扩大其公益性。传统上,我国政府对民办教育的财政资助都主要是用于对民办学校举办者的奖励,是为了鼓励人们举办民办学校,即属于"供给导向的资助"。例如,《民办教育促进法》第四十四条规定:"县级以上各级人民政府可以设立专项资金,用于资助民办学校的发展,奖励和表彰有突出贡献的集体和个人"。这种对机构和举办者个人的奖励不仅是一种经济激励,更是一种荣誉,从而鼓励更多的社会力量举办民办学校。但是,这种资助不论从资金来源、资助额度还是资助对象方面都缺乏稳定性、规范性,而且这种资助方式只是有可能间接地激励民办教育的供给,而直接增加的只是举办者的个人利益。这也是一些政府在资助民办教育方面存在顾虑的重要原因。为更直接、更有效地扩大公共利益,应该将政府对民办教育的资助模式从"供给导向型"转变为"需求导向型"和"公益导向型"。

1. 扩大对民办学校的学生资助。这是一种"需求导向"的教育资助,其目的在于扩大对民办教育的需求,从而刺激供给。理论上说,民办学校学生及其家长也是纳税人,他们也应该享有纳税人应有的权利:分享公共教育经费,否则,他们就读民办学校就需要"两次付费"或"重复纳税"。如果就读民办学校的都是社会的富裕阶层,从缩小教育差距的角度看,政府也可以不对这些人进行资助。但从我国的现实情况看,除基础教育阶段少数高收费学校学生家庭状况较好外,在民办的民工子弟学校、中等职业学校、高等职业学校,学生家庭经济状况从整体上看甚至比同类公办学校还差。"如果较多有钱人的孩子到公立大学接受低成本的教育、而较多贫困家庭的孩子进入高成本和办学质量较低的民办大学接受教育这个假设成立的话,我们目前的教育财政机制——只为公立学校提供经费资助,而不对民办学校提供经费资助的情况——就不但不能改善社会不平等的状况,而且有可能进一步扩大社会成员之间的差距"。[①] 因此,不论从维护纳税人权益角度还是从促进教育公平的角度,政府都有必要对部分经济困难的民办学校学生进行资助。通过合理运用教育券、学费补助、贷款贴息等方式,不仅可以减轻学生及其家庭的经济分担,扩大社会对民办教育的需求,提高学生就读民办学校的机会,也完全有可能同时促进教育公平。例如,对民办学校的学生进行普遍资助的政策,或者对民办学校家庭的"学费退税"政策可以有效扩大民办教育的生源数量;通过教育券方式对流动人口子女进行资助(见第六章)、通过贷款贴息的方式对民办高校贫困学生进行资助(见第五章)就可以有效促进教育公平。此外,在有关特困生补助、车船票优惠、励志奖学金、国家奖学金等方面,也应该对公办学校和民办学校学生一视同仁。

2. 扩大对民办学校公益性教育教学活动的资助。这是一种"公益导向"的资助,是对以公共利益为主要目的的活动进行的资助和激励。所有教育教学活动都会直接或间接体现其外部性,但以下两方面活动显然主要表现为正的外部性,因而应该获得政府支持:(1)思想政治教育以及社会安全稳定的维护。这对于任何政府和社会都是非常重要的,我国同样需要通过教育,使包括民办学校学生在内的所有学生拥护共产党的领导、坚持"四项基本原则",需要通过教育使国家重大方针政策得到贯彻落实,需要维护校园及社会的安全稳定。这些活动可以无条件地要求民办学校完成,但政府有针对性的资助和支持会使这些工作更有效。目前我国已经开始了向民办高校派驻督导员的制度,如果向这一方向再迈进一步,今后政府同样可以向民办学校配备专职学生辅导员、思想政治理论课教师,并提供相应的人员经费,可以按照与公立学校统一的政策提出对相关教材、学习资料的要求,并给予同等的资助。(2)对民办高校科研活动的资助。基础研究的成果通常被视为一种公共产品,高等学校作为高深知识生产、传播、推广、保存的场所,在科学研究方面具有重要的使命。学术水平也是影响高校教学质量和人才培养的重要因素,我国民办高等教育质量的提高也不能没有学术研究活动,而目前我国民办高校很少进行学术研究活动,这对它们提高办学水平和质量具有很大的影响。为此,可以通

[①] 闫凤桥.满足多样化教育需求,构建多元化教育提供机制,见闵维方主编.2005—2006年中国教育与人力资源发展报告.北京:北京大学出版社,2006,97.

过一定的政策导向,鼓励民办高校参与全国各类科研课题的申请;通过一定的财政拨款,直接支持民办高校进行教材开发、教学改革以及重点学科和实验室建设,使一批民办高校能在某些领域达到国内领先水平。

(三) 加强对民办学校的管理和监督

政府对民办教育的管理和监督至少有以下理由:(1) 民办教育具有外部性,政府的管理和监督有利于发挥民办教育的公益性;(2) 在民办学校创建初期,政府给予了民办学校土地使用、税收减免等方面的优惠,相当于政府在民办教育中有"前期投资",作为"投资人"拥有管理和监督权;(3) 在民办学校举办过程中,政府仍然给予了民办学校各种财政资助,为了追求公共经费投入的绩效责任,政府也需要进行管理和监督;(4) 更重要的是,政府作为公共利益的代表,就应该履行公共管理的职责,以维护社会公益,维护民办学校学生、教师以及举办者的合法权益。从本书第一章的介绍也可以看出,从世界趋势看,即使是在以向学校放权、向学生收费为主要特征的教育民营化过程中,政府也没有放松对私立教育的管制,相反,普遍加强了核心课程的要求和监督评价,惠迪等在对英国、美国、新西兰、澳大利亚、瑞典等五国公立教育改革进行研究后就发现:"在我们所选定五国中,无论国家还是州政府,都掌握了决定学校知识的标准、成就评估的方式以及评估报告的对象等新的权力。"[1]根据我国社会经济发展和民办教育状况,政府对民办教育的管理和监督除学校的课程和教学内容、思想道德教育、校园安全等方面外,还应该通过相关制度和政策的制定,从办学条件、师资水平、招生政策、学费水平、办学评估、规模调控等方面规范民办学校发展,提高民办学校自我管理和自我约束能力,从整体上提高民办教育的质量和声誉,以促进民办教育的健康、有序发展。

通过加强对民办学校的资助和管理,不论在资金来源还是管理方式上,民办学校与公办学校之间的界限都将由清晰变为模糊;通过建立公办、民办教育合作伙伴关系,民办教育以及整个教育体系的公益性都将得到进一步的增强。

---

[1] 杰夫·惠迪,萨莉·鲍尔,大卫·哈尔平著.马忠虎译.教育中的放权与择校:学校、政府和市场.北京:教育科学出版社,2003,49.